한울정치학강좌

개정판

비교정치론강의 1

비교정치연구의 분석논리와 패러다임

·

김웅진·박찬욱·신윤환 편역

한울
아카데미

수정판 머리말

　그간 번역과 체제면에서 그다지 볼품이 없는 우리의 책을 교과서로 사용해주신 각 대학의 여러 교수님들께 사의를 표하지 않을 수 없다. 제대로 된 책을 만들려면 내용 전부를 뜯어 고쳐야 하겠지만, 우선 급한 대로 발견된 오역을 바로잡고 논문 한 편을 더하는 선에서 수정작업을 마감하였다.

　또 혼합체계분석안(the Mixed Systems Design)이나 부울 연산방식(Boolean Algorithms) 등 새로운 비교분석전략에 관한 논문을 몇 편 추가한다는 계획도 있었으나, 신학기 개강에 맞추어 수정판이 출간되어야 한다는 시간상의 제약으로 인해 부득이 다음 기회로 미룰 수밖에 없었다. 독자 제현(諸賢)의 질정과 격려를 다시 한 번 부탁드린다. 이번 수정작업에는 한국외국어대 대학원 정치외교학과 박사과정 김지희 양의 도움이 컸음을 밝혀둔다.

1995. 2
편역자

초판 머리말

    비교정치론은 현대정치학의 여러 분야 가운데에서 가장 급속히 성장하고 있는 분야임에도 불구하고, 정치학에 새로 입문하려는 우리 학생들에게는 여전히 생소하게 여겨지고 있다. 이는 비교정치론이 과연 무엇인가라는 개념규정과 무엇을 다루는가라는 연구범위의 설정에 있어서 합의된 견해가 없고, 그 발전과정에서도 복잡하고 다양한 시각이나 접근법이 혼재해왔다는 점에서 근본적인 원인을 찾을 수 있겠지만, 또 한편으로는 우리의 역량으로 옥석을 가려 충분히 소화해낼 수 없을 정도의 방대한 문헌들이 존재하기 때문이라 하겠다.

    현대비교정치연구의 흐름을 살펴보면, 민족국가의 형성이나 정치체제의 변화와 붕괴 등 거시적인 주제로부터 투표행태나 리더십과 같은 구체적이고 미시적인 주제에 이르기까지, 그리고 종단적이며 개별적인 사례연구들로부터 수십여 개 나라들을 비교한 횡단분석에 이르기까지 실로 엄청난 연구결과들이 산출되어, 방향성 있고 체계적인 접근을 무척이나 어렵게 하고 있다는 사실을 알 수가 있다. 물론 여러 종류의 비교정치론 교과서가 이미 출간되어 학생들의 연구 또는 학습에 좋은 길잡이가 되었지만, 대부분 1950~60년대의 편협하고도 서구 중심적인 사고와 지식에 바탕을 둔 분석의 틀을 사용했으며, 내용에서도 최근 20여 년 동안 질적·양적인 축적을

거듭하고 있는 새롭고 중요한 연구결과를 효율적으로 소개하지 못했다고
할 수 있다.

　이에 편역자들은 본격적인 교과서를 만들기에는 역부족이라 생각되어,
급한 대로 중요한 논문만을 골라 주제별로 묶어보기로 했다. 그러나 비교정
치론이란 분야가 지나치게 광범위한 탓으로 단 한 권의 책에 이들을 모두
담을 수는 없어, 부득이 세 권으로 엮을 수밖에 없었다. 우선 이 책, 제1권
에서는 비교분석의 방법(론), 비교정치연구의 전개과정, 그리고 현대비교정
치연구가 기초하고 있는 기본적 패러다임에 관련된 논문들을 소개했다. 오
는 6월 출간될 제2권에서는 정치변동론 및 정치경제론을 중심으로 하여 근
대화, 종속과 세계체제, 집단행동과 혁명, 권위주의화와 민주화 등 제3세계
정치의 주요한 이론적 과제를 다룰 예정이며, 제3권에서는 정치과정 및 제
도라는 맥락에서 선거, 정당, 정부와 관료제, 공공정책 등 서구민주주의와
선진자본주의국가의 정치를 분석한 주요 연구들을 소개할 것이다. 물론 이
세 권으로도 비교정치론의 편린밖에 보여주지 못하겠지만, 현대국가론과
정치체계론은 아마 결코 빠뜨릴 수 없는 내용일 것이다. 따라서 이런 주제
들을 제4권으로 엮어볼 것을 고려하고 있으나 아직은 기획단계에 머물러
있다는 것을 밝혀둔다.

　여기에 실린 논문들은 아래의 두 가지 기준 중 적어도 한 가지는 충족하
고 있다는 점에서 필독의 가치가 있다고 본다. 첫째, 이들은 모두 비교정치
론의 발전과정에 중요한 족적을 남긴 획기적인 글이다. 즉 비교정치론에 새
로운 시각, 이론, 논쟁 또는 연구지평을 제시한 선구적 연구들로서 일종의
고전적 가치를 지닌다고 생각된다. 둘째, 이들 논문들은 비교정치분야의 전
반적인 연구경향이나 정황, 또는 특정한 주제에 관한 기존의 연구결과를 명
쾌하게 분석, 평가, 정리한 글들이다.

　시리즈라는 성격상 이 책의 편역작업에는 많은 사람이 참여하고 관여할
수밖에 없었다. 편역자의 전공에 따라 각 권에 대해 한 사람이 책임편집하
되 다른 두 사람도 논문 선정, 번역, 해제, 편집, 교정 등 전과정에 참여했

6

다. 여기 내놓은 제1권은 김웅진이 편집했으며, 이어 출간될 제2권은 신윤환, 그리고 제3권은 박찬욱이 편집할 예정이다. 그리고 이미 번역되어 있는 논문의 경우에는, 시간과 노력을 절약하고 여러 사람의 지혜를 모은다는 뜻에서 역자의 허락을 받아 그 번역본을 수정·보완하여 사용하기로 했다. 원역자들의 글을 수정하면서 범한 실수에 대한 책임은 전적으로 본 편역자들에게 있음을 분명히 밝혀둔다.

먼저 제1권에서 번역본을 사용하도록 너그럽게 허락해주신 외교안보연구원의 박홍규 교수님, 서울대학교의 임현진 교수님, 한국국방연구원의 김창수 박사님께 진심으로 감사드린다. 또한 준비과정에서 여러 모로 도움을 아끼지 않은 한국외국어대학교 대학원 정치외교학과의 권의순·김지희, 서강대학교 대학원 정치외교학과의 김세걸·한규택, 그리고 서울대학교 대학원 정치학과의 김용복 제군에게 사의를 표한다. 이 대학원생들은 초역본을 다듬고 교정하는 일뿐만 아니라, 색인작성·워드프로세싱 등 모든 과정에서 매우 중요한 역할을 담당했다. 마지막으로, 출판을 맡아주신 도서출판 한울의 김종수 사장과 편집과 교정과정에서 솜씨와 능력을 보여준 관계자 여러분께도 감사드린다.

초판인 만큼 이 책의 부족함과 미숙함은 편역자들의 눈에도 역력히 드러난다. 제2권에서 그리고 판을 거듭하면서 더욱 내용과 체제가 개선되어 비교정치입문서의 소임을 다할 수 있도록 질정과 조언을 해주실 것을 읽는 모든 분들에게 부탁드린다.

1992. 2
편역자

차례

제2부 비교정치연구의 패러다임

10

제1부

비교정치연구의
분석논리

서론과 해제

김웅진

1980년 중엽 이래 소위 "위기"가 도래했다는 주장이 광범하게 수용됨에 따라[1] 독립된 분야로서의 존립가능성마저도 의심받고 있는 것이 비교정치론의 현황이다. 즉 기존의 비교정치연구가 기초해왔던 경험과학적 입장에 대한 신랄한 비판이 대두되는 가운데 구조주의적 시각을 필두로 한 경쟁적 입장이 적극적으로 받아들여졌고, 이에 따라 경험이론의 유효성과 적실성에 대한 회의가 널리 확산된 것이다. 그리하여 오늘에 이르러서는 비교정치연구의 산만한 분절현상이 나타나게 되었고 나아가 "정통" 비교정치론의 붕괴마저 거론되기에 이르렀다. 물론 기존 정치이론, 특히 구조기능주의에 입각한 일단의 거시적 명제들이 애당초 기대했던 만큼 설명능력을 발휘하지 못했다는 사실을 부정할 수는 없다. 또한 엄정한 경험주의적 패러다임 과학(paradigmatic science)의 정립은 정치사회현상의 존재론적 특성을 고려할 때 결코 기대할 수 없는 하나의 허상이라는 주장이 의미를 지니는

---

1) 비교정치론의 위기상황에 관한 전반적 논의는 이 책 2부에 실린 H. J. Wiarda, "Comparative Politics, Past and Present," in H. J. Wiarda(ed.), *New Directions in Comparative Politics*, Boulder and London: Westview, 1985, pp.3-25를 참조.

것도 사실이다. 실제로 1970년대에 들어서면서 전포괄적 보편법칙(covering law)이나 이론을 도출하기 위한 시도가 거의 사라졌으며, 연구의 범주 역시 크게 축소되어 교차사례연구(cross-cases analysis)의 숫자가 두드러지게 감소했다. 이런 경향은 공간적·시간적 적용성은 그다지 크지 않지만, 선행조건의 테두리내에서는 강력한 설명능력을 가지는 협범위 통칙(narrow-gauge generalizations)을 구축하려 한 소규모 사례연구가 비교정치연구의 주종을 이루어왔고, 또한 비록 교차사례적 형식을 지닌다 해도 분석사례의 숫자는 지극히 제한된 경우가 대부분이었다는 사실을 고려할 때 더욱 명백히 드러난다.2)

이러한 상황으로 미루어볼 때, 비교정치론의 "위기"는 일견 납득할 수 있는 표현이라 하겠으나, 이론적 "정체상태"를 확대해석하여 비교정치론의 모든 분야에 총체적 위기가 도래했다고 속단하는 것은 결코 바람직스럽지 못하다. 즉 레이프하트(A. Lijphart)가 주장했듯이, 비교정치론은 정치학의 여타 분야에 비해 본질적으로 방법론적 성향을 강하게 나타내고 있으며,3) 따라서 비교정치론의 핵심은 어디까지나 이론정립을 위한 분석논리와 디자인의 구축에 놓여져 있다는 사실을 고려할 때 이론적 정체상태를 곧 비교정치론 자체의 위기와 동일시하는 것은 지나치게 부정적인 평가라 할 수 있다.

엄청난 파문을 일으킨 알먼드(G. Almond)와 코울먼(J. Coleman)의 저서4)가 출간된 이후, 비교정치론이 지금까지 겪어온 변천과정은 크게 두 가지의 맥락에서 논의될 수 있다. 첫번째는, 앞서 비교정치론의 핵심으로 간주한 비교분석(comparative analysis)의 전략이라는 맥락이며, 두번째

---

2) 이런 경향은 비교정치론에서 가장 대표적 학술지로 여겨지는 *Comparative Political Studies*(Sage Publications), 그리고 *Comparative Politics*(CUNY)에 지난 10여 년간 게재된 연구논문들을 살펴보면 명백히 나타난다.
3) A. Lijphart, "Comparative Politics and the Comparative Method," *The American Political Science Review* 65 : 3, 1971, p.682.
4) G. A. Almond & J. S. Coleman(eds.), *The Politics of the Developing Areas*, Princeton, N.J.: Princeton University Press, 1960.

는 개별 분석단위를 중심으로 한 인과적 통칙의 도출이라는 맥락이다. 특히 전자의 경우, 논의의 주 대상인 문제로서는 ① 적정 비교분석사례의 선정, ② 분석단위의 비교가능성과 등가성(等價性)의 확보, ③ 비교분석 디자인의 구축을 들 수가 있다. 제1부에 소개된 논문들은 이상과 같은 세 가지 테마와 관련하여 가장 널리 인용되는 것으로서, 개별 주제에 관련된 논의방향을 규정했다는 점에서 대단히 중요한 의미를 지닌다고 하겠다.

우선 레이프하트의 논문 「비교정치연구와 비교분석방법」[5]을 살펴볼 때, 그가 제시한 비교가능사례전략(comparable-cases strategy)의 논리적·기법적 문제점이 이미 벤자민(R. W. Benjamin),[6] 멕스트로스(T. Meckstroth),[7] 드펠리스(E. G. DeFelice)[8] 등에 의해 지적되었음에도 불구하고, 비교분석방법의 목적과 그 본연적 약점을 규명함과 아울러 이에 대한 방법론적 해결책을 최초로 제시했다는 점에서 큰 공헌을 했다고 볼 수 있다. 즉 그가 지적한 비교방법의 치명적 약점이라 할 수 있는 "과다변인·과소사례"[9]의 문제와 이에 대한 해결책은 추후 적정 사례의 선정을 중심으로 한 비교분석전략 사이의 대립을 초래했으며, 결과적으로 이 책에 실린 세번째 논문인 셰보르스키(A. Przeworski)와 튜니(H. Teune)의 글에서 세밀히 제시된 최대유사체계(最大類似體系) 분석디자인과 최대상이체계(最大相異體系) 분석디자인간의 발전적인 대립을 낳았다. 보다 구체적으로 살펴보면, 레이프하트는 가설을 구성하고 있는 변인들의 축약을

5) Lijphart, op. cit.

6) R. W. Benjamin, "Strategy versus Methodology in Comparative Research," *Comparative Political Studies* 9 : 4, 1977, pp.475-483.

7) T. W. Meckstroth, "'Most Similar Systems' and 'Most Different Systems,' A Study in the Logic of Comparative Inquiry," *Comparative Political Studies* 8 : 2, 1975, pp.132-157.

8) E. G. DeFelice, "Causal Inference and Comparative Methods," *Comparative Political Studies* 19 : 3, 1986, pp.415-437.

9) Lijphart, op. cit., p.685.

통해 설명능력이 높아진 통칙을 도출할 수 있다는 견지에서 간섭변인의 통제가능성 확보를 강조하는 가운데, 가능한 한 많은 속성을 공유하는 정치체계를 분석사례로 선정함으로써 체계간 유사성들을 상수(常數)화해야 한다는 논리를 피력하고 있다. 이런 맥락에서 그는 변인의 "성향공간(性向空間, property space)"을 축소시키고, 주요 작동변인에 분석의 범위를 한정시켜야 한다는 대안을 제시한다.10) 레이프하트는 또한 비교분석의 예비작업으로서 혹은 비교분석을 통해 도출된 통칙의 유효성을 재점검하는 수단으로서의 사례연구의 중요성을 강조하고, 더 나아가 사례연구의 유형을 구분한 후 각 분석유형이 지니는 이론적 적실성을 밝히고 있다.11)

그러나 이런 견해는 셰보르스키와 튜니의 글「비교사회연구의 논리」제2장에서 한계 및 문제점이 지적되고 있다.12) 셰보르스키와 튜니는 먼저 레이프하트의 최대유사체계 분석디자인은 체계변인(體系變因, systemic variables)의 족쇄를 탈피하지 못하고 있다고 비판한다. 즉 이 디자인은 어떤 체계가 지니고 있는 거시적 속성(체계변인)들이 그 체계속에서 나타나는 정치사회현상의 생성과정에 거의 절대적인 영향을 미친다는 단정론적 견해에 입각하여 체계변인만을 설명변인으로 간주하고 있으며, 따라서 정치사회현상의 생성경로를 왜곡할 가능성이 있다는 것이다. 또한 체계변인을 설명변인으로 상정하더라도 그 내역을 명백히 규정하기 쉽지 않고, 단지 집적적 속성이라는 매우 모호한 맥락에서만 영향력을 추적할 수 있을 뿐이라는 비판적 견해를 표명한다.13) 이에 따라 셰보르스키와 튜니는 최대상이체계 분석디자인을 대안으로 제시했으며 이 디자인을 적용할 때에야 비로소 체계변인의 효력을 정확히 파악할 수 있다고 주장한다. 즉 이들은 어떤 정치체계 내에서 나타나는 현상은 그 체계가 지니는 거시적 속성(체

---

10) Ibid., pp.686-690.

11) Ibid., pp.690-693.

12) A. Przeworski & H. Teune, *The Logic of Comparative Social Inquiry*, N.Y.: Wiley, 1970. 본서에서는 제2장 "Research Design"이 번역·소개되어 있다.

13) Ibid., pp.32-34.

계변인)의 영향을 전혀 받지 않는다는 가정에서 출발하여 가설을 검증하는
방식을 제시하고 있다. 바꾸어 말하면, 분석대상이 되고 있는 개별 사례가
"하나의 동질적 모집단으로부터 도출된 것으로 간주하여"[14] 가설을 검증
해나가는 가운데, 모든 비교사례에서 가설이 맞아떨어지면 체계변인의 영
향력이 존재하지 않는다는 애초의 가정을 재확인함으로써 지극히 보편적인
통칙을 도출할 수 있지만, 반면 가설이 부정됨으로써 체계변인의 영향력이
없다는 가정이 붕괴되면 그때에 이르러서야 비로소 체계변인을 독립변인으
로 상정하게 된다. 따라서 최대상이체계 분석디자인은 최대유사체계 분석
디자인에 비해 변인의 이론적 위상과 분석수준을 상정함에 있어서 보다 큰
유연성과 타당성을 지니고 있으며, 또한 정치사회현상의 존재론적 본질과
도 합치된다는 것이다.

   그러나 최근에 이르러, 이 두 가지 분석전략이 대립적인 것이 아니라 동
일한 분석논리에 입각하고 있다는 주장이 대두되었다. 즉, 비록 최대유사
체계 분석디자인과 최대상이체계 분석디자인은 독립변인-종속변인간의 인
과관계를 추적함에 있어서 각기 차이법(method of difference)과 일치법
(method of agreement)이라는 서로 다른 추론방식을 채택하고 있으나,
변인간의 공변양상(covariance pattern)을 통칙화의 근거로서 채택하고
있다는 점에서는 기본적으로 같다는 것이다. 결국 이들은 비교사례, 혹은
독립변인의 선정방식이라는 측면에서만 다를 뿐이기 때문에, 상호보완적인
연구전략으로 간주될 수 있다는 견해가 널리 받아들여지게 되었다. 이러한
맥락에서, 이 두 디자인을 통합한 혼합체계 분석접근법(mixed systems
approach)이 제시되었으며, 그 효용성에 대한 논의가 진행되어왔다.[15]

   두번째 논문, 즉 사토리(G. Sartori)의 「비교정치연구에 있어서 개념정
립오류」[16]는 앞서 언급한 두 편의 글과는 주제를 약간 달리하나 한편 상호

---

14) Ibid., p.35.
15) J. P. Frendreis, "Explanation of Variation and Detection of Covar-
    iation, the Purpose and Logic of Comparative Anaysis," *Comparative
    Political Studies* 16 : 2, 1983 참조.

깊은 관련성을 지닌 것이라 하겠다. 사토리는 이 글에서 지금까지의 비교정
치연구가 무분별한 "개념확장" 또는 이용(移用)으로 인해 엄청난 피해를
입었다는 견해를 피력하면서, 기존의 비교정치분석, 특히 거시적 분석들은
일반성이 무리하게 확장된 나머지 구체성과 실증성을 완전히 상실한 공허
한 개념들을 만들어내었을 뿐이라 비판하고, 정치학적 개념은 외연성과 내
포성을 균형있게 갖춘 것이어야 한다고 주장한다. 즉 어떤 개념이 비교분석
상의 유용성과 적실성을 획득하기 위해서는 구체적이자 경험적인 정보를
담을 수 있는 용기(容器, data container)의 역할을 충실하게 수행하면서
동시에 보편적 적용성을 확보해야 한다는 것이다. 이러한 측면에서 사토리
는 소위 중간범위개념(middle-range concept)의 필요성을 강조하고 있
다.17) 그에 의하면 중간범위개념들은 일반개념화와 분류가 모두 가능하므
로, 이를 이용할 경우 검증가능성과 설명능력을 가지면서도 상당한 수준의
보편적 적용성을 지닌 통칙의 도출이 가능하다는 것이다. 이와 같은 맥락에
서 그는 "추상화의 사다리(ladder of abstraction)"를 상정하고 이 사다리
의 각 단계에 상응하는 개념이 어떤 비교분석에 사용될 수 있는지 밝히고
있다. 예를 들어, 가장 낮은 수준의 추상화 단계에 위치한 개념들, 즉 실증
성·구체성이 극대화된 개념은 단일국가(정치체계)내 현상의 생성·변화양상
을 추적하는 "형상분석(configurative study)"에 적합한 반면 중간범위개
념은 비교적 동질적인 정치체계들을 대상으로 하는 "역내분석(域內分析,
intra-area comparison)"에 합당하다는 것이다.18)
　　사토리의 논문은 또한 과거 비교정치연구의 주된 시각이었던 구조기능
주의적 입장에 대해 신랄한 비판을 가함으로써 비교정치학자들로 하여금
"거시적 보편이론"의 헛된 꿈으로부터 깨어나게 했다는 측면에서 매우 중
요시되고 있다. 또한 중간범위이론(통칙)의 필요성에 대한 역설은 추후

---

16) G. Sartori, "Concept Misformation in Comparative Politics," *American
　　Political Science Review* 16 : 4, 1970.
17) Ibid., pp.1034-1039.
18) Ibid., pp.1040-1046.

비교정치연구의 이론적 측면뿐만 아니라 방법론적인 측면에 이르기까지 엄청난 파문을 일으켰으며, 앞서 소개한 레이프하트의 글에서도 그 영향이 두드러지게 나타나고 있다.

네번째로, 로스(M. Ross)와 호머(E. Homer)의 논문[19]은 비교문화연구의 경우 이미 오랫동안 논의되어 왔으나 비교정치연구에 있어서는 거의 도외시되어 온 확산효과(diffusion)의 처리, 즉 갈튼의 문제(Galton's Prob- lem)에 대한 해결책을 제시하고 있다. 교차사례연구를 통한 인과적 통칙의 생산과정에 있어서 반드시 해결해야 할 문제는 어떤 사회(사회체계·정치체계·문화체계 등) 속에서 나타나는 현상이 과연 그 사회의 내적 요인만으로 설명될 수 있는가 아니면 그 사회와 다른 사회의 접촉으로부터 야기되는 확산(외적 요인)의 결과인가를 명확히 판별하는 것이다. 이는 특히 오늘날과 같이 국가와 국가, 사회와 사회간의 상호작용이 더욱 심화되는 현실 속에서 결코 간과되어서는 안 되는 문제라 하겠다.

이에 로스와 호머는 만약 어떤 사회체계 내에서 발생하는 현상이 실제로는 인접국가로부터의 전이(轉移)의 소산임에도 불구하고 이를 그 사회의 내적 과정(internal process)[20]으로 설명하려 한다면 인과관계의 추론에 있어서 커다란 오류를 범하게 된다는 판단하에, 이러한 확산 혹은 외적 요인의 영향력과 내적 요인의 영향력을 상대적으로 비교평가할 수 있을 뿐만 아니라 양자 모두를 설명변인으로 상정할 수 있는 다중회귀분석모형을 제시하고 있다.

마지막으로, 스카치폴(T. Skocpol)과 소머즈(M. Somers)의 「거시사회연구에 있어서 비교사의 유용성」[21]은 이미 살펴본 네 편의 논문과는 논

19) H. M. Ross & E. Homer, "Galton's Problem in Cross-National Research," *World Politics* 28, 1976, pp.1-28.
20) 혹은 내적 독립변인과 종속변인간의 순수한 기능적 관계(functional relationship).
21) T. Skocpol & M. Somers, "The Uses of Comparative History in Macrosocial Inquiry," *Comparative Studies in Society and History* 22, 1980.

의의 맥락을 달리한다. 즉 앞의 논문들이 주로 정량분석을 통한(혹은 경험과학적 방법론의 견지에서) 비교분석의 논리와 형식을 진단한 것인 데 비해 이 글은 비교(정치)사회연구에 있어서 역사적 접근법의 유용성을 제시하고 있다. 스카치폴과 소머즈는 비교사 연구의 유형을 ① 가설이나 이론을 역사적 추이에 적용함으로써 그 타당성을 검증하려는 분석과 ② 특정한 이론이 적용될 수 있는 사적 맥락을 도출함으로써 서술적 총체성을 확보하려는 비교분석, 그리고 ③ 거시적 사회현상의 생성경로에 관한 인과적 진술의 타당성을 확보하려는 비교분석으로 나눈 다음, 이런 사적 비교분석은 이론과 역사적 증거를 매개하는 대단히 효율적인 방법이 된다고 강조한다. 즉 이러한 차원에서 연구를 수행할 경우 사회과학이론이 과도하게 일반화되는 경향을 막을 수 있으며, 또한 사적 맥락의 비교분석을 통해 얻은 지식을 토대로 보다 높은 설명능력을 지닌 거시적 명제를 구축할 수 있다는 것이다. 아울러 비교역사적 논의는 패러다임 혹은 정량분석에 관한 경험과학적 논의에 비해 훨씬 본질적인 방법론적 성찰을 가능케 한다고 주장한다.

이미 지적한 바와 같이 비교정치론의 "위기"를 언급하는 것 자체가 비록 성급한 판단의 소산이라 할지라도, "위기설"의 "진원" 또는 도래배경을 엄정히 진단하여 이론적·방법론적인 정체상태를 타파해야 한다는 절대적 요구를 고려할 때 제1부에 실려 있는 논문과 이로부터 파생된 다양한 논리들은 반드시 재검토되어야 한다. 왜냐하면 사회과학연구의 대상이 되고 있는 현상의 본질적 속성 자체가 자연과학적 맥락에서 나타나는 코페르니쿠스적 대전환, 즉 이론과 패러다임의 혁명적 대체를 불가능하게 만들기 때문이다. 결국 다양한 인식론과 그에 입각한 이론·방법론의 상호보완적 공존은 정치학연구에서 불가피한 현실이며, 따라서 "정통" 비교정치연구의 논리 역시 발전적인 재검토를 필요로 하는 것이지 완전한 파기란 있을 수도 없고 시도해서도 안될 것이다.

이제 마지막으로 여기 실린 글 외에 비교정치연구의 방법론에 관련된 주요 논문들(책자 제외) 중 특히 중요하다고 여겨지는 몇 편만을 간추려 소개하면 다음과 같다.

Bendix, R. 1955, "Concepts and Generalizations in Comparative Sociological Studies," *American Sociological Review* 22 : 2.

Benjamin, R. W. 1977, "Strategy versus Methodology in Comparative Research," *Comparative Political Studies* 9 : 4.

Braibanti, R. 1968, "Comparative Political Analytics Reconsidered," *Journal of Politics* 30.

Chandler, W. M. & M. A. Chandler. 1974, "The Problem of Indicator Formation in Comparative Research," *Comparative Political Studies* 7 : 2.

DeFelice, E. Gene. 1980, "Comparison Misconceived: Common Nonsense in Comparative Politics," *Comparative Political Studies* 13 : 1.

_____. 1986, "Causal Inference and Comparative Methods," *Comparative Political Studies* 19 : 3.

Frendreis, J. 1983, "Explanation of Variation and Detection of Covariation, The Purpose and Logic of Comparative Analysis," *Comparative Political Studies* 16 : 2.

Jackman, R. W. 1985, "Cross-National Statistical Research and the Study of Comparative Politics," *American Journal of Political Science* 29 : 1.

LaPalombara, J. 1968, "Macrotheories and Microapplications in Comparative Politics," *Comparative Politics* 1 : 1.

Lijphart, A. 1975, "The Comparable-Cases Strategy in Comparative Research," *Comparative Political Studies* 8 : 2.

Sjoberg, G. 1955, "The Comparative Methods in the Social Sciences," *Philosophy of Science* 22 : 2.

Suchman, E. A. 1955, "The Comparative Methods in Social Research," *Rural Sociology* 29 : 2.

Meckstroth, T. W. 1975, "'Most Different Systems' and 'Most Similar Systems,' A Study in the Logic of Comparative Inquiry," *Comparative Political Studies* 8 : 2.

Przeworski, A. & H. Teune. 1966/67, "Equivalence in Cross-National Research," *The Public Opinion Quarterly* 30 : 4.

Teune, H. 1975, "Comparative Research, Experimental Design, and the Comparative Method," *Comparative Political Studies* 8 : 2.

제1장
비교정치연구와 비교분석방법*

아렌트 레이프하트**

　정치학을 이루고 있는 여러 분야 중에서 특별한 연구주제를 지칭한다기 보다는 유독 방법론적 성향을 띤 명칭을 지닌 것은 비교정치뿐이라고 할 수 있다. 즉 비교정치라는 용어는 어떻게 분석할 것인가를 칭하는 것이지 무엇을 다룰 것인가를 구체적으로 표현하고 있지는 않다. 그런데 실제로 이러한 명칭이 잘 어울리는 것이라 보기 힘든 것은 비교정치를 전공하는 학자들 중에서 명백한 방법론적 관심을 지닌 이가 많지 않을 뿐만 아니라, 전반적으로 방법론에 대한 묵시적 자각수준조차 그다지 높지 못했기 때문이다.[1]

---

　* A. Lijphart, "Comparative Politics and the Comparative Method," *The American Political Science Review* 65 : 3, 1971, pp.682-693(박홍규 역).
　** 본 논문은 1969년 9월 13~14일에 이탈리아의 Turin에서 열린 세계정치학회 (International Political Science Association)의 비교정치론에 관한 원탁회의에 제출되었던 것을 보완한 것이다. 초고를 읽고 조언을 해준 David E. Apter, Donald T. Campbell, Robert A. Dahl, Giuseppe Di Palma, Harry Eckstein, Lewis J. Edinger, Samuel E. Finer, Galen A. Zrwin, Jean Laponce, Juan J. Vinz, Stefano Passigle, Austin Ranney, Stein Rokkan, Dankwart A. Rustow, Kurt Sontheimer 여러분에게 감사를 표한다.
　1) 반대의 경우는 정치행태(political behavior)라는 비교적 새로운 분야에 적용된다. 즉 정치행태라는 용어는 하나의 실질적 연구분야를 지칭하고 있을 뿐만 아

　사실상 많은 비교정치학자들이 사토리(G. Sartori)가 지적한 "무의식적 사색가(unconscious thinker)"의 태도를 탈피하지 못하였으며, 결국 이들은 계량분석기법을 잘 터득하고 있기는 했으되, 경험과학의 논리나 분석방법을 의식하지도 못했고 따르지도 않았던 것이다. 이런 무의식적 사색이 나타나게 된 명백한 이유 중의 하나는 비교방법이 너무나 기초적이며 본질적으로 간단한 접근법이기 때문에 비교정치분석의 '방법론'이 실제적으로 존재하지 않았다는 사실이다. 그러나 사토리가 지적하였듯이 정반대의 극단에 위치한 사람들, 즉 물리적 패러다임 과학(physical paradigmatic sci- ence)에서 도출된 방법과 이론의 기준을 고집하는 과의식적 사색가들의 입장 역시 바람직한 것은 아니다.2) 본 논문의 목적은 정치현상연구의 하나의 방법인 비교분석에 초점을 맞춤으로써 비교정치연구에서의 의식적 사색을 확립하는 데 기여하려는 것이다. 이 목적을 위하여 본 논문은 비교방법이 지닌 불가피한 약점과 한계뿐 아니라, 그 강점 및 막대한 잠재력에 대한 분석까지 시도할 것이다.

　비교정치분야의 관계문헌을 살펴보면, 비교 또는 비교방법이라는 어휘는 여러 가지 다양한 의미로 사용되고 있다. 본 논문에서는 비교방법을 실험방법, 통계분석방법 및 사례분석방법 등과 함께, 실험적 명제를 정립하기 위한 기초적 연구방법의 하나로 정의하기로 한다. 우선 비교방법은 분명 하나의 '방법'일 뿐 "연구관심의 초점을 모호하게 표현하는 편리한 용어"는 아니다.3) 또한 이는 사회학연구에서 아이젠스타트(S. N. Eisenstadt)가

니라 특히 파생어로서의 행태주의(behaviorism)는 일반적인 접근법 또는 일련의 연구방법을 대표하게 되었다. R. A. Dahl, "The Behavioral Approach in Political Science: Epitaph for a Monument to a Successful Protest," *American Political Science Review* 55, 1961, pp.763-772 참조.

2) G. Sartori, "Concept Misformation in Comparative Politics," *American Political Science Review* 64, 1970, p.1033.

3) A. L. Kalleberg, "The Logic of Comparison: A Methodological Note on the Comparative Study of Political Systems," *World Politics* 19, 1966, p.72.

내린 비교분석의 정의처럼 일련의 구체적인 분석시각을 의미하는 것도 아
니다. 즉 아이젠스타트에 따르면 비교분석방법은 "특정한 분석방법을 지칭
하기보다는 교차사회적(cross-societal), 제도적 혹은 거시적 측면의 사회
현상에 주된 초점을 맞추는 사회분석"이라는 것이다.[4]

둘째, 여기에서 말하는 비교분석방법은 기초적인 과학적 연구방법 중의
하나일 뿐이지, 유일한 방법은 아니다. 따라서 이는, 과학적 접근법이란
"필연적으로 비교분석적"이므로 "정치현상을 과학적으로 연구하려는 이들
에게는 비교분석방법을 특별히 구상하는 것 자체가 공연한 일"[5]이라는
라스웰(H. Lasswell)의 견해에 비해 범위가 좁다고 할 수 있다. 이와 마
찬가지로, 본 논문에서 사용된 비교분석방법의 개념정의는 아이젠스타트
와 유사한 맥락에서 아주 광범위한 알먼드의 정의, 즉 비교방법과 과학적
방법을 동일시한 정의와도 구별된다. 알먼드에 따르면, "정치학의 일개 분
야로서 비교정치를 운위하는 것은 넌센스에 불과한데 그 이유는 정치학이
과학이라면 그 접근방법은 당연히 비교의 형식을 취하기 때문"[6]이다.

셋째, 비교방법은 "변인간의 실증적 관계를 발견하는 한 방법"으로 간주되
며 측정방법을 의미하지는 않는다. 이 두 가지 방법은 명백히 구분되어야
한다. 예를 들어 케일버그(A. Kalleberg)가 "비교의 논리"에 관해 논의했

---

4) S. N. Eisenstadt, "Social Institutions: Comparative Study," in D. L. Sills(ed.), *International Encyclopedia of the Social Sciences*, New York: Macmillan & Free Press, 1968, vol.14, p.423; S. N. Eisenstadt, "Problems in the Comparative Analysis of Total Societies," *Transactions of the Sixth World Congress of Sociology*, Evian: International Sociological Association, 1966, vol.1, 특히 p.188을 참조.
5) H. D. Lasswell, "The Future of the Comparative Method," *Comparative Politics* 1, 1968, p.3.
6) G. A. Almond, "Political Theory and Political Science Review," *American Political Science Review* 60, 1966, pp.877-878. 알먼드는 또한 비교정치론은 하나의 하위분야라기보다는 "운동"이라고 주장했다. 그의 논문 "Comparative Politics," in "International Encyclopedia of the Social Science," vol.12, pp.331-336 참조.

을 때 염두에 둔 것은 후자의 경우였다. 그는 비교방법을 하나의 "측정형
식(a form of measurement)"으로 정의했으며, 이때 비교란 "비계량적
등급화(nonmetric ordering)," 즉 순위측정을 의미한다고 주장했다.[7] 또
한 사토리가 의식적 사색가를 "온도계가 없다는 제한조건을 인식하면서도
뜨겁다, 차다, 혹은 더 따뜻하다, 더 춥다는 말을 함으로써 더 많은 것을 이
야기할 수 있는 사람"[8]으로 말했을 때, 그는 명목(nominal), 순위(ordi-
nal), 혹은 비교, 그리고 정량(cardinal)측정의 맥락에서 비교분석방법을
생각하고 있었던 것이다. 변인의 값을 측정하는 단계는 논리적으로 변인간
의 관계를 찾아내는 단계에 앞서게 마련이므로, 본 논문에서 사용된 비교
분석방법이란 용어는 측정이라는 첫번째의 단계가 아니라 변인간의 관계를
찾아내는 두번째 단계를 지칭하는 것이다.

끝으로 방법과 기법(technique)은 분명히 구별해야 한다. 비교분석방법
은 광범위하고 일반적인 방법을 지칭하는 것으로서 협소하며 구체적인 기
법과는 다르다. 이러한 맥락에서 헥셔(G. Heckscher)는 비교분석을 "비교
의 방법(혹은 적어도 절차)"[9]라고 조심스럽게 언급했으며, 골드슈미트(W.
Goldschmidt)는 "방법이라 부르기에는 정밀성이 떨어지므로" 비교분석방
법보다는 '비교접근법'(comparative approach)이라는 용어를 택했다.[10]

---

7) Kalleberg, op. cit., pp.72-73과 pp.75-78참조.

8) Sartori, op. cit., p.1033; P. F. Lazarsfeld & Allen H. Barton, "Qualitative
   Measurement in the Social Sciences: Classfication, Typologies, and
   Indices," in D. Lerner & H. D. Lasswell(eds.), *The Policy Science:
   Recent Developments in Scope and Method*, Stanford: Stanford Uni-
   versity Press, 1951, pp.155-192 참조.

9) G. Heckscher, *The Study of Comparative Government and Politics*,
   London: Allen and Unwin, 1957, p.68.

10) W. Goldschmidt, *Comparative Functionalism: An Essay in Anthropo-
    logical Theory*, Berkeley: University of California Press, 1966, p.4. 루이
    스(O. Lewis)는 "인류학에서" 별도의 "비교분석방법"은 존재하지 않는다고 주
    장하면서 "비교분석방법보다는 비교"를 토론의 대상으로 할 것을 제안했다. 자세
    한 것은 그의 "Comparisons in Cultural Anthropology," in W. L. Thomas,
    Jr.(ed.), *Current Anthropology*, Chicago: University of Chicago Press,

비교분석방법은 또한 기초연구전략(research strategy)으로 간주될 수도 있는데, 이 경우 연구의 단순한 전술적 보조수단(tactical aids)과 대비될 수 있다. 이 점은 추후 전개될 논의에서 보다 자세히 밝혀질 것이다.

1. 실험방법, 통계분석방법과 비교분석방법

비교방법의 본질은 여타 두 가지 기본적 연구전략, 즉 스멜서(N. Smelser)가 제시한 실험방법 및 통계분석방법[11]과 대비시킬 때 가장 명확히 이해할 수 있다. 이 세 가지 연구방법은 (또한 사례분석의 특정유형도) 과학적 설명이라는 목적을 지향하고 있다.[12] 보다 구체적으로 살펴보면, 과학적 설명은 두 가지 기본요건을 갖추어야 하는데, 첫번째는 둘 이

1956, p.259 참조.

11) 비교분석방법을 여기서 제시한 여타 다른 방법들과 관련하여 논의하게 된 데에는 스멜서(N. J. Smelser)의 훌륭하고 참신한 논문인 "Notes on the Methodology of Comparative Analysis of Economic Activity," *Transactions of the Sixth World Congress of Sociology*, Evian: International Sociological Association, 1966, vol.2, pp.101-117에 힘입은 바 크다. 비교분석방법에 대한 일반적인 논의는 L. Moulin, "La Méthode Comparative en Science Politique," Revue Internationale d'Histoire Politique et Constitutionelle 7, 1957(January-June), pp.57-71; S. F. Nodel, *The Foundation of Social Anthropology*, London: Cohen and West, 1951, pp.222-255; M. Duverger, *Methodes des Sciences Sociales*, 3rd ed. Paris: Presses Universitaires de France, 1964, pp.375-399; J. W. M. Whiting, "The Cross-Cultural Method," in G. Lindzey(ed.), *Handbook of Social Psychology*, Reading, Mass.: Addison-Wesley, 1954, vol.1, pp.523-531; F. W. Moore(ed.), *Readings in Cross-Cultural Methodology*, New Haven, Conn.: HRAF Press, 1961; A. Przeworski & H. Teune, *The Logic of Comparative Social Inquiry*, New York: Wiley-Interscience, 1970; R. T. Holt & J. E. Turner, "The Methodology of Comparative Research," in Holt & Turner(eds.), *The Methodology of Comparative Research*, New York: Free Press, 1970, pp.1-20 참조.

12) 사례분석방법에 대해서는 뒤에서 상세히 취급함.

상의 변인간에 존재하는 보편적이고 실증적인 관계를 정립하는 것이며,13) 두번째는 모든 여타 변인을 통제하는, 즉 상수화하는 것이다. 이 두 가지 의 요건은 상호 불가분의 관계에 놓여 있다. 왜냐하면 여타 변수의 영향력 이 통제되지 않는 한 특정변수간의 관계가 과연 진정한 것인지 확인할 길 이 없기 때문이다. "다른 상황이 동일하다는(*ceteris paribus*)" 조건은 경 험적 통칙(empirical generalization)을 모색하는 데도 반드시 필요하다.

가장 단순한 형태의 실험방법은 두 개의 동질적 연구대상집단을 사용하 되, 그 중 한 '실험집단'은 자극에 노출시키는 반면, 나머지 한 '통제집단'에 는 아무런 조작을 가하지 않는 것이다. 그 다음 단계로서 두 그룹의 변화양 상을 비교했을 때 양자간에 나타나는 상이성은 자극의 결과로 간주된다. 실험자는 두 집단이 하나의 차이(즉 자극여부)를 제외하면 모든 면에서 동 일하므로 다른 변인들이 전혀 개입되지 않았다는 확신하에 두 변인(자극과 그에 상응하는 특정변화)의 관계를 파악할 수 있다. 동질성(equivalence), 즉 모든 상황이 같다는 조건은 변수의 신중한 무작위화(randomization)를 통해 성취될 수 있다. 그러나 실험적 방법은 과학적 설명을 도모하는 데에 가장 이상적인 방법이지만, 정치학의 경우 불행히도 실용면·윤리면에서의 장애요인으로 말미암아 거의 사용이 불가능하다.

실험방법의 대안으로는 통계분석방법이 있다. 통계분석방법은 실험을 통 한 조작이 불가능할 경우 경험적으로 관찰이 가능한 자료를 개념적(또는 수리적)으로 조작하여 변인간의 통제된 관계를 밝혀내는 형식을 취한다. 즉 이 방법은 통제의 문제를 부분상관관계분석(partial correlations)기법 을 사용하여 해결한다. 예를 들어 정치참여와 교육수준의 관계를 파악하려 할 경우, 젊은 세대는 나이가 많은 세대에 비해 더 많은 교육을 받았기 때 문에 연령의 영향력을 통제해야만 한다. 이 통제작업은 표본을 몇 개의 상

---

13) E. J. Meehan, *The Theory and Method of Political Analysis*, Home- wood, Ill.: Dorsey Press, 1965. 그는 이러한 아이디어를 다음과 같은 세 개의 짧은 문장으로 표현하였다. "과학이 추구하는 것은 관계정립이다"(p.35), "과학은 … 실증적이다"(p.37), "과학은 일반화하는 활동이다"(p.43).

이한 연령집단으로 분류한 뒤, 각 집단에서 표출되는 참여양상과 교육수준의 상관관계를 파악함으로써 가능해진다. 래저즈펠드(P. Lazarsfeld)는 이 방식은 기초적 연구조사절차로서 "경험적 연구에서 거의 자동적으로 적용되기 마련이며," "연구조사자가 두 변인간의 관계를 파악해야 하는 상황에 봉착할 때면, 언제나 여타 변수의 역할을 고려하기 위해 즉각 유관표작성(cross tabulation)을 시작한다"고 주장했다.[14)]

따라서 통계분석방법은 실험에 가까운 것으로 간주할 수가 있다. 네이글(E. Nagel)이 강조하였듯이 "경험적 연구대상에 대한 신뢰할 만한 일반법칙의 도출을 지향하는 모든 연구분야는 만약 그것이 엄격하게 통제된 실험방식을 취하지 않는다 할지라도, 실험의 필수적이며 논리적인 기능을 행사할 수 있는 절차를 밟아야 한다."[15)] 그러나 통계분석방법은 이처럼 필수적·논리적인 기능을 지니고 있기는 하지만 통제의 문제를 해결하지 못하는 관계로 실험만큼 강력한 방법은 될 수 없다. 이 방법은 영향력을 행사하는 것으로 밝혀졌거나 혹은 행사하는 것으로 여겨지는 주요변인들만을 통제할 수 있을 뿐이지 모든 변인들을 통제하지는 못한다. 엄격히 말해서 실험방법이라 할지라도 통제문제를 완전히 해결할 수는 없다. 왜냐하

---

14) P. F. Lazarsfeld, "Interpretation of Statistical Relations as a Research Operation," in Lazarsfeld & M. Rosenberg(eds.), *The Language of Social Research: A Reader in the Methodology of Social Research*, Glencoe, Ill.: Free Press, 1955, p.115. 그러나 편회귀분석이나 부분상관관계수분석에 의한 통제를 실시할 경우라도 측정오류나 독특한 변인으로 인한 영향력의 배제는 불가능하다. 자세한 것은 M. B. Brewer, W. D. Crano, and D. T. Campbell, "Testing a Single-Factor Model as an Alternative to the Misuse of Partial Correlations in Hypothesis-Testing Research," *Sociometry* 33, 1970, pp.1-11 참조. 또한 부분상관관계는 인류학에서 Galton의 문제로 알려진 특성간 상호파급(codiffusion of characteristics)문제를 해결하지는 못한다. 자세한 것은 R. Naroll, "Two Solutions to Galton's Problem," *Philosophy of Science* 28, 1961, pp.15-39; Przeworski & Teune, op. cit., pp.51-53 참고.

15) E. Nagel, *The Structure of Science*, New York: Harcourt, Brace, and World, 1961, pp.452f.

면 연구자는 연구대상집단들이 모든 면에서 동질적이라고 완전히 확신할 수 없기 때문이다.16) 그러나 실험방법은 이념형(ideal type)에 가장 근접한 분석 디자인이며, 통계분석방법은 실험과 같은 것이라기보다는 그에 근사한 것이다. 바꾸어 말하면 래저즈펠드가 주장했듯이 실험은 통계분석방법의 특정한 유형이기는 하되 효능이 특히 큰 방법이라 할 수 있다.17)

비교분석방법은 한 가지 차이점을 제외하면, 모든 면에서 통계분석방법과 흡사하다. 양자의 가장 주요한 차이는 비교분석방법이 다루는 사례의 숫자가 너무 적기 때문에 부분상관관계분석을 이용한 체계적 통제가 불가능하다는 점이다. 이 문제는 통계분석방법을 활용할 경우에도 역시 발생한다. 즉 특히 여러 개의 변인을 동시에 통제하려 할 경우 사례가 바닥나 버린다. 그러므로 비교분석방법은 분석사례의 숫자가 너무 적어서 적절한 통제를 위한 더 이상의 유관표 작성이 불가능할 경우에만 적용되어야 한다. 결과적으로, 통계분석방법과 비교분석방법은 명확히 구분되지 않으며, 차이는 단지 분석사례 수의 많고 적음에 달려 있다.18) 따라서 사례가 많지

---

16) 예를 들어 집단들이 의도적인 무작위화에 의해 비등하게 만들어졌다 하더라도, 연구자는 이들 집단이 절대적이 아니라 확률적으로 비슷할 가능성이 높음을 알고 있다. 더구나 블레이럭(H. M. Blalock, Jr.)이 지적한 바와 같이, 소위 강제변인(forcing variable)이라는 것은 무작위화에 의해 통제될 수 없는 것이다. 이 부분에 관해서는 그의 저서 *Causal Inferences in Nonexperimental Research*, Chapel Hill: University of North Carolina Press, 1964, pp.23-26을 참조. 일반적으로 블레이럭은 "실험적 연구디자인(experimental design)과 비실험적 연구디자인(nonexperimental design)을 바탕으로 인과적 추론을 도출하는 논리에서 이들간의 기본적인 유사성"(p.26)을 강조한다.

17) Lazarsfeld, op. cit., p.119. 파슨즈(T. Parsons)도 비교분석방법에 관해 유사한 설명을 했다. "실험은… 비교될 사례들이 제조건을 통제한 상태하에서 질서정연하게 마련되었을 경우, 다름아닌 비교분석방법이다." 이에 관해서는 그의 *The Structure of Social Action*, 2nd ed., New York: Free Press, 1949, p.743을 참조. 실험의 또 다른 이점은 시간변인이 통제된 것이라 할 수 있는데, 이는 특히 연구자가 인과관계의 정립을 추구하려 할 때 중요하다. 통계적 연구디자인(statistical design)에서는 이 통제를 패널(panel)방법에 의하여 가능하게 할 수 있다.

18) 단지 적은 수의 사례만을 확보할 수밖에 없는 상황에서 제기되는 특별한 문제들

않은 상황에서는 통계분석방법과 비교분석방법을 혼용하는 것이 적절한 방법이다. 그리고 비교정치분야에서 흔히 그렇듯이, 국가정치체계가 사례로서 주어진 경우에는 그 숫자가 필연적으로 제한될 수밖에 없으므로 비교방법이 사용되어야 한다.

결국 과학적 연구의 일반적인 목적과 여타 가능한 방법들을 고찰함으로써 우리는 비교방법을 적절한 시각에서 평가할 수 있으며 비어(S. Beer)와 엑스타인(H. Eckstein)이 제기한 다음과 같은 의문에 답할 수 있다. 즉 사회과학자에게 비교란 "자연과학자의 실험실에 상당하는 것인가?"[19] 혹은 "흔히 주장되듯이 사회과학연구에서의 비교분석방법은⋯ 실제로 자

을 부각시키기 위해 비교분석방법은 별도의 방법으로 논의된다. 물론 비교분석방법과 통계분석방법은 동일한 방법의 상이한 측면으로 간주해야 한다고 주장해도 과언이 아니다. 수많은 저자들이 비교분석방법이라는 용어를 이 논문에서 정의된 바와 같이, 비교분석방법과 통계분석 방법을 모두 포함하는 것으로 간주하는 가운데, 이를 다변인적, 경험적이지만 비실험적인 분석방법이라는 광의의 의미로 사용하고 있다. 이것이 바로 래드클리프 브라운(A. R. Radcliffe Brown)이 "비교분석방법만이 우리에게 일반적 명제를 제공할 수 있다"고 주장했을 때 그 용어를 어떻게 사용하였는가를 보여준 것이다. A. R. Radcliffe Brown, "The Comparative Method in Social Anthropology," *Journal of the Royal Anthropological Institute of Great Britain and Ireland* 81, 1951, p.22. 뒤르켐도 "비교사회학은 사회학의 특별한 분야가 아니다. 순수한 서술에서 벗어나 사실을 설명하려고 의도하는 한, 그것은 바로 사회학 그 자체이다"라고 주장했을 때 그 역시 이 정의에 따른 것이다. Durkheim, *The Rules of Sociological Method*, translated by S. A. Solovay and J. H. Mueller, 8th ed., Glencoe, Ill.: Free Press, 1938, p.139. 또한 앞서 인용한 라스웰과 알먼드의 언급을 참조. 니담(R. Needham)은 두 용어를 결합하여 "대규모 통계적 비교(large scale statistical comparison)," 즉 통계분석방법이라고 했다. R. Needham, "Notes on Comparative Method and Prescriptive Alliance," *Bijdragen tot de taal-, Landen Volkenkunde* 118, 1962, pp.160-182. 한편 에반스-프리차드(E. E. Evans-Pritchard)는 스멜서가 사용하고 본 논문에서 채택한 것처럼 똑같은 용어들을 "소규모 비교연구"와 "대규모 통계적 연구"에 관한 구별을 시도할 때 사용했다. 이에 관해서는 그의 저서 *The Comparative Method in Social Anthropology*, London: Athlone Press, 1963, p.22를 참조.

19) S. H. Beer, "The Comparative Method and the Study of British Politics," *Comparative Politics* 1, 1968, p.19.

연과학의 실험을 대신할 수 있는 대안이 될 수 있는가?"20)라는 의문이
바로 그것이다. 이런 의문에 대한 답은 비교분석방법이 실험에 상당하는
방법이라기보다는 이를 대신할 수 있는 불완전한 방법이라는 것이다. 물
론 비교분석의 한계를 명확히 파악할 필요는 있다. 그러나 그렇다고 해서
이를 전혀 쓸모없는 것으로 단정해서는 안 된다. 왜냐하면 추후 논의에서
도 밝혀지겠지만, 이와 같은 취약점들은 극소화될 수 있기 때문이다. 비교
정치분야의 의식적 사색가는 비교분석방법의 한계를 인식하는 한편, 그 효
용성을 또한 인정하고 이용해야만 한다.

2. 비교분석방법의 취약점과 강점

비교분석방법이 당면하고 있는 가장 심각한 문제점은 '너무 많은 변인과
모자라는 사례'로 압축할 수 있다. 그런데 이 두 문제점은 상호밀접하게
연관되어 있다. 전자(과다변인)는 분석기법의 종류를 불문하고 거의 모든
사회과학연구에 공통적으로 나타나는 문제점이며, 후자는 특히 비교분석
에서 주로 발생하는 것으로서 과다변인으로 인한 문제점을 더욱 해결하기
어렵게 만든다.

이런 문제점을 극소화하기 위한 구체적 대안을 논의하기에 앞서, 우선
극히 일반적인 두 가지 방안을 차례대로 제시해보자. 첫째, 취약점을 지닌
비교분석방법을 사용하기보다는 가능한 한 통계분석방법(혹은 실험)을 사
용해야 한다. 그러나 시간, 에너지 그리고 연구경비의 부족함을 고려할 때
소수의 사례를 대상으로 한 집중적인 비교분석이 많은 수의 사례를 대상
으로 한 피상적 통계분석보다 더 바람직한 결과를 얻을 수도 있다. 이런
상황에서 가장 좋은 결과를 얻을 수 있는 접근방식은 비교분석을 연구의

---

20) H. Eckstein, "A Perspective on Comparative Politics, Past and
    Present," in Eckstein & D. E. Apter(eds.), *Comparative Politics: A
    Reader*, New York: Free of Glencoe, 1963, p.3.

첫 단계로서 간주하여 가설을 조심스럽게 세운 후 정립된 가설이 가능한 한 많은 수의 샘플을 대상으로 검증될 수 있도록 통계분석을 두번째의 단계로 실시하는 것이다.

특정 유형의 교차국가적(cross-national) 비교연구에서는 비교분석방법에서 통계분석방법으로 전환하는 것이 논리적으로 가능하며, 또한 바람직하다. 로칸(S. Rokkan)은 교차국가적 분석의 목적을 두 가지로 나누고 있는데, 첫번째는 거시적 가설(macro hypothesis)의 검증으로서, "총체적 체계의 구조적(구성) 요인들간의 상호관계"에 관련된 것이다. 이 경우 분석사례의 숫자가 제한되는 경향이 크고, 따라서 비교분석방법에 의존하는 수밖에 없다. 또 다른 목적은 "미시적 재확인(micro replication)"이며 이는 하나의 상황내에서 이미 확인된 명제를 여타 국가 또는 문화적 배경에서 "검증"하기 위해서 고안된 것이다.[21] 이 경우에도 역시 비교분석방법을 적용할 수 있으나, 검증될 명제가 개인을 분석단위로서 삼고 있으면 통계분석방법을 사용할 수도 있다. 즉 메리트(R. Merritt)와 로칸이 지적했듯이 "개별국가를 독립사례로 취급하는" 접근방식 대신 국적을 직업, 연령, 성별, 주거지역유형 등과 마찬가지로 단순한 추가변인으로 간주할 수 있다는 의미이다.[22] 유사한 맥락에서 홉킨스(T. Hopkins)와 왈러스타인(I. Wallerstein)도 총체적인 정치체계를 분석단위로 삼고 있는 교차국가연구와 다국가형 교차개인연구(multi-national but cross-individual research)를 구분하고 있다.[23]

---

21) S. Rokkan, "Comparative Cross-National Research: The Context of Current Efforts," in R. L. Merritt & Rokkan(eds.), *Comparing Nations: The Use of Quantitative Data in Cross-National Research*, New Haven: Yale University Press, 1966, pp.19-20. 로칸은 이 목적을 위해 특별히 "한 쌍으로 된 비교"의 사용을 추천했다. 이에 관해서는 그의 저서인 "Methods and Models in the Comparative Study of Nation Building," *Citizens, Elections, Parties: Approaches to the Comparative Study of the Process of Development*, Oslo: Universitetsforlaget, 1970, p.52 참조.
22) Merritt & Rokkan, op. cit., p.193.
23) T. K. Hopkins & I. Wallerstein, "The Comparative Study of Na-

둘째로, 비교분석방법을 적용할 때 빠지기 쉬운 위험한 오류, 즉 부정적 발견(negative findings)을 과도하게 중시하는 오류를 지적할 수 있다. 비교방법은 갈퉁(J. Galtung)이 지적한 바 "분석사례들을 가설에 맞도록 선별하고, 단 하나의 이례(deviant case) 때문에 가설을 부정하고마는 전통적 인용·예증(quotation·illustration)의 방법론"에 빠져서는 안된다.24) 물론 모든 분석사례는 체계적으로 선별되어야 하며, 과학적 탐구는 개연적(probabilistic) 통칙을 추구해야지 절대보편적 일반화를 지향해서는 안 된다. 단 하나의 이례를 근거로 가설을 부정하는 잘못된 경향은, 규모가 큰 샘플을 대상으로 한 통계분석에서는 거의 찾아보기가 힘들다. 그러나 소수의 사례를 이용한 비교분석의 경우 하나의 이례가 발견된다 하여도 그 효과가 대단히 크게 부각되기 쉽다. 한두 개의 이례는 대단히 많은 사례를 사용하는 통계분석의 경우, 소수의—예로서 10개 미만—사례를 대상으로 한 비교연구에 비해 그다지 심각한 문제가 되지는 않는다. 즉 "가설과 반대되는 사례를 재빨리 찾아냈기 때문에"25) 가설을 부정하는 것은 실수라는 뜻이다. 이례는 개연적 가설을 약화시키기는 하되, 가설화된 관계(hy- pothesized relationship)를 완전히 무의미하게 할 정도로 충분한 숫자가 제시되어야만 비로소 가설을 부정할 수 있는 것이다.26)

---

tional Societies," *Social Science Information* 6, 1967, pp.27-33. 또한 Przeworski & Teune, op. cit., pp.34-43을 참조.

24) 그는 다음과 같이 부인한다. "이것은 사회과학명제에 대한 순진한 생각이다. 만약 완전한 상관관계만이 허용되어왔다면, 사회과학은 별로 발전하지 못했을 것이다." J. Galtung, *Theory and Methods of Social Research*, Oslo: Universitetsforlaget, 1967, p.505. 이례적 사례분석은 뒤에서 상술.

25) W. J. M. Mackenzie, *Politics and Social Science*, Harmondsworth: Penguin Books, 1967, p.52. 나 자신이 그동안 이런 오류를 범해왔다. 사토리의 극도의 다당제(6개 이상의 정당이 존재하는 체제)와 정치불안정의 관계에 대한 명제에 내가 반론을 제기한 것은 이례적인 역사적 사례에 근거한 것으로서, 이는 내전기 네덜란드의 안정적인 6당체제였다. 이에 관해서는 A. Lijphart, "Typologies of Democratic systems," *Comparative Poitical Studies* 1, 1968, pp.32-35를 참조.

26) 따라서 개연적 통칙은 논리적으로 결코 무효화될 수 없다는 주장은 분명 옳지

이제 개괄적인 진단을 넘어서서, 과다 변인, 과소 사례라는 비교분석의 취약점을 극소화할 수 있는 네 가지의 구체적 수단과 방식에 관해 논의해 보자.

1) 가능한 한 사례의 수를 증대시킬 것

대부분의 경우 통계분석으로 전환할 수 있을 만큼 사례의 숫자를 증대 시킬 수는 없지만 아무리 적다 하더라도 연구표본의 규모를 확대시키면 어느 정도의 변인통제가 가능해진다.[27] 현대의 비교정치연구는 특히 파슨 즈의 이론과 알먼드의 기능주의적 접근법을 기초로 하여 정치학적 의미와 보편적 적용성을 지닌 개념들을 정립하려 시도한 선구자들의 노력에 힘입 어 눈부신 발전을 이룩했다.[28] 즉 비교가능성을 갖도록 주요변인들을 재

않다. 이것은 레위(G. Lewy)의 다음과 같은 견해와 대조를 이룬다. 즉 "확실히 수많은 이례들의 발견은 명제의 타당성에 의문을 제기하게 할 것이다. 그러나 논 리적으로 그런 증거가 명제의 붕괴를 강요하지는 않는다. 경험적·역사적 자료에 입각하여 가설의 검증은 무결론의 상태로 남을 수밖에 없다." G. Lewy, "His-torical Data in Comparative Political Analysis: A Note on Some Prob-lems of Theory," *Comparative Politics* 1, 1968, p.109.

27) 더군다나 모든 가능한 사례를 전부 조사하지 않는 한, 연구자는 제한된 표본들 이 얼마나 대표적인가 하는 문제에 당면하게 된다.

28) 특별한 문화에 연결되지 않은 일반적인 개념 정립의 필요성에 관해서는 Smelser, op. cit., pp.104-109; Nadel, op. cit., pp.237-238; D. Oliver & W. B. Miller, "Suggestions for a More Systematic Method of Comparing Political Units," *American Anthropologist* 57, 1955, pp.118-121; N. Frijde & G. Jahoda, "On the Scope and Methods of Cross-Cultural Research," *International Journal of Psychology* 1, 1966, pp.114-116를 참 조. 비교정치론의 용어를 혁신하려는 최근의 시도에 대한 비판에 관해서는 G. Sartori, op. cit.와 R. T. Holt & J. M. Richardson, Jr., *The State of Theory in Comparative Politics*, Minneapolis: Center for Comparative Studies in Technological Development and Social Change, 1968; R. E. Dowse, "A Functionalist's Logic," *World Politics* 18, 1966, pp.607-623; S. E. Finer, "Almond's Concept of 'The Political System': A Textual Critique," *Government and Opposition* 5, 1967-1970, pp.3-21 등을 참조.

정의한 결과, 과거에는 접근이 불가능하였던 수많은 사례들을 비교분석의 대상으로 삼을 수 있게 된 것이다. 그런데 이처럼 분석의 범위를 지역적으로 확대시킴에 더하여 가능한 한 많은 역사적 사례를 분석대상의 범주에 포함시킴으로써 통시적(cross-historical) 확장을 기할 가능성도 고려하여야 한다.[29]

이미 거의 1세기 이전에 프리먼(E. Freeman)으로 하여금 그토록 열렬히 비교분석방법을 옹호하도록 한 것은 바로 이 범세계적 그리고 통시적인 비교를 통한 보편법칙의 도출전망이었다. 1873년 출간된 『비교정치론(*Comparative Politics*)』에서 그는 비교분석방법을 당대의 "가장 위대한 지적성취"라 칭송하면서, 이 방법은 "아주 상이한 시대와 국가의 정치제도간의 유추를 가능케 한다"고 주장하였다. 따라서 비교정치연구는 "전에는 극단적으로 산개되어 있던 시대와 언어, 국가들이 하나로 모아진 세계"를 찾아낼 수 있게 했다는 것이다.[30] 비교정치는 프리먼이 이처럼 낙관적으로 설정해놓은 목표를 아직 달성하지 못했고, 아마 앞으로도 달성하지 못할지 모른다. 그러나 그의 주장은 비교분석을 지역적·역사적으로 확대시킬 때 얻을 수 있는 효과를 일깨워주고 있다(이와 같은 제안의 가치는 대부분의 정치체계에 관한 자료의 극심한 부족으로 말미암아 다소 퇴색되었으며 더구나 과거 역사에 대한 연구에서 정보부족으로 인한 문제점은 해결할 수 없는 경우가 많다).

2) 성향공간을 축소시킬 것

만약 분석사례의 표본을 증대시킬 수 없다면, 본질적으로 유사한 기본

---

29) M. Haas, "Comparative Analysis," *Western Political Quarterly* 15, 1962, pp.298n. 또한 Lewy, op. cit., pp.103-110도 참조.

30) E. A. Freeman, *Comparative Politics*, London: Macmillan, 1873, p.1, 19, 302. 또한 범세계적 비교연구(global comparative research)를 선호한 쇼버그(G. Sjoberg)의 주장도 참조. G. Sjoberg, "The Comparative Method in the Social Science," *Philosophy of Science* 22, 1955, pp.106-117.

속성을 표현하는 둘 혹은 그 이상의 변인을 하나로 묶을 수 있다. 그렇게 하면, 관계를 나타내는 행렬의 칸(cell) 수가 줄어들며, 이와 상응하여 각 칸에 포함되는 사례의 수는 증가하게 마련이다. 요인분석기법(factor analy- sis)은 이러한 목적을 달성하는 데 매우 유용한 수단이 될 수 있다. 결국 래저즈펠드가 지칭한 것처럼, 이러한 "성향공간(property space)"의 축소는 표본의 규모를 확대시키지 않고서도 유관표 작성작업을 진행하거나 통제작업을 수행할 수 있는 가능성을 높인다.31) 또한 경우에 따라서는 변인분류기준을 이분법(dichotomy)으로 단순화하여 수를 줄이며, 이를 통하여 각 칸에 포함되는 사례의 평균숫자를 증대시키는 방법도 생각해볼 만하다. 그러나 이 방식은 연구자가 자의적으로 정보의 일부분을 희생시키는 단점이 있기 때문에 함부로 사용해서는 안 된다.

3) 비교가능사례에 분석의 초점을 맞출 것

이런 맥락에서 "비교가능성"은, 분석(비교)사례들이 연구자가 상수로 처리하려는 다수의 주요속성(변인)들에 관해서는 서로 유사성을 지니는 반면, 상호 연계시키려는 변인들에 관한 한 상이한 양태를 지니는 상황을 지칭한다. 이처럼 비교가능한 사례들이 발견된다면 비교분석방법을 적용하기에 좋은 기회라 하겠다. 왜냐하면 이들은 다수의 여타(간섭) 변인들을 통제하는 가운데 소수의 주요 변인 상호간에 나타나는 관계를 설정할 수 있도록 하기 때문이다.32) 브레이밴티(R. Braibanti)가 말했듯이, "가설로부터 이론으

---

31) Lazarsfeld & Barton, op. cit., pp.172-175; Barton, "The Concept of Property-Space in Social Research," in Lazarsfeld & Rosenberg, op. cit., pp.45-50.

32) Smelser, op. cit., p.113. 홀트와 터너는 이런 전략을 구체화의 과정으로 지칭하고 있다(op. cit., pp.11-13). 또한 이는 아이젠스타트가 "유사한 실험적 성격의 특수 집중비교(special intensive comparisons)"의 구축가능성에 대해 언급했을 때 염두에 둔 것이라고 할 수 있다(op. cit., p.424). 다음의 글도 참조. E. K. Scheuch, "Society as Context in Cross-Cultural Comparison," *Social*

로의 전환은 정치체계의 총체적 범주에 관한 분석에 따라 좌우되는 것"이 기는 하되,[33] 우선은 제한된 수의 비교가능한 사례에 초점을 맞추어 부분 적인 일반화를 기함이 보다 실질적일 수도 있다.

앞서 언급한 비교분석방법을 보강하기 위한 두 가지 수단은 주로 적은 사례에 관련된 것이었지만 이제 세번째 수단은 과다 변인이라는 문제에 초 점을 맞춘 것이다. 변인의 총숫자를 감소시킬 수는 없더라도 많은 변인을 상수로 만들 수 있는 비교가능사례들을 사용함으로써 작동변인(operative variables)의 숫자를 상당히 줄인다면, 사례가 고갈되어버리는 문제에 부 딪히지 않고서도 통제된 상황에서 이들 주요 변인간의 관계를 연구할 수 있다. 비교가능한 사례에 초점을 맞추는 것은, 적은 사례보다는 과다 변인 의 문제를 해결할 수 있는 수단이 되는 동시에, 분석대상이 되는 사례들이 비교가능사례만을 선별해내는 작업의 부수효과로 통상 감소된다는 점에서 도 첫번째 대안과 다르다. 결국 이 두 가지 대안들은 두번째 대안(그리고 추후 언급할 네번째 대안)과 상응하는 것이기는 하지만, 본질적으로 서로 다른 해결방향을 지향하고 있다.

이런 세번째 형식의 비교분석방법은 밀(J. S. Mill)이 제시한 차이법 (method of difference) 또는 "부수변이방식(method of concomitant variation)"에 해당한다. 차이법이란 "특정 현상이 그 속에서 나타나는 사 례들과 다른 점에서는 유사하지만, 그런 현상이 나타나지 않고 있는 사례 들을 비교하는 방법"이며, 부수변이방식은 더 정교한 차이법의 한 유형이 다. 즉 작동변인들의 존재여부만을 관찰하기보다는, 그들의 정량적 가치가

Science Information 6(10), 1967 중에서 특히 pp.20-23을 참고; Mackenzie, op. cit., p.151; F. Eggan, "Social Anthropology and the Method of Con- trolled Comparison," American Anthropologist 56, 1954, pp.743-763; E. Ackerknecht, "On the Comparative Method in Anthropology," in R. F. Spencer(ed.), Method and Perspective in Anthropology, Minneapolis, Minn.: University of Minnesota Press, 1954, pp.117-125.

33) R. Braibanti, "Comparative Political Analytics Reconsidered," Journal of Politics 30, 1968, p.36.

변화하는 양상을 추적·측정함과 아울러 그러한 양적 변화양상들을 서로
연결짓는 수단인 것이다. 이때 차이법이 그렇듯이, 모든 여타 변인들은 상
수로 통제되어야만 한다. 즉 밀의 말을 빌리자면 "변이의 부수현상으로부
터 인과관계를 추론할 수 있으려면 부수현상 그 자체가 차이법을 통해 증
명되어야 한다."[34]

　밀의 부수변이방식은 종종 최초로 체계화된 비교분석전략이라 일컬어진
다.[35] 그러나 밀 자신은, 차이법과 부수변이방식이 유사 사례를 만족스러
울 만큼 충분히 찾기 어렵기 때문에, 사회과학연구에는 적용될 수 없는 것
으로 간주했다는 사실을 간과해서는 안 된다. 그는 이 방식을 정치연구에
적용하는 것은 "전혀 불가능하며" 만약 적용하려는 시도가 있다면 그것은
"정치현상의 분석에 적합한 조사양식에 대한 엄청난 오인"의 결과라고 주
장하였다.[36] 뒤르켐 역시 밀의 부정적 견해에 동의하고 있다. 즉 그에 따르
면 "외생변인들을 완전히 배제하는 것은 결코 이룰 수 없는 이상이다. …
두 사회가 한 점을 제외하고는 모두 같다거나 다르다고 말할 수 없다."[37]
이러한 회의론들은 지나치게 엄격한 과학적 기준에 근거한 것으로서, 사토
리가 칭한 바 과의식적 사색에 해당하는 것이라 하겠다. 그러나 비교가능한
사례들을 선별함에 있어서 이와 같은 기준을 가능한 한 지키도록 노력해야
만 한다는 점도 잊어서는 안 된다.

　지역연구[38]는 이러한 비교분석을 적용하기에 상당히 적합한 것으로 여

---

34) J. S. Mill, *A System of Logic*, 8th ed., London: Longmans, Green,
　　Reader, and Dyer, 1872, Book III, Chapter 8.

35) Nadel, op. cit., pp.222-223; K. E. Bock, "The Comparative Method of
　　Anthropology," *Comparative Studies in Society and History* 8, 1966,
　　p.272.

36) Mill, op. cit., Book IV, Chapter 7; 또한 Book III, Chapter 10 참조.

37) Durkheim, op. cit., pp.129-130. 그러나 그는 "사회학 연구에서 가장 뛰어난
　　방법"으로서, 통계분석방법과 비교분석방법의 결합이라고 그 자신이 분명히 해석
　　한 부수변이(concomitant variations)의 방법을 환영했다(p.132). 또한 F.
　　Bourricaud, "Science Politique et Sociologie: Reflexions d'un Sociolo-
　　gue," *Revue Francaise de Science Politique* 8, 1958, pp.251-263을 참조.

겨지는데, 그 이유는 특정지역내 국가들이란 일단의 속성을 공통적으로 가지고 있는 경우가 많고 따라서 그 공통속성들을 통제변인으로 사용하는 것이 가능하기 때문이다. 그러나 지역연구의 효용성에 관해서는 각기 다른 견해가 날카롭게 대립하고 있다. 예로서 헥셔는 "지역연구야말로 비교정치연구의 핵심"이라 하면서, "종종 변인의 숫자가 대단히 많지만, 지역을 잘 선택하면 적어도 이를 줄일 수는 있다"고 주장한다.[39] 한편 매크리디스(R. C. Macridis)와 콕스(R. Cox) 역시 지역들이 정치적이자 또한 비정치적으로 동질적이라면 "한 지역에서 나타나는 특정한 정치과정들은 유사한 속성정형(trait configuration)이라는 공통 배경에서 상호비교될 수 있으므로 지역이라는 개념은 큰 가치를 지닌다"고 주장하면서 중남미 지역을 역내비교분석(intra-area comparison)의 밝은 전망을 보이는 지역으로 꼽았다.[40] 반면, 러스토우(D. Rustow)는 최근 발표된 논문에서 지역연구를 "진부한 것"으로 매도하면서 "다루기 쉬운 비교분석의 배경"으로서의 지역에 대해 큰 불신을 표명했다. 그에 따르면 "단순한 지리적 인접성이 반드시 적절한 비교분석의 기초가 되는 것은 아니며," 더 나아가 "비교가능성이란 주어진 연구대상내에 본연적으로 포함된 속성이라기보다는 관찰자의 시각에 따라 부여되는 성향"이다.[41] 이는 주의깊게 살펴

---

38) 지역접근법이 비교가능성을 극대화하기 위하여 전세계적 범위의 연구보다 선호된다면, 동일한 이유에서 시대접근법 역시 마찬가지로 통시적 분석(longitudinal analysis)보다 나을 것이다. 다음의 블랙의 언급을 참고. "시간적으로 멀리 떨어진 제도나 사건보다는 동시대의 것을 비교하는 것이 더 가치가 있다. 대체로 동일한 문제를 갖고 있는 사회나 소집단을 비교하는 것이 수세기를 걸쳐 분리되어 존재하는 사회를 비교하는 것보다 만족스러운 연구결과에 도달할 가능성이 크다." C. E. Black, *The Dynamics of Modernization: A Study in Comparative History*, New York: Harper & Row, 1966, p.39.

39) Heckscher, op. cit., p.88.

40) R. Macridis & R. Cox, "Research in Comparative Politics," *American Political Science Review* 47, 1953, p.654; J. D. Martz, "The Place of Latin America in the Study of Comparative Politics," *Journal of Politics* 28, 1966, pp.57-80을 참조.

41) D. A. Rustow, "Modernization and Comparative Politics: Prospects in

보아야 할 가치가 있는 설득력 있는 주장이라 하겠다.

지역이 반드시 지리적 유사성만을 반영한다는 주장은 옳지 않다. 지역은 다른 여러 점에서도 유사한 성향을 나타낸다. 이를 뒷받침하는 예로서는 러셋(B. M. Russett)이 귀납적 분석과정, 즉 82개국에 관련된 54개의 사회문화적 변인들에 대한 요인분석을 통해 사회문화적으로 유사한 속성을 지닌 국가군이 통상적인 지역적 구분에 따른 국가군과 일치한다는 점을 밝혀낸 사실을 들 수 있다.42) 기실 비교가능성은 어떤 주어진 지역에 고유하게 존재하는 것은 아니겠으나, 무작위로 추출된 국가들에서보다는 특정 지역에서 더 잘 확보될 수 있다. 따라서 비교정치연구에서 지역연구를 포기하는 것은 현명하지 못한 일이다. 우선 지역연구는 그 자체가 목적이 아닌 비교분석방법의 보조수단으로 사용할 경우, 비교정치연구에 도움을 줄 수 있다. 만일 그렇지 못할 경우, 지역연구는 일종의 족쇄가 되어버릴 수도 있으며 러스토우가 지적하는 것도 바로 이런 위험성인 것이다.43) 둘째, 지역연구방법은 함부로 사용되어서는 안 되며 결정적 통제(crucial control)작업이 가능한 경우에 한해서 사용되어야 한다. 이러한 관점에서

Research and Theory," *Comparative Politics* 1, 1968, pp.45-47. 지역연구 역시 다음과 같은 근거로부터 비판받을 수 있다. D. G. Hitchner & C. Levine, *Comparative Government and Politics*, New York: Dodd, Mead, 1967에 의하면, "지역연구의 (연구사례)제한 방법은 한정된 국가군의 특정을 강조하게 되며 이는 진정한 의미의 비교연구가 마땅히 추구해야 하는 보편적 통칙의 구축에 어긋나는 것이다"(pp.7-8). 이에 대한 해결책의 첫째 단계로서 우선 부분적 통칙의 필요성이 제시되었다. 이에 관해서는 Braibanti, op. cit., pp.54-55를 참조.
42) B. M. Russett, "Delineating International Regions," in J. D. Singer (ed.), *Quantitative International Politics: Insights and Evidence*, New York: Free Press, 1968, pp.317-352; Russett, *International Regions and the International System*, Chicago: Rand McNally, 1967 참조.
43) G. I. Blanksten, "Political Groups in Latin America," *American Political Science Review* 53, 1959, p.126; S. Neumann, "The Comparative Study of Politics," *Comparative Studies in Society and History* 1, 1959(Jan.), pp.107-110; I. Schapera, "Some Comments on the Comparative Method in Social Anthropology," *American Anthropologist* 55, 1953(Aug.), pp.353-361, 특히 p.360을 참조.

볼 때 몇몇 규모가 작은 지역들이 상대적으로 넓은 지역에 비해 분석상의
유리한 점을 더 많이 가지고 있을 수도 있는데, 예로서 이미 이런 맥락에
서 많이 연구되어온 스칸디나비아 지역(지역이란 어휘는 적합하지 않겠지
만), 또는 보다 많은 관심을 끌어온 영미권 국가 등을 들 수 있겠다.[44]

비교가능성을 증진시키기 위한 또 다른 대안은 단일 국가를 통시적으로
분석하는 것이다. 동일한 분석단위를 통시적으로 비교하는 작업은 둘 또
는 그 이상의 상이하지만 한편으로는 유사한 분석단위를 동시에 비교하는
것에 비해 통제문제에 관한 한 완전하지는 못하지만, 상대적으로 더 나은
해결책을 제공해주는 경우가 많다. 왜냐하면 하나의 국가도 그 모습이 역
사 속에서 변모하기 때문이다. 통시적 비교분석의 좋은 예는 독일의 바이
마르와 본(Bonn) 공화국하에서 나타난 정당체계, 이익집단체계, 정치안정
간의 실증적 상관관계에 대한 프라이(C. E. Frye)의 연구이다. 프라이는
"이러한 변인들간의 관계를 연구하는 데에 바이마르 공화국과 본 공화국
은 대단히 좋은 사례(엄격히 말하자면 두 개의 사례)가 될 수 있다"고 주
장하면서, 그 이유로 "대부분의 교차국가적 연구에 비해 상수의 숫자가
많고, 변인의 숫자는 상대적으로 적으나 상호간의 차이점은 매우 크다"는
점을 지적하고 있다.[45]

---

44) S. M. Lipset, "The Value Patterns of Democracy: A Case Study in
Comparative Analysis," *American Sociological Review* 28, 1963, pp.515-
531; R. R. Alford, *Party and Society: The Anglo-American Democra-
cies*, Chicago: Rand McNally, 1963; L. Lipson, "Party Systems in the
United Kingdom and the Older Commonwealth: Causes, Resemblances,
and Variations," *Political Studies* 7, 1959, pp.12-31를 참조.

45) C. E. Frye, "Parties and Pressure Groups in Weimar and Bonn,"
World Politics 17, 1965, pp.635-655(인용문은 p.637). 독일의 전후 분할은
동일한 문화적·역사적 기반 위에서 상반된 가치체계인 민주주의적 발전 대 전체
주의적 발전의 효과를 분석할 수 있는 기회를 제공했다. 이에 관해서는 R.
Dahrendorf, "The New Germanies: Restoration, Revolution, Recon-
struction," *Encounter* 22, 1964, pp.50-58; S. L. Thrupp, "Diachronic
Methods in Comparative Politics," in Holt & Turner(eds.), op. cit.,
pp.343-358을 참조.

국가정치체계(national political system) 자체가 분석단위가 되지 않는 한, 국가간 비교분석보다는 국가내 비교에 초점을 맞춤으로써 역시 비교가능성을 증진시킬 수 있다. 이유는 앞서 말했던 바와 마찬가지다. 즉 국가내 비교분석은 상수로 작용하는 수많은 유사속성으로 말미암아 통제작업상의 이득을 볼 수 있기 때문이다.[46] 스멜서는 이런 분석전략의 효용성을 독일과 이탈리아에서 산업화과정에 관련된 가상적 연구프로젝트를 이용하여 예시했는데, 그의 주장에 의하면 "여러 가지 목적에 비추어볼 때, 북이탈리아와 남이탈리아를 그리고 루르 지방과 바바리아 지방을 비교하는 것이 전독일과 전이태리를 비교하는 것보다 더 좋은 결과를 얻을 수 있을 것"이며 그 이유는 "이 두 나라는 산업화의 수준뿐만 아니라, 문화적 전통, 정부구조나 기타 여러 점에서 상이하기 때문"이다. 국가내 분석의 장점은 바로 분석단위간의 상이성을 상수로 고정시킬 수 있다는 점이다. 그렇다면 우선 "단일 연구단위내 비교분석에서 주요 작동변인으로 나타나는 변인들을 선별한 다음, 같은 차이점들이 역시 나타나는가를 살펴보기 위해 단위간 비교분석작업으로 전환함이 가능하다"고 그는 주장한다.[47]

린츠(J. Linz)와 미겔(A. de Miguel)이 지적했듯이, 특히 기대해볼 만한 연구방법은 국가내 비교분석과 국가간 비교분석의 혼합형이다. 이들에 따르면 "많은 공통속성을 지니면서도 일부 주요 측면에서만 상이한 두 사회의 부문들을 비교하는 것이 국가간의 전반적인 비교보다 더 나은 결과를 가져올 수 있다"는 것이다.[48] 정치분야의 분석에서 이런 접근방식의 대표적인 예는 나롤(R. Naroll)에 의해 제시되고 있다. 즉 "내각책임제와 대통령 중심제의 차이점에 관련된 이론을 검증하려면… 영국과 미국을 비교하

---

46) Heckscher, op. cit., p.69; H. Eulau, "Comparative Political Analysis: A Methodological Note," *Midwest Journal of Political Science* 6, 1962, pp.397-407. 로칸은 모든 국가를 연구사례로 삼아야 한다는 편견에 대하여 엄중히 경고하였다("Methods and Models," p.49).

47) Smelser, op. cit., p.115.

48) J. J. Linz & A. de Miguel, "Within-Nation Differences and Comparisons: The Eight Spains," in Merritt & Rokkan, op. cit., p.268.

는 것보다는 캐나다의 매니토바주와 미국의 북다코타주를 비교하는 것이 더욱 낫다. 왜냐하면 모든 여타 변인들을 고려할 때 영국과 미국은 여러 가지 면에서 상이하나 매니토바와 북다코타는 아주 유사하기 때문이다."49)

4) 주요변인에 분석의 초점을 맞출 것

마지막으로, 과다 변인의 문제점은 앞서 제시한 수단들을 통해서뿐 아니라 이론적 엄격성(theoretical parsimony)을 지킴으로써 해결될 수도 있다. 비교분석은 많은 숫자의 변인에 의해 압도당할 위험과 아울러, 이로 말미암아 통제된 관계를 도출할 수 있는 가능성을 상실할 위험을 동시에 피해나가야 하기 때문에 분석과정에서 그다지 중요하지 않은 변인은 배제하고 실제로 주요한 변인들만을 주의깊게 선별적으로 사용해야 한다. 비교분석의 본질과 독특한 한계점은, 라스웰과 브레이밴티가 형상(configura- tive) 분석 혹은 맥락(contextual)분석이라 칭한 분석형식의 문제점을 시사해준다. 브레이밴티의 정의에 따르면 이런 분석형식은 "어떤 정치적 기능에든간에 영향을 미치는 것으로 여겨지는 총체적 사회질서 내의 변인을 선별·해석하고 이 변인들의 제도적 표출양식을 규명하여 비교분석을 위한 목록을 만드는 것"이다.50) 라스웰은 통상적으로 적용되는 비교분석방법은 충분히 형상적이지 못했으며, 따라서 보다 많은 변인들을 탐구할 필요성이 있다고 주장한다. 즉 전반적 맥락—과거, 현재와 미래—은 "지속적으로 추적되어어야 한다"는 것이다.51)

---

49) Naroll, "Scientific Comparative Politics and International Relations," in R. B. Farrell(ed.), *Approaches to Comparative and International Politics*, Evanston: Northwestern University Press, 1966, pp.336-337.

50) Braibanti, op. cit., p.49. 이러한 맥락에서 형상적 분석은, "특별한 정치체계의 분석을 명시적으로 또는 묵시적으로 독특한 실체로 취급한다"는 엑스타인의 용어 설명에서 나타나는 바와 같이 통상적인 단일국가접근법(single-country approach)과 같은 뜻이 아니다("A Perspective on Comparative Politics," p.11).

비현실적이자 궁극적으로는 자멸적인 완벽주의에 빠지지 않는 한 모든 변인들을 추적하는 것이 물론 모든 변인을 분석과정에 포함시키는 것과 다르다는 사실은 누구나 알 수 있다. 비교정치연구는 국제정치연구에서 정책결정접근법이 빠진 오류—즉 정책결정에 영향을 줄 가능성이 있는 모든 변인들을 분석하려는 덫—를 피해야 한다.52) 이론적 엄밀성의 관점에서 볼 때 정당체계에 관한 중간범위 명제(middle-range propositions)를 도출하기 위해 분절적 접근방식(segmented approach)을 제안한 라팔롬바라(J. LaPalombara)의 주장은 매우 타당한 것이라 할 수 있다.53) 이와 유사한 맥락에서, 비교정치연구에서 보다 큰 운용성(manageability)이 시급히 요청된다는 엑스타인의 주장도 간과되어서는 안 된다. 즉 엑스타인에 따르면 "현재 비교정치분야에서 무엇보다도 명백히 요청되는 것은 단순화—보다 큰 범위에서의 단순화—이다. 왜냐하면 인간의 지성과 과학적 방법으로서는 오늘날 비교분석과정상 요청되며, 또 실제로 존재하는 수많은 변인들과 개념군들 그리고 엄청난 자료들을 도저히 처리할 수 없기 때문"이라는 것이다.54)

비교분석방법이 가장 성공적으로 적용된 분야가 인류학이라는 사실은 결코 우연이 아니다. 원시사회를 연구할 경우 보다 진보된 사회의 분석에 비해 다루어야 할 변인들의 숫자가 당혹스러울 정도로 많지는 않다. 따라서 모든 유효한 변인들이 보다 쉽게 조사·분석될 수 있는 것이다. 이러한 측면에서 인류학은 "사회현상에 관한 의사실험적(quasi-experimental)

---

51) Lasswell, op. cit., p.6.
52) R. C. Snyder, H. W. Bruck, and B. Sapin(eds.), *Foreign Policy Decision-Making*, New York: Free Press of Glencoe, 1962 참조.
53) J. LaPalombara, "Macrotheories and Microapplications in Comparative Politics," *Comparative Politics* 1, 1968, pp.60-77. 예를 들어 그는 R. A. Dahl(ed.), *Political Oppositions in Democracies*, New Haven: Yale University Press, 1966, 특히 Chapters 11-13을 인용하고 있다. 또한 LaPalombara, "Parsimony and Empiricism in Comparative Politics: An Anti-Scholastic View," in Holt & Turner(eds.), op. cit., pp.123-149 참조.
54) Eckstein, "A Perspective on Comparative Politics," op. cit., p.30.

접근을 가능케 하는 실험실"을 제공한다고도 할 수 있다.55) 정치학은 이런 장점을 갖고 있지는 못하나, 비교분석과정상 주요변인에 초점을 맞춤으로써 유사한 결과를 얻을 수 있을 것이다.

마지막으로 정치학에서 독립적 분야로서의 위치를 차지하는 비교정치론과 방법론으로서의 비교분석방법간의 관계에 대한 언급이 순서일 것 같다. 이 두 가지는 결코 같은 선상에 있지는 않다. 비교정치를 연구할 때 다른 방법이 채택되는 경우도 많고 비교분석방법 역시 다른 학문과 연구분야에도 적용될 수 있는 것이다. 이를 시사해주는 예로서 "애치슨 시대(Acheson era)," 즉 1949년에서 1952년의 기간과 1953년에서 1956년까지의 "덜레스 시대(Dulles era)"라는 두 유사한 시기에 미상원의원의 행태에 미친 개인적 배경변인(정책적 신념과 개인화경향)과 역할변수(정당의 역할과 위원회의 역할)의 상대적 영향력에 관한 로제나우(J. N. Rosenau)의 연구를 들 수 있다. 로제나우는 이 두 시기는 전반적으로 유사한 국제환경으로 특징지어지며 또한 앞서 언급한 두 명의 국무장관은 유사한 외교정책을 수행했음과 아울러 개인적 성품에서도 서로 닮았다고 주장하면서 채택한 분석방법을 일컬어 계량적 역사비교분석(quantitative historical comparison)이라 칭하고 있다. 그리고 이런 분석방법이 지닌 기본 속성의 하나는 "분석대상이 되는 변인들을 제외하고서는… 모든 측면에서 본질적으로 비교가능한" 시기, 즉 역사적 사례들을 비교함으로써 가설을 검증하는 것이라 주장한다. 그런데 이와 같은 방법이 계량적이라 불리는 이유는 변인들이 계량적으로 조작정의되었기 때문이며 한편 비교대상이 되는 두 사례가 사적 시기인 관계로 역사적이 되는 것이다.56) 따라서 이 방법은 비

---

55) Nadel, op. cit., p.228.

56) J. N. Rosenau, "Private Preferences and Political Responsibilities: The Relative Potency of Individual and Role Variables in the Behavior of U.S. Senators," in Singer(eds.), *Quantitative International Politics*, pp.17-50, 특히 p.19. 로제나우는 다음과 같이 부언한다. 만약 "연구결과가 틀림없이 가설을 부정하거나 확인시킬 정도로 명료한 것이 아니라면 분석자는 비교할 수 있는 제3의 시기로 이동할 것이다(p.19). 만약 제3의 또는 둘 이상의

교분석방법의 특정한 유형이라 하겠다. 상기한 범례는 연구자가 비교분석
방법의 성공적인 적용을 위해 고안할 수 있는 여러 가지 방법의 하나를 보
여주는 것이다.[57]

3. 비교방법과 사례분석방법

사례분석방법을 고려하지 않고서는 비교분석방법을 완벽하게 논할 수
없다. 통계분석방법은 많은 경우에 적용될 수 있으며 비교분석방법은 상
대적으로 적은 수(그러나 최소한 두 개)의 경우에 그리고 사례분석방법은
하나의 경우에 적용된다. 그러나 사례분석방법은 비교분석방법과(또한 통
계적분석 방법과도) 밀접하게 연결될 수 있으며 또한 그렇게 되어야 한다.
그리고 사례분석의 몇 가지 유형은 비교분석의 일부분으로까지 간주될 수
도 있다.

사례분석방법의 가장 큰 장점은 연구자에게 주어진 연구자원들이 상대
적으로 제한되어 있다 하더라도, 단일한 사례에 초점을 맞춤으로써 그 사
례를 집중적으로 연구조사할 수 있다는 점이다. 그러나 사례연구방법의
과학적 위상은 과학이란 일반화 작업이라는 관점에서 볼 때 다소 모호하
다고 할 수 있다. 개별사례는 유효한 통칙(generalization)의 기초가 될
수 없을 뿐만 아니라 이미 정립된 통칙을 부정할 수 있는 근거가 되지도
못한다. 그럼에도 불구하고 사례분석은 간접적으로나마 보편명제의 구축,
그리고 더 나아가 정치학 이론의 정립에 중요한 공헌을 할 수 있다. 사례

시기들이 발견될 수 있다면—로제나우의 특별한 연구문제의 경우에는 있음직하
지 않지만—그것은 가용한 연구자원이 그것을 허용하는 한 첫째의 두 시대의 연
구결과에 관계 없이 포함되어야 한다.

57) 실험적 방법과 유사한 방법으로는 B. G. Goazer & A. L. Strauss, "Discov-
ery of Substantive Theory: A Basic Strategy Underlying Qualitative
Research," *American Behavioral Scientist* 8, 1965, pp.5-12에서 제안된
"다중비교집단(Multiple comparison groups)"의 사용을 참조.

분석의 유형으로서는 아래와 같은 여섯 가지를 꼽을 수 있다. 그러나 이러한 제 유형은 어디까지나 이념형이며 따라서 어떤 특정한 연구는 다음과 같은 분류기준 중 하나 이상의 범주에 포함되는 것일 수도 있다.

① 단순 사례분석(Atheoretical case studies)
② 해석적 사례분석(Interpretative case studies)
③ 가설창출용 사례분석(Hypotheses-generating case studies)
④ 이론확증용 사례분석(Theory-confirming case sutdies)
⑤ 이론논박용 사례분석(Theory-infirming case studies)
⑥ 이례분석(Deviant case sutdies)

분석사례는 사례 자체에 대한 관심 또는 이론정립에 대한 관심에 따라 선정될 수 있다. 처음의 두 가지 유형은 사례 자체에 대한 관심 때문에 수행되는 것이다. 단순사례분석은 통상적인 단일국가 또는 단일사례연구를 지칭한다. 이 사례분석은 전적으로 서술적이며 이론적 진공상태에서 이루어진다. 즉 이들은 이미 정립된, 혹은 가정된 일반명제에 의거하지도 않고 또한 일반적 가설을 설정하기 위한 목적을 지니고 있지도 않다. 따라서 이 유형의 사례연구는 직접적인 이론적 가치를 가지지 않지만 그렇다고 해서 효용가치가 전무하다는 뜻은 아니다. 라팔롬바라가 강조했듯이, 비교 정치연구의 발전은 세계에 존재하는 거의 대부분의 정치체계에 관련된 자료정보의 엄청난 부족으로 말미암아 저해되고 있는 것이다.[58] 순수한 서술적 연구는 기본적인 자료정보 수집작업으로써 큰 효용성을 지니며, 그럼으로써 이론정립에 간접적으로나마 공헌할 수 있다. 또한 "이 연구의 누적적 효과는 충실한 통칙을 낳게 될 것"이라 주장할 수도 있겠으나 이런 주장의 타당성은 단순 사례분석에서 수집된 데이타에 대한 이론지향적

---

58) LaPalombara, "Macrotheories and Microapplications," op. cit., pp.60-65.

연구를 추가로 수행하느냐의 여부에 달려 있다.59)

앞서 지적한 바와 같이 단순 사례분석을 포함한 상기 모든 유형의 사례 분석형식은 이념형들이다. 그런데 단순 사례분석의 실례는 아마 존재하지 않을 것이다. 왜냐하면 단일사례를 대상으로 한 거의 모든 연구는 모호하나마 적어도 몇 가지 이론적 시각과 아울러 다른 사례에 관한 어느 정도의 기초지식에 입각해서 수행되며 또한 보다 광범위한 적용성을 지닌 몇 가지 가정 또는 결론을 낳기 때문이다. 이런 실제적 사례연구들은 크게 보아 첫번째의 유형에 속하기는 하되, 어떻게 보면 한두 개의 여타 유형 (특히 세번째, 네번째와 다섯번째)에 해당되기도 한다.

해석적 사례분석은 한 가지 점에서 단순 사례분석과 유사하다. 즉 이 유형의 사례분석 역시 일반이론의 정립보다는 사례 자체에 대한 관심을 충족시키기 위해 채택된다는 점이다. 그러나 해석적 사례분석은 이미 정립된 이론적 명제들에 기초하여 진행된다는 점에서 단순 사례연구와 크게 다르다. 즉 이미 도출된 통칙들이 그 자체의 개선을 목적으로 하는 것이 아니라, 특정한 사례의 내역을 보다 체계적으로 규명하기 위해 적용되는 것이며 따라서 응용과학적 연구라 할 수도 있다. 그리고 분석목적이 경험적 통칙의 구축에 있지 않기 때문에 이론적 가치는 별로 없다고 보아야 하겠지만, 경험이론의 목적은 바로 이런 개별사례연구를 가능하게 하는 데 있다는 점을 간과해서는 안 된다.60) 아직은 정치학의 이론적 발전이 극히 제한되어 있기 때문에 이러한 유형의 사례연구는 매우 드물다. 그러나 한 가지 예를 들어보자면, 기존 정치발전이론의 명제를 이용해 레바논

---

59) M. Curtis, *Comparative Government and Politics: An Introductory Essay in Political Science*, New York: Harper & Row, 1968, p.7 참조. 또한 R. C. Macridis, *The Study of Comparative Government*, New York: Random House, 1955를 참조.

60) 셰보르스키와 튜니는 다음과 같이 주장한다. 즉 "이론의 주역할은 구체적 사건에 대한 설명을 제공해주는 것이다. 이와 같은 설명은, 고도의 확률성을 바탕으로, 일정한 종류의 사건들에 관한 일반적 설명으로부터 특별한 사건에 관한 설명을 추론하는 것으로 구성되어 있다."(p.86)

의 사회경제적 발전과 정치발전간의 심각한 괴리현상을 분석한 헛슨(M. Hudson)의 뛰어난 연구를 지적할 수 있다.61)

　나머지 네 가지 유형의 사례분석은 모두 이론의 정립을 목적으로 한다. 가설창출용 사례분석은 다소 모호한 잠정가설에서 출발하여 보다 명백한 가설을 정립한 후, 이를 다수의 사례에 적용하여 검증하는 형식을 지닌다. 즉 이 사례분석의 목적은 기존이론이 존재하지 않는 분야에 새로운 이론적 통칙을 구축하는 데 있다 하겠으며, 따라서 이론적 가치가 대단히 크다고 할 수 있다. 이런 분석유형은 특히 선정된 분석사례가 나롤이 지칭한 것처럼 연구대상이 되고 있는 특정변인들이 정형적으로 표출되는 일종의 결정적 실험(crucial experiment)의 계기를 제공할 경우 그 유용성이 매우 크다.62)

　이론확충용 사례분석은 이미 정립된 통칙의 테두리내에서 개별사례들을 분석하는 것이며 이 경우에 개별사례에 관한 선험적 지식은 통칙이 포함하는 한두 개의 변인들에 한정되거나 전혀 없게 마련이다. 이와 같은 사례연구는 결국 통칙의 검증이 되는데, 분석을 통하여 기존의 통칙이 강화 또는 약화된다. 그러나 문제된 통칙이 다수 사례에 공고히 기초하고 있는 경우라면, 하나의 확증사례가 추가된다 해서 통칙이 훨씬 더 견고해지는 것은 아니다. 마찬가지로, 이론논박용 사례분석도 기존통칙을 극히 일부만 약화시킬 뿐이다. 그러나 이러한 두 가지 분석유형이 지니는 이론적 가치는 사례가 포함하고 있는 특정변인의 내역이 분석의 결과 기존명제와 극도로 다르게 나타나는 경우 크게 신장되며, 이때 사례연구는 바로 기존통칙에 대한 결정적 실험 또는 검증이 되는 것이다.

---

61) M. C. Hudson, "A Case of Political Underdevelopment," *Journal of Politics* 29, 1967, pp.821-837. 또한 Beer, op. cit., pp.19-36을 참조.
62) Naroll, op. cit., p.36. 서부 이리안에서 네덜란드 식민주의의 결정요인에 관한 나의 분석이 그와 같은 사례연구의 예이다. 대부분의 경우 객관적(특히 경제적 측면), 그리고 주관적 요인들은 파악될 수 있다. 그러나 서부 이리안의 예는 식민지에서 객관적으로 네덜란드의 이득이 완전히 없기 때문에 독특한 것이다. A. Lijphart, *The Trauma of Decolonization: The Dutch and West Guinea*, New Haven: Yale University Press, 1966을 참조.

이례분석은 이미 정립된 통칙에서 벗어나는 것으로 밝혀진 사례에 관한 연구를 지칭하며, 왜 특정한 사례가 일탈 현상을 나타내는지를 규명하기 위하여 수행된다. 다시 말해서, 기존의 연구에서는 고려되지 않았던 추가적 유효변인을 도출하거나 일부 혹은 모든 변인들에 대한 조작정의를 개선키 위해 수행된다는 의미이다.[63] 이러한 맥락에서 이례연구는 매우 큰 이론적 가치를 지닌다. 즉 이들은 본래의 명제들을 약화시키게 되지만 한편 보다 강력해진 수정 명제들을 제공하는 것이다. 이때 개선된 명제들이 지니는 유효성은 추가적인 비교분석작업을 통하여 확인되어야 한다.[64]

이상 여섯 가지 유형의 사례분석 중 가설창출용 사례분석과 이례분석이야말로 이론적 발전의 맥락에서 가장 큰 가치를 지닌다 하겠다. 그러나 이 두 유형은 각기 이론정립과 관련해서 매우 다른 기능을 수행한다고 할 수 있다. 즉 가설창출용 사례분석은 새로운 가설을 정립하는 데 공헌하는 반면 이례분석은 기존의 가설을 개선하고 세련화한다.

또한 이례연구는 (이론검증용 사례연구도 마찬가지지만) 결국 암시적 비교분석이라 하겠다. 이들은 비교적 많은 숫자의 사례로부터 선별된 개

---

63) P. L. Kendall & K. M. Wolf, "The Analysis of Deviant Cases in Communications Research," in A. Lazarfeld & F. Stanton(eds.), *Communications Research: 1948-49*, New York: Harper, 1949, pp.152-157; Sjoberg, op. cit., pp.114-115; A. Lijphart, *The Politics of Accommodation: Pluralism and Democracy in the Netherlands*(Chap.10), Berkeley: University of California Press, 1968 등을 참조.

64) 이례분석을 통해 통칙을 보완하는 이 과정을 마쉬(R. M. Marsh)는 "구체화(specification)"라 칭했다. 그의 논문 "The Bearing of Comparative Analysis on Sociological Theory," *Social Forces* 43, 1964, pp.191-196을 참조. 그러므로 구체화한다는 것이 비교분석에서 쓸데없는 것을 마구 집어넣는 쓰레기상자로 간주되어서는 안 된다. C. P. Kottak, "Towards a Comparative Studies of Society," *Comparative Studies in Society and History* 12, 1970, p.102를 참조. 또한 M. M. Gordon, "Sociological Law and the Deviant Case," *Sociometry* 10(47), pp.250-258; A. J. F. Kobben, "The Logic of Cross Cultural Analysis: Why Exceptions?," in Rokkan(ed.), *Comparative Research Across Culture and Nations*, Paris: Mouton, 1968, pp.17-53을 참조.

별사례에 초점을 맞추어, 그러한 사례가 도출된 모집단의 이론적·실증적
범주에서 이를 분석하는 형식을 취한다. 따라서 선별된 이례는 실험집단
에 해당되며, 여타의 사례들은 통제집단의 역할을 담당하게 된다. 결국 비
교분석방법이 통계분석방법이나 실험에 가까워질수록 그 분석능력이 신장
되는 것과 마찬가지로, 사례분석 역시 이례분석의 유형을 취함으로써 비
교분석방법에 근접할수록 분석능력이 커지게 된다. 물론 이런 사례분석이
제대로 이루어지려면 분석이 초점을 맞추고 있는 변인에 대한 이례의 위
상 그리고 여타 사례와의 관계에서 차지하는 상대적인 위치가 명백하게
규정되어야 한다.

하나의 개별사례를 선정하고 분석하기 위하여서는 사례의 색다른 유형
과 아울러 이들이 지니는 이론정립에 대한 잠재적 공헌도를 고려해야 한
다. 노르웨이에 대한 엑스타인의 뛰어난 사례연구에서 발견되는 몇 가지
단점은 좋은 범례가 될 수 있다.[65] 엑스타인은 노르웨이의 경우는 트루만
(D. Truman)이 정립한 중첩 멤버쉽(overlapping membership)[66]에 관
련된 명제로부터 벗어난다고 주장했으며, 그 이유로 노르웨이는 심각하고
도 비중첩적인 지역적, 경제적, 문화적인 분열현상에도 불구하고 안정된
민주정치체계를 유지하고 있다는 점을 지적하고 있다. 그러나 그는 노르
웨이의 경우를 여타 사례와의 관련 속에서 분석하는 데에는 실패하였다.
즉 그는 노르웨이의 상황을 "놀랄만큼 심대하고 날카로우면서도 지속적
인" 분열로 표현하고 있기는 하되 이를 여타 국가의 분열상황과 전혀 비
교하지 않았으며, 이러한 비교분석의 부재로 말미암아 그의 사례연구는
크게 약화되었다고 할 수 있다. 게다가 연구의 결과 도출된 이례적인 결
론을 이용하여 트루만의 명제를 개선하는 대신 단순히 부정해버리고 말았

65) H. Eckstein, *Division and Cohesion in Democracy: A Study of
Norway*, Princeton, N.J.: Princeton University Press, 1966, 특히 pp.60-
67, 177-201을 참조. 아래의 비평 중 일부분은 *Journal of Modern History*
41, 1969, pp.83-87에 실린 이 책에 대한 나의 서평에 포함되어 있다.
66) D. B. Truman, *The Governmental Process: Political Interests and
Public Opinion*, New York: Knopf, 1951.

다. 따라서 앞서 언급한 여섯 가지 사례분석유형을 놓고 볼 때, 노르웨이
에 대한 그의 분석은 단지 이론논박형에 불과하며, 진정한 의미에서의 이
례연구에는 해당되지 않는다.

여기서 출발하여 엑스타인의 분석은 이론확증용 사례분석으로 전환되고
있다. 그는 노르웨이의 경우가 그 자신이 정립한 합치(congruence) 이론
에 놀랄만큼 걸맞는 것이라는 사실을 발견했는데, 이 이론에 따르면 정부
의 권위유형과 사회의 권위유형 사이에 상당한 유사성(합치상태)이 있을
경우, 정치적 안정이 유지되는 경향이 있다는 것이다.[67] 이를 기초로 하
여 그는 노르웨이에서 정부와 사회의 권위배분양상이 모두 민주적 성향을
나타내며, 따라서 양자간에 높은 수준의 합치성이 존재한다는 사실을 설
득력 있게 주장했다. 여기서 문제가 되는 것은, 노르웨이의 경우가 그의
이론과 맞지 않는다는 것이 아니라 너무 잘 들어맞는다는 점이다. 그의
이론은 안정된 민주정치체계를 유지하기 위한 조건으로서 권위배분양상간
의 완벽한 합치를 제시하지는 않는다. 본래 엑스타인은 합치이론을 소개
하는 가운데, 정치안정을 유지하기 위해서는 어느 정도의 불합치가 용인
될 수 있는가, 또한 어떻게 합치와 불합치의 심도를 측정할 수 있는가에
관한 추가 연구가 필요하다는 점을 지적하고 있다.[68] 노르웨이의 사례연
구는 완벽한 이론확증용 사례연구가 되어버렸기 때문에 이론을 더 이상
개선할 맥락을 제시하지 못하고 있다. 따라서 엑스타인은 합치이론을 개
선한다는 차원에서 볼 때, 노르웨이의 경우를 사례연구의 대상으로 선정

67) 한편, 노르웨이에 대한 사례분석을 이론확증용 연구분석으로 칭하는 것은 옳지
않다. 합치이론은 단지 두 개의 사례(영국과 독일)로 구성된 빈약한 경험적 기
초를 갖고 있으므로, 확증된 이론이기보다는 가설에 불과할 뿐이기 때문이다. 물
론 노르웨이에 관한 사례연구는 가설창출용 사례분석이 아니라, 오히려 "가설강
화용(hypothesis-strengthening)" 사례분석 또는 엑스타인이 제안한 것처럼
"가능성 탐색(plausibility probe)"이라 불리는 것이 나은 것이다(이는 1969년
9월 튜린에서 열린 IPSA 원탁회의에서 그 자신이 한 말이다).
68) H. Eckstein, "A Theory of Stable Democracy," *Research Monograph*
no.10, Princeton, N.J.: Center of International Studies, 1961.

한 자체가 매우 운이 없었다 하겠으며, 또한 트루만의 다중 멤버쉽 이론의 맥락에서 이 케이스를 분석하는 데에서도 사례분석이 제공할 수 있는 이점을 모두 얻지는 못한 것이다.

　비교분석방법과 사례분석방법은 모두가 주요한 단점을 지니고 있다. 그러나 바로 이런 필연적 한계 때문에 비교정치학자들은 그 약점을 최소화하고 본연적 강점을 최대한 이용한다는 맥락에서 이 방법들을 적용하는 데 흥미를 갖는다. 따라서 이 두 가지 방법은 과학적 정치학연구에서 매우 유용한 도구가 될 수 있다.

제2장
비교정치연구에 있어서 개념정립오류*

지오바니 사토리**

"이론이나 방법을 정복했다는 사실은 의식적 사색가가 되었다는 것이며 어떤 연구분석을 수행하든 그 뒤에 감추어진 가정과 함축된 의미를 잘 알면서 수행한다는 것을 의미한다. 그러나 이론이나 방법에 압도된다는 것은 결국 아무일도 못하게 된다는 뜻이다."1) 이는 현재 정치학이 처해 있는

* G. Sartori, "Concept Misformation in Comparative Politics," *The American Political Science Review* 64 : 4, 1970, pp.1033-1053(김창수 역). 원문에서 pp.1046-1052("잘못된 비교분석의 사례")는 편집상 생략되었으며 [ ]로 묶인 부분은 읽는 이의 이해를 돕기 위해 역자가 추가한 것임.

** 이 글의 초고 "Theory and Method in Comparative Politics"는 1969년 9월에 이탈리아의 토리노에서 개최된 세계정치학회의 원탁회의에서 제출된 것이다. 토리노 패널을 재정적으로 지원해준 아그넬리재단에 감사를 표한다. 또 비평해준 앱터(D. Apter), 엑스타인(H. Eckstein), 프리드리히(C. J. Friedrich), 라팔롬바라(J. LaPalombara), 오펜하임(F. Oppenheim)과 릭스(F. W. Riggs)로부터 특히 큰 도움을 받았음을 밝혀둔다. 이와 더불어 필자가 1966~67년에 연구원으로 일했던 예일대학교의 Concilium on International and Area Studies에게도 감사를 표한다. 이 논문은 Concilium의 지원으로 작성된 것이다.

1) C. W. Mills, "On Intellectual Craftsmanship," in L. Gross(ed.), *Symposium on Sociological Theory*, New York: Harper & Row, 1959, p.27 참조.

곤경을 적절히 표현해주는 말이다. 전반적으로 정치학은 건전치 못한 양극 사이를 오가고 있다. 한 극단에는 전적으로 무의식적(unconscious) 사색가라 할 수밖에 없는 대다수의 정치학자들이 있고, 다른 한 극단에는 지극히 엄격한 패러다임 과학(paradigmatic science)으로부터 방법이나 이론을 차입하여 사용하는 세련된 소수의 정치학자들, 즉 과의식적(over-conscious) 사색가들이 존재한다.

이런 무의식적 사색가와 과의식적 사색가 사이의 넓은 격차는 점차 세련되어가는 통계분석기법과 연구방법에 의해 호도되고 있다. 즉 방법(Methods)이라는 제하의 대부분의 연구논문(사회학, 행태과학, 정치학 논문 등)들은 사실상 연구조사기법이나 사회통계론만을 취급하고 있으며, 따라서 과학적 탐구의 논리구조나 절차에 관련된 방법론(methodology)에 특별한 관심을 기울인 경우는 찾기 쉽지 않다. 엄격한 의미에서 로고스 없는, 다시 말해 사고 자체에 대한 사고가 없는 방법론이란 있을 수 없다. 아울러 방법론과 기법을 엄격히 구분한다 할 때(마땅히 그렇게 되어야 하지만), 후자는 결코 전자의 대용물이 될 수 없다. 우리는 흔히 훌륭한 연구자와 자료분석가들이 무의식적 사색으로부터 벗어나지 못하는 것을 볼 수 있다. 따라서 본 논문에서 제시하려 하는 바는 전반적으로 정치학이 이런 방법론적 몰지각성으로 인해 심각한 손상을 받고 있다는 사실이다. 기법적으로 진보하면 할수록, 우리는 더욱 광활한 연구분야를 미답상태로 남기게 되는 셈이다. 또 한 가지 필자의 불만은, 물론 예외가 있겠지만, 대부분의 정치학자들이 초보적 논리학에 대해서도 훈련을 받지 못했다는 점이다.

필자가 여기에서 초보적이라 강조하는 이유는, 온도계가 없는 상태에서는 열에 대해 거론조차 하기를 거부하는 과의식적 사색가를 부추기고 싶지 않기 때문이다. 이들보다는 오히려 의식적 사색가, 즉 온도계가 없다는 제한조건을 인식하면서도 뜨겁다든지 차다든지 아니면 따뜻하다든지 더 춥다는 말을 함으로써 보다 많은 것을 제시할 수 있는 사람들에게 공감이 간다. 이런 의식적 사색가들에게 분석논리의 미숙성과 논리적 완벽주의(내지는 마비)라는 양 극단에서 벗어나 균형된 중간노선을 개척해나가기를 진정으로 부탁하는 바이다.

1. 개념 이용(移用)의 문제점

전통적인 정치학은 좋든 나쁘든 과거의 철학자들이나 정치이론가들이 이미 정의하고 재정의했던 개념들을 유산으로 받았다. 따라서 이러한 정치학자들은 어느 정도 무의식적 사색가가 될 여지를 다분히 안고 있다. 왜냐하면 사고가 이미 누군가에 의해 대신 이루어졌기 때문이다. 이와 같은 가능성은 특별히 심각한 사고를 요하지 않는 각국별 법률·제도적 접근법의 경우에서 더 두드러지게 나타난다.[2] 그러나 오늘날 정치학은 개념을 다시 새롭게 정립하는 작업에 몰두하고 있으며, 이는 특히 정치학이 비교분석이라는 맥락에서 그 범위가 새롭게 확장되고 있기 때문에 당연한 일이라고 할 수 있다.[3] 이런 근저로부터의 갱신에는 여러 가지 이유가 있다.

첫째, "정치의 확장"이다. 정치참여 및 동원의 증대와 종전에는 통치대상이 아니었던 부문에 대한 국가개입의 확대 등으로 인해 세상이 더욱 정치화됨에 따라 정치의 영역이 객관적으로 더 커지고 있다. 아울러 정치의 주변부(통치과정의 주변부) 및 투입측면에 보다 큰 관심이 모아지면서 정치학의 연구주제 역시 적지 않게 확장되고 있다. 따라서 오늘날 우리는 매크리디스(R. C. Macridis)가 말했듯이 "잠재적으로 정치적인 것"이라면 어떤 것이든 연구대상으로 삼고 있는 것이다.[4] 특히 연구주제의 측면에서

---

2) 이 견해는 결코 사례별 비교분석이나 "제도·기능적" 접근법을 비판하기 위해 제시된 것이 아니다. 제도·기능적 접근법에 관해서는 R. Braibanti, "Comparative Political Analytics Reconsidered," *Journal of Politics* 30, 1968(Feb.), pp. 44-49의 사려깊은 비평을 참조.

3) 비교분석 접근법의 다양한 국면에 관해서는 H. Eckstein & D. E. Apter (eds.), *Comparative Politics*, Glencoe: Free Press, 1963에 담겨 있는 엑스타인의 통찰력 있는 "서론"을 참조.

4) R. C. Macridis, "Comparative Politics and the Study of Government:

확장은 많은 혼란을 야기하고 있으며 종국에 가서는 정치학의 소멸을 가
져올지도 모르지만, 정치학의 타분야 역시 이와 비슷하거나 혹은 더 큰 영
향을 받고 있으므로 유독 비교정치론만의 걱정거리라고 말할 수는 없다.5)

정치의 확장현상에 더해, 비교정치연구에 대한 개념적·방법론적 도전이
더 구체적으로 나타나는 원천은 브레이밴티(R. Braibanti)가 말한 바 "점
차 늘어나는 정치체계의 스펙트럼"6)이라고 할 수 있다. 우리는 현재 범세
계적·범지역적 비교분석을 수행하고 있는데, 분석대상이 되는 정치체들은
지리적 범위의 측면에서는 한계가 있지만, 끝없이 늘어나는 것처럼 여겨
진다. 즉 1946년에는 약 80개의 국가들이 있었으나, 곧 150개가 되리라
예상해도 무리가 아닌 것이다. 그런데 이보다 더 중요한 사실은 이러한
정치체계의 스펙트럼 에는 매우 상이한 분화와 통합의 단계에 놓여져 있
는 각종 원시적이고 다양한 정체들이 포함되어 있다는 점이다.

연구의 대상이 확대될수록 이용(移用, travel) 가능한 개념적 도구가
더 필요하게 된다. 1950년 이전에 정립된 정치학 용어가 전세계적·범지역
적 비교분석을 위해 만들어지지 않았다는 것은 자명한 사실이다. 또한 용
어를 근본적으로 혁신하려는 시도가 이루어지고 있기는 하지만,7) 서구학

The Search for Focus," *Comparative Politics*, 1968(Oct.), p.81.

5) "투입주의의 오류(fallacy of inputism)"에 관해서는 앞서 인용한 매크리디스의
글 pp.84-87 참조. 그는 "정치학의 현주소는 다음과 같이 한마디로 요약될 수 있
다. 즉 [연구과정에서] 정치적인 것이 점차 도외시되고 있다"고 주장한다(p.86).
이러한 문제에 관한 설득력 있는 논의는 G. D. Paige, "The Rediscovery of
Politics," in J. D. Montgomery & W. I. Siffin(eds.), *Approaches to De-
velopment*, New York: McGraw-Hill, 1966, p.49 참조. S. M. Lipset
(ed.), *Politics and the Social Sciences*, New York: Oxford University
Press, 1969에 실린 필자의 논문 "From the Sociology of Politics to
Political Sociology," pp.65-100은 정치를 사회학적으로 환원시키는 투입주의
의 오류에 대해 주로 논하고 있다.

6) R. Braibanti, op. cit., pp.36-37 참조.

7) 릭스(F. W. Riggs)의 논문들은 그런 과감한 시도의 가장 좋은 예로 볼 수 있다.
그의 최근의 논문은 "The Comparison of Whole Political Systems," in R.
T. Holt & J. E. Turner(eds.), *The Methodology of Comparative Re-*

자들이 서구 고유의 정치적 경험을 바탕으로 지난 수천 년에 걸쳐 정립된 정치학 용어로부터 벗어날 수 있으리라 기대하기는 어렵다. 따라서 첫째 문제는 주어진 정치학 용어를 갖고 얼마나 멀리, 또 어떻게 지적 탐사여행을 할 수 있느냐는 것이다.

대체로 우리는 개념의 의미와 적용범주를 필요에 따라 수시 확장하는 방식을 통해 최소저항선을 지켜왔다고 할 수 있다. 다시 말해 세계가 넓어짐에 따라 개념의 확장(conceptual stretching) 또는 개념의 남용, 즉 모호하고 무정형적인 개념화에 더욱 의존하게 된 것이다. 이처럼 무분별하게 개념을 확대사용하게 된 데에는 여러 가지 이유가 있다. 예를 들어 이는 개념화작업을 가치중립적으로 수행하려는 의도의 소산으로 볼 수도 있고 또한 주로 개발도상지역의 "부메랑 효과"에서 기인한다는 설명도 있다. 즉 이것은 제3세계의 다양한 정치체들을 분석함에 있어서 서구식 범주를 적용할 때 발생하는 일종의 환류(feedback)라는 것이다.[8] 이상과 같은 여러 가지 상황을 고려하더라도, 개념의 확장은 확실히 비교정치연구에 있어서 최소저항선을 그리고 있다. 이런 개념의 남용이 초래하는 직접적인 결과는 보편적 적용성의 확대로 얻은 이득이 내포적 정확성의 손실과 상쇄된다는 점이다. 즉 내포성이 적고 지극히 부정확한 개념을 사용함으로써 분석의 범주[개념의 적용범주]를 넓힐 수 있게 된 셈이다.

따라서 정치학이 비교분석이라는 맥락에서 확장됨에 따라 나타난 중대한 결점은 무한정적인, 즉 적용범주가 규정되지 않았을 뿐더러 명백히 정의되지도 않은 개념들을 만들어냈다는 점이다. 궁극적으로 우리는 보편적 범주들, 다시 말해 시공적 조건을 초월해서 적용될 수 있는 개념들을 필요로 한다. 그러나 이런 보편개념들이 가등가성(假等價性, pseudo-equiv-

---

search, New York: Free Press, 1970, pp.95-115 참조. 물론 릭스의 참신한 연구전략이 실질적 적용이라는 점에서 결점을 갖고 있는 것은 분명하지만, 이에 대한 랜도(M. Landau)의 비판, 특히 "A General Commantary," in R. Braibanti(ed.), *Political Administrative Development*, Durham: Duke University Press, 1969, pp.325-334는 다소 부당한 비판이라는 느낌을 준다.

8) 개발도상지역의 부메랑 효과에 관해서는 마지막 부분에서 좀 더 다루기로 한다.

alence)만을 제공하는 무차이(無差異) 범주로 끝난다면 아무 이득이 없을 것이다. 또한 보편개념이 필요할지라도 이들은 반드시 경험적 보편개념이어야 한다. 다시 말해서 보편개념은 모든 것을 포괄할 수 있을 정도로 충분히 추상적이어야 할 뿐 아니라 경험적으로도 검증 가능해야 한다. 그러나 우리는 도리어 크로체(Croce)가 정의한 바와 같이 본질적으로 초경험적인 철학적 보편성을 지향하고 있는 것 같다.9)

비교분석이라는 측면에 있어서 정치학의 확대가 언젠가는 이러한 장애에 봉착할 것이라는 사실은 이미 충분히 예상되었다. 즉 개념의 확장은 무한정성과 불가해성을 낳으리라는 것, 그리고 추상성이 높은 보편개념을 향해 올라가면 갈수록 더욱 경험적 근거와의 연관성이 약해지리라는 것을 쉽게 추론할 수 있었던 것이다. 따라서 왜 여태껏 이 문제에 본격적으로 부딪쳐보려는 시도가 나타나지 않았는지 의아할 뿐이다.

한걸음 양보해서, 과연 이처럼 위험한 범세계적 비교분석을 시도할 필요가 정말로 있는지 우선 물어보자. 이 문제는 다시 '왜 비교하는가?'라는 보다 근원적인 물음에 어떻게 답하느냐에 달려 있다. 무의식적 사색가는 왜 비교하고 있는지조차 자신에게 묻지 않는다. 많은 비교분석연구들이 지식의 확장에는 기여하더라도 새로운 지식을 획득·확증하는 데에는 전략적인 도움을 거의 주지 못하는 이유가 바로 이러한 소홀함에 놓여져 있다. 물론 '비교는 곧 통제'라는 것, 그리고 비교정치론의 참신성·독특성·중요성이, 일단의 가설, 통칙 및 '만약 ~ 하다면 ~ 하다(if…then)'는 형식의 법칙들을 가급적 많은 사례에 적용시켜 검증하는 데에 있다는 사실을 직관적으로 깨닫기란 쉽지 않다.10) 그러나 비교분석이 하나의 통제방법으로

---

9) 조금 더 정확하게 말해서 크로체(B. Croce)는 *Logica come Scienza del Concetto Puro*, Bari: Laterza, 1942, pp.13-17에서 보편개념의 서술능력을 Ultrarappresentativi, 즉 생각해낼 수 있는 모든 경험적 묘사가능성을 넘어서는 것으로 정의하고 있다.

10) "통제방법"으로서의 비교분석방법에 관해서는 토리노 세계정치학회 원탁회의 (1969. 9)에서 발표된 레이프하트(A. Lijphart)의 *Comparative Politics and the Comparative Method*을 참조. 레이프하트는 비교분석방법을 "변수 간의

간주된다면 통칙은 모든 사례에 적용·검증되어야 하고, 따라서 비교분석작업은 원칙적으로 범세계적 작업이 될 수밖에 없다. 그렇기 때문에 범세계적 비교분석을 수행하는 이유는 단순히 우리가 보다 넓어진 세계 속에 살고 있기 때문만이 아니라 뚜렷한 방법론적 근거가 있기 때문이다.

둘 이상의 개체가 완전히 동일하다면, 비교가능성의 문제는 발생하지 않는다. 반면 둘 이상의 개체가 공통속성을 전혀 혹은 충분히 가지고 있지 않다면, 돌과 토끼처럼 이들 역시 비교될 수 없다. 따라서 일반적으로 둘 이상의 개체가 충분히 유사한 것처럼 보일 때, 즉 완전히 같지도, 완전히 다르지도 않을 때에야 이들간에 비교가능성을 확보할 수 있다. 그러나 이런 평가는 아무런 확고한 분석지침도 제공하지 않는다. 이 문제는 우리가 분석대상들을 비교가능하게 만든다는 말을 함으로써 호도되고 있다. 즉 이러한 입장에서 볼 때 비교는 곧 동화(同化), 즉 부차적인 다양성의 표면에 가려 있는 보다 깊고도 근본적인 유사성을 발견하는 작업이라고 할 수 있다. 그러나 이 견해 또한 아무런 도움을 주지 못하며, 더 나아가 같지 않은 것들을 같게 보이게끔 만드는 데 비결이 있다는, 그릇된 암시를 줄 뿐이다. 그러므로 정치학자들이 이미 아리스토텔레스 당시부터 비교분석을 적절히 수행해왔고, 따라서 '비교 가능하다는 것은 과연 무엇을 의미하는가' 따위의 의문 때문에 선배들처럼 궁지에 빠져서는 안 된다고 주장해봤자 여전히 해결되지 않는 중대한 문제가 남아 있는 것이다. 이 부류의 주장이 옳지 못한 것은 다음과 같은 세 가지 이유 때문이다.

우선 우리 선배들이 비교분석과정에서 문화적인 구속을 받았다면 이는 그들이 자신의 지식이 허용하는 한계내에서만 지적 탐구여행을 했다는 것을 의미한다. 둘째로, 우리의 선배들은 정량적 자료를 거의 처리할 줄 몰랐고 또한 정량분석적 정향도 갖고 있지 않았다. 이런 두 가지 한계 속에서 그들은 비교대상을 본질적으로 이해한다는 그들만의 특혜를 누려왔다. 이

경험적 관계를 발견하는 방법"(p.2)으로 정의한다. 이런 정의는 좀 더 시간이 지나서야 널리 받아들여질 수 있으리라 생각되지만, 어쨌든 필자는 이 정의에 전적으로 동의한다.

제 이와 같은 일이 범세계적 차원의 분석을 수행하는 오늘날에도 가능하리라고는 기대할 수 없으며, 또한 컴퓨터 혁명이 도래함에 따라 완전히 불가능해졌다고 할 수 있다. 수년 전 도이치(K. Deutsch)는 1975년에는 정치학이 필요로 하는 정보의 분량이 보통 IBM 카드로 "5천만 매에 해당할 것"이며 매년 평균 5백만 카드 분의 정보가 증가할 것이라고 예측했다.[11] 이는 실로 가공할 만한 수치이다. 왜냐하면 컴퓨터 기술과 장비의 발전은 인간의 머리로는 도저히 파악할 수 없을 만큼 많은 자료의 홍수를 몰고올 것이기 때문이다. 따라서 비록 도이치처럼 열광하지는 않는다 해도, 우리 앞에 이처럼 미증유의 문제가 놓여 있다는 것을 부인할 수는 없다.

셋째로, 우리의 선배들은 우리처럼 방향을 잡지 못하고 헤매지는 않았다. 그들은 무엇이 동질적(즉 비교 가능한)이고 무엇이 이질적(즉 비교 불가능한)이냐에 대한 판단을 각자의 소박한 통찰력에 맡기지 않았다. 즉 사용했던 용어가 보여주듯이, 그들은 비교분석을 동일 속(屬, genus)으로 분류되는 것에 한해 적용했다. 다시 말해, 비교가능성의 배경은 속과 상이성에 따라(per genus et differentiam)라는 분석양식, 즉 분류학적 처리에 의해 확보되었던 것이다. 이런 맥락에서 보면, 비교가능한 것은 동일한 속, 종(種, species) 또는 아종(亞種, sub-species), 바꿔 말하면 동일한 강(綱, class)에 속하는 것들을 의미한다. 따라서 강은 비교가능성의 유사성 인자(similarity element)들을 제공하지만, 상이성 인자들은 얼마나 자세하게 분석하느냐에 따라 특정한 속 가운데 종, 특정한 종 가운데 아종 등으로 나타난다. 정작 큰 문제는, 이런 비교가능성의 분류학적 요건들이 오늘날에 이르러 완전히 도외시되지는 않는다 해도 가볍게 여겨지고 있는 것이 틀림없다는 사실이다.

이제 우리는 앞서 제시했던 의문에 관해 보다 잘 논의할 수 있는 단계에 이르렀다. 즉 왜 비교정치연구에서 개념이용 문제에 분명히 맞서는 대

---

11) J. C. Charlesworth, "Recent Trends in Research Methods," *A Design for Political Science: Scope, Objectives and Methods*, Philadelphia: American Academy of Political and Social Science, 1966, p.156.

신, 개념의 확장이라는 형편 없는 대안을 찾아냈느냐는 것이었다. 이 문제에 정면으로 부딪히지 않은 데에는 여러 이유가 있겠으나, 중요한 이유 가운데 하나는 우리 앞에 산적해 있는 난제들이, 무엇이라는 질문으로부터 얼마나 많이라는 질문으로 눈을 돌림에 따라 해결될 수 있다는 발상에 우리가 흔들려온 것이다. 이러한 발상의 내용은 대개 다음과 같다. 개념정립 작업이 종류의 차이에만 집착하는 한, 즉 이것이냐 저것이냐를 분류하는 방식을 따르는 한, 곤경에 빠지게 된다는 것이다. 그러나 개념을 특정 속성이 많고 적음을 파악하는 도구로 이해하면, 즉 정도의 차이를 측정하는 도구로 본다면 앞서 말한 난제들은 측정작업(measurement)을 통해 해결될 것이며 따라서 핵심적인 문제는 정확히 어떻게 측정하느냐에 귀착된다는 것이다. 또한 측정작업을 수행할 때까지 분류개념들이나 분류도식을 아주 무시해버리지는 않는다 해도, 의심을 가지고 보아야 한다는 것이다. 왜냐하면 이것들은 양(量)이나 관계를 연구하기에는 별로 적합하지 않은 성향이나 속성을 파악하는 구식논리를 표상하기 때문이라는 것이다.[12]

필자가 과거에 수행한 분석에 의하면, 분류학적 전개작업은 비교가능성을 확보하는 데에 필수조건이 되며, 동시에 비교대상의 본질을 정확하게 파악할 수 없을 경우 더더욱 필요한 배경적 지식을 제공한다. 그러나 앞서 언급한 주장에 따르면, 정량화작업은 그 자체 어떤 해악도 가지지 않고 오히려 양과 상이성에 따라서라는 전통적 분석양식의 해악과 부적합성에 대한 처치방식을 제공하는 셈이다. 사견이지만, 만일 우리가 소위 구식논리를 저버린다면 명백한 착오를 범하는 것이며, 정말로 형편 없는 논리의 희생자가

---

12) D. Martindale, "Sociological Theory and the Ideal Type," in Gross (ed.), *Symposium on Sociological Theory*에 인용된 헴펠의 견해(p.87) 참조. 마틴데일은 "헴펠의 판단은 어디까지나 자연과학의 관점에서 이루어졌다"고 적절히 논평하고 있다. 그러나 이것은 통계학자가 "항상 속성과 이분법의 견지에서 생각하는 것이 기법적으로 가능할지는 모르지만, 그것이 얼마나 실질적인가는 의문이다"는 주장과 맥락을 같이 하는 것이다. H. M. Blalock, Jr., *Causal Inferences in Nonexperimental Research*, Chapel Hill: University of North Carolina Press, 1964, p.32 참조.

되고 말 것이다. 이제부터 이러한 필자의 견해를 정당화해 보도록 하겠다.

2. 정량화와 분류

이 문제에 있어서 특히 혼란을 불러일으키는 것은 단지 관용어에 불과한 정량분석용어들을 남용하는 일이다. 즉 "측정이 실질적으로 이루어지지 않고 있을 뿐만 아니라 잘 짜여진 연구계획도 없고, 심지어는 측정하기 전에 무엇을 해야 하는가에 대한 명백한 인식조차 없"[13] 상황에서 심도와 측정에 대해 함부로 거론하는 경우가 너무도 흔한 것이다. 예를 들어, 대부분의 표준교과서를 보면 명목척도(nominal scale)를 "측정척도"의 하나로 칭하고 있다.[14] 그러나 명목척도란 단순한 정성적 분류도식에 불과하며, 따라서 필자는 명목척도가 도대체 무엇을 측정하는지 혹은 측정할 수 있는지 이해할 수 없다. 물론 각각의 분류항목에 숫자를 부여할 수는 있으나 이는 단지 항목의 내역들을 표시하기 위한 부호에 불과하고 따라서 정량화와는 아무런 관련도 없다. 마찬가지로 부단히 사용되고 있는 '그것은 정도의 문제이다' 따위의 표현이나 연속척도(continuum)의 이미지는 우리에게 정성적·인상적 진술만을 허락할 뿐 정량화작업에는 조금도 도움을 주지 못한다. 또한 진정한 의미에서의 변인이라 할 수 없는 변인들, 즉 심도의 상대적 순위를 매길 수도 없고, 절대심도를 측정할 수도 없는 엉터리 변인들에 관해 많은 이야기를 하는 경우가 흔히 발견된다. 물론 변인이라는 용어를 개념과 같은 것으로 사용하기 원한다면 그렇게 사용한다 해도 큰 손해 볼 것은 없다. 그러나 변인에 관해 단순히 논의한

---

13) A. Kaplan, *The Conduct of Inquiry*, San Francisco: Chandler, 1964, p.213.

14) L. Festinger & D. Katz(eds.), *Research Methods in the Behavioral Sciences*, New York: Dryden Press, 1953; S. Jahoda et al., *Research Methods in Social Relations*(rev. ed.), New York: Holt, Rinehart & Winston, 1959.

다는 것과 변인을 실제로 가지고 있다는 것이 다르다는 사실을 인식하지 못한다면, 자기기만에 빠지게 될 뿐이다.

결국 정량분석에 사용되는 용어를 가지고 재주를 부리는 일은 정치학연구에서 정량분석의 적용가능성을 크게 과장할 뿐만 아니라, 나아가서 정량화의 의미 자체를 흐려놓는 대단히 좋지 못한 결과를 초래할 수 있다. 정량화라는 용어와 그 본질 사이의 경계선은 매우 쉽게 그릴 수 있다. 즉 정량화작업은 숫자로, 그리고 이 숫자들이 각각의 산술적 속성과 관련하여 사용됨으로써 시작된다. 이 경계선 너머에 감추어져 있는 다각적 의미를 이해하는 것은 그다지 간단한 일이 아니다. 그러나 정량분석의 의미와 적용범주를 편의상 ① 측정, ② 통계적 조작, ③ 형식논리적 수리화작업이라는 세 가지 커다란 영역으로 나눈 후에 ①·②와 ③을 다시 양분하여 살펴볼 수 있을 것이다(물론 이들은 상호 긴밀하게 연관되어 있다).

일반적으로 정치학연구에서 정량화라고 하면 첫번째 의미를 지칭한다. 다시 말해, 대부분의 경우 정량화란 ① 각 항목에 단순히 수치를 부여하는 작업(단순측정), ② 각 항목이 지닌 속성의 상대심도, 즉 심도순위(등급)를 표현하기 위해 숫자를 사용하는 작업(순위척도), 그리고 ③ 항목간의 정량적 등차를 측정하는 작업(등간척도)으로 구성된다.15)

이에 더하여, 표본추출과정상의 오류와 측정오류를 방지할 수 있을 뿐만 아니라, 변인간에 의미 있는 관계를 정립할 수 있도록 해주는 강력한 통계기법들도 역시 존재한다. 그러나 통계처리는 충분한 연구사례가 있을

---

15) 순위척도가 정말로 측정의 척도가 될 수 있다는 주장에 대해서는 의문의 여지가 많다. 대부분의 경우 순위를 정하는 것은 수치에 의하지 않고서도 가능하며 순위가 있는 범주들에 숫자들을 부여한다 해도 이 숫자들은 언제나 임의적이다. 그러나 순위척도와 등간척도 사이보다는 명목척도와 순위척도 사이에 정량화의 경계선을 긋는 데에는 충분한 이유가 있다(E. R. Tufte, "Improving Data Analysis in Political Science," *World Politics* 21, 1969(July), 특히 p.645 참조). 한편 실제 연구과정에서는 순위척도와 등간척도 사이의 차이가 이론이 상정하고 있는 것만큼 크지 않다 해도 수학적 관점에서 볼 때 보다 흥미있는 척도는 등간척도와 기수척도라고 할 수 있다.

경우에만 가능하며, 또한 측정할 가치가 있는 변인들을 다루는 경우에만 연구분석으로서의 중요성을 얻을 수가 있다. 이런 두 가지의 조건, 특히 후자를 만족시키기란 쉽지 않다.16) 실제로 통계분석을 통해 발견한 사실들을 이론적 중요성－또한 정치학적 적실성－이라는 차원에서 엄밀히 점검해보면 기법적인 현란함과 이론적 적실성 사이에 상당한 불균형이 있다는 사실을 알게 될 것이다. 어떤 통계분석이 과연 이론적 적실성을 지니느냐의 여부는 불행히도 통계학과 아무런 관련이 없다.

정량분석의 최종단계, 즉 형식논리적 수리화작업을 살펴보면, 이제껏 정치학과 수학이 "산발적 대화"만을 해왔다는 사실을 알 수가 있다.17) 또한 변인 사이에 나타나는 경험적 관계와 수리화된 형식논리적 관계가 거의 일치하지 않는 것도 사실이다.18) 따라서 개념들을 정성적으로 명확하

---

16) 그렇지 않다면 비교분석방법은 주로 통계분석기법으로 구성될 것이다. 왜냐하면 후자는 분명히 전자보다 강한 통제방법이기 때문이다. 양자의 차이점과 연관성은 앞에서 인용한 레이프하트의 논문 "Comparative Politics and the Comparative Method"에서 설득력 있게 논의되고 있다.

17) O. Benson, "The Mathematical Approach to Political Science," in J. C. Charesworth(ed.), *Contemporary Political Analysis*, New York: Free Press, 1967, p.132 참조. 이 글은 관련문헌을 적절하게 재검토하고 있다. 보다 기초적인 논의로서는 H. R. Alker, Jr., *Mathematics and Politics*, New York: Macmillan, 1965 참조. 정량분석이 어떻게 다양한 사회과학분야에 도입되었는지에 대한 명료한 논의로는 D. Lerner(ed.), *Quantity and Quality*, Glencoe: Free Press, 1961 곳곳에서 찾을 수 있음.

18) 전형적인 예로는 사이몬(H. A. Simon)이 호만스(G. C. Homans)의 저서 *The Human Group*(New York: Wiley, 1967) 제7장에서 제시된 이론체계를 비록 부분적이나마 수학적으로 설명한 것을 들 수 있다. 정치학에서는 아직 이와 유사한 업적을 발견할 수 없다. 즉 다음의 세 가지 중요한 관계문헌을 살펴보아도 정치학적인 논의들은 거의 담겨 있지 않다는 사실을 알 수 있다. K. J. Arrow, "Mathematical Thinking in the Social Sciences," in D. Lerner & H. D. Lasswell(eds.), *The Policy Sciences*, Stanford: Stanford University Press, 1951, 8장; P. F. Lazarsfeld(ed.), *Mathematical Thinking in the Social Sciences*, Glencoe: Free Press, 1954의 논문 전부; J. G. Kemeny & J. L. Snell, *Mathematical Models in the Social Sciences*, Boston: Ginn, 1962.

게 정의하지 못하고 방황하는 한 잘 정량화된 관계들로 이루어진 형식논리체계(수리모형)를 구축하는 것이 과연 의미가 있는지, 또한 이러한 연구분석작업의 전망이 어떠한지에 대해 상반된 의견이 나올 수 있다.[19] 만약 경제학의 수리적 발전으로부터 무엇인가 배울 것이 있다면 이와 같은 발전이 "언제나 정성적, 개념적 진보가 있은 후에 비로소 가능했다"는 점이다.[20] 요컨대 이러한 발전의 순서는 우연히 나타난 것이 아니다. 어느 학문이든 정량분석의 진보가 정성적, 개념적 진보의 뒤를 따라야만 한다는 데는 충분한 근거가 있다.

이처럼 정량화작업이 표준화된 분석논리와의 관계에서 어떤 의미를 갖는가에 관해 논란을 계속하다보면 '개념구축이 정량화에 앞서 이루어진다'는 사실을 망각하기 쉽다. 사고과정은 궁극적으로 어떤 결론에 도달하든 간에 처음에는 필연적으로 정성적 언어를 사용함으로써 시작된다. 또한 이와 관련하여 인간의 이해, 즉 정신작용은 자연적 혹은 정성적 언어의 분류도식과 기본적으로 부합되는 분류기준을 필요로 한다는 사실을 결코 회피할 수는 없다.

통계처리를 통해, 즉 자료가 스스로를 분류하게 함으로써 이러한 기준

---

19) 아마 정치학의 수학적인 도약은 비정량적 발전을 기다리며 아주 가까운 시일 안에 이루어질 것이다. 그러나 레비스트로스(C. Levi-Strauss)가 서문을 쓴 *International Social Science Bulletin* Ⅳ(1954)의 「인간의 수학」 특집호를 보면 매우 기만적인 글을 담고 있다. 더 흥미를 끄는 글은 J. G. Kemeny, "Mathematics Without Numbers," in Lerner(ed.), op. cit.와 Bourbaki 그룹이 개발한 *modal logic*(파리에서 정기적으로 발간되는 *Eléments de Mathematique*에 게재되어 있음)이다. 보다 일반적인 논의로는 J. G. Kemeny, J. L. Snell, and G. L. Thompson, *Introduction to Finite Mathematics*, Englewood Cliffs: Prentice-Hall, 1957 참조.

20) J. J. Spengler, "Quantification in Economics: Its History," in Lerner (ed.), op. cit. 참조. 스펭글러도 마찬가지로 "경제학에 정량적 방법을 도입한 것이 대단한 발견을 가져오지는 못했다"라고 지적하였다. 오늘날의 경제학의 형식이론들은 대수학의 논리와 매우 흡사하지만 계량경제학이 경제학의 예측능력을 신장시키는 데 아직 아무 공헌도 하지 못했으며, 따라서 우리는 때때로 모기를 죽이기 위해 총을 사용하고 있지 않느냐는 인상을 받게 된다.

들을 얻을 수가 있다는 견해는 기이할 정도로 시각이 결여되어 있다. 왜 나하면 이 견해는, 먼저 어떤 실존현상이 무엇으로 구성되어 있는가를 밝혀주어야 할 개념적 도해(圖解)의 틀 안에서만 타당성을 갖기 때문이다. 따라서 본질적인 언어와 사고의 형성은 스스로를 대변하는 자료를 얻기 훨씬 이전에 이미 축적적인 개념세련화 작업과 일련의 재정의 과정을 통해 논리적으로 이루어진다는 점을 강조하고자 한다. 도대체 무엇을 측정한다는 말인가? 측정하는 것이 무엇인지도 모르면서 측정할 수는 없지 않은가? 또한 어떤 속성의 심도를 측정한다 해서, 측정하는 그것이 무엇인가를 알 수도 없다. 래저즈펠드(Lazarsfeld)와 바튼(Barton)이 적절히 표현한 바와 같이 "어떤 속성의 존재여부를 조사하기 앞서… 또한 어떤 변인을 가지고 연구대상체의 상대적 순위를 정하거나 측정하기 전에 그 변인의 개념부터 구축해야 한다."[21]

여기서 대전제는, 정량화작업은 반드시 개념을 정립한 후에야 이루어질 수 있다는 것이며, 소전제는 정량화작업의 대상, 즉 수량에 의해 표상되는 현상들을 정량화 그 자체만으로 확보할 수는 없다는 것이다. 그러므로 개념을 구축하는 원칙은 수량이나 정량적 관계를 다루는 원칙과 별개의 것이며 그로부터 도출될 수도 없다고 결론지을 수 있다. 이제 이러한 결론에 관해 좀 더 부연해보자.

첫째, 만약 우리가 지금까지 얼마나 많은가에 관해서 실질적으로 알아낸 것이 전혀 없다면(물론 이 문제는 항상 어떠한 개념적 용기에 얼마나 담겨 있느냐라는 맥락에서 먼저 거론되기 마련이지만) 이것은 결국 얼마나 많은가라는 질문이 그것이 무엇인가라는 정성적 질문의 내적 인자 중의 하나라는 사실을 깨닫지 못했기 때문이라고 할 수 있다. 즉 그것이 무엇인가라는 질문을 얼마나 많은가라는 질문으로 대치할 수 있다는 주장은 타당하지 못하다. 둘째, 마찬가지로 이것 아니면 저것이라는 형태의 범주[분

21) D. Lerner & H. D. Lasswell, "Qualitative Measurement in the Social Sciences: Classifications, Typologies and Indices," in *The Policy Sciences*, p.155.

류] 개념(categoric concept)을 보다 많다-보다 적다라는 형태의 등급[순위] 개념(gradation concept)으로 바꿀 수는 없다.

우리는 종종 이것 아니면 저것이라는 논리가 바로 분류의 논리라는 사실을 간과하고 있다. 종류는 상호배타적일 필요가 있다. 다시 말해서, 분류개념은 분석대상이 갖든 안갖든 반드시 양자택일해야 하는 특성들을 나타낸다. 비교되는 두 항목은 동일 종류에 속해야 하며 또한 일정한 속성을 갖든가 갖지 않든가 해야 한다. 만약 두 개체가 모두 일정한 속성을 갖고 있다면, 그제서야 그 속성의 다소를 비교할 수 있고, 따라서 등급의 논리는 결국 분류의 논리에 속하는 것이라 할 수 있다. 좀 더 정확히 말하면, 분류에서 등급으로의 전환은 기본적으로 종류가 같거나 다르다를 특정한 속성의 심도가 많고 적다, 혹은 같다로 대체하는 것, 즉 정성적 동일성에 정량적 분화를 도입하는 것이다. 따라서 분류의 논리에 따른 동질성의 판별이 플러스-마이너스를 판별하는 필수조건이 된다는 것은 명백하다.

한편, 이 견해는 속성판별과 이분법의 맥락에서 분석을 수행하는 경우에만 타당하다는 반론이 있다. 그러나 이 반론은 분류 외의 다른 개념분석기법이 전혀 없다는 사실을 간과하고 있다. 분류작업은 개념이라는 상자를 풀도록 해주며, 사고의 과정상 정신복합체를 질서정연하고 처리하기 쉬운 구성단위로 구분한다는 차원에서 무엇과도 바꿀 수 없는 중요한 역할을 수행한다. 게다가 이러한 분류학적 개상(開箱)은 방법론적 논의의 어떤 단계에서도 중요성을 상실하지 않는다는 점을 덧붙여 말하고자 한다. 사실 정량화의 단계에 더 깊이 들어갈수록 단차원적 척도(unidimensional scales)나 연속척도가 더 필요하게 된다. 그리고 양분법은 이런 연속척도의 양극을 구축하고, 더 나아가 그 단차원성을 확보하는 데 도움을 준다.

지금까지는 정량분석용어의 남용이 얼마나 큰 혼란을 가져왔는가를 살펴보았으나 이제부터는 동전의 다른 한 면인 사실발견에 초점을 맞추어보자. 필자가 개념구축의 중요성을 지적했다고 해서 이를 마치 경험적 측면보다는 이론적 측면만을 강조하는 것으로 오해해서는 안 된다. 왜냐하면 모든 사회과학적 개념은 하나의 이론체계를 구성하는 요인일 뿐만 아니라 동시에 자료를 담는 용기이기 때문이다. 데이타는 두말할 나위도 없이, 개념적 용기에서 처리되는 정보를 말한다. 또한 비실험 과학(non-experimental sciences)은 기본적으로 사실발견, 즉 실험실 속에서가 아니라 외부세계에서 관측할 수 있는 현상에 대한 조사분석에 의존하기 때문에, 하나의 개념을 변인으로, 즉 사실발견을 가능케 하는 타당성 있는 용기로 전환시키는 것이 무엇인가라는 경험적 질문을 낳게 한다.

이 질문에 대해서는, 개념용기가 지닌 판별력이 낮을수록 사실정보를 잘못 모을 가능성, 즉 그릇된 정보를 모을 가능성이 커지며, 역으로 어떤 개념적 범주의 판별력이 높을수록 더욱 정확한 정보를 얻을 수 있다는 정도로 답하면 충분하다. 그러나 이 답변은 자체로는 별로 시사해주는 바가 없다는 것을 인정한다. 왜냐하면 이 답변은 과동화(過同化, over-assimilation)보다 과분화(過分化, over-differentiation)를 시도하는 편이 사실발견이라는 목적에 더 유용하다는 암시를 줄 뿐이기 때문이다. 여기서 필자가 말하려는 요점은 분류학적 내포성(taxonomical infolding)을 확보하는 것이 개념적 범주의 판별력을 높이는 데 도움을 준다는 것이다. 분류범주들이 상호배타성과 포괄성을 지녀야 한다는 것이 분류의 논리적 필요조건이기 때문에, 분류작업은 잘 다듬어진 질서정연한 일단의 범주들을 제공해주며 결과적으로 정확한 정보를 수집할 수 있는 근거를 마련해준다고 말할 수 있다. 그리고 이를 통해 어떤 개념이 경험적 정보의 수집이라는 측면에서 어느 정도 타당성을 갖고 있는지를 파악할 수 있다.

결국 우리는 걷는 방법을 배우기도 전에 뛰기 시작한 것이다. 우리의 연구목적상 숫자들을 사물, 즉 실존현상(사실)에 부여해야 한다. 그러나 이 사물이나 사실정보들은 어떻게 확인되며 어떻게 수집되는가? 물론 우리의 궁극적인 목적은 종(種)의 과학에서 기능적 상관관계(functional co-relations)의 과학으로 진행하는 것이라고 할 수 있다.[22] 문제는 우리가 아무것

---

22) H. D. Lasswell & A. Kaplan, *Power and Society*, New Haven: Yale University Press, 1950, pp.16-17.

도 대신 얻지 못하면서 종의 과학만을 포기하고 있지는 않는가 하는 것이
다. 또한 미숙한 조급성이 정량분석용어의 남용과 어우러져 이론정립작업
을 망쳐놓거나, 진부하고 쓸모없는 연구결과만을 생산해냈다고 할 수 있다.
   라팔롬바라(LaPalombara)가 생생하게 묘사했듯이, 오늘날 대학원생들
은 "무분별한 자료수집 원정"에 나서고 있다.[23] 이러한 자료수집 원정은
분류학적 뒷받침이 없기 때문에 무분별한 것이라고 할 수 있다. 다시 말
해서 제대로 된 그물도 없이 떠나는 고기잡이다. 연구자들은 지극히 불완
전한, 그러나 나름대로는 그물이라 생각하는 대조표(checklist)만을 가지
고 길을 나선다. 이런 방식은 나름대로의 연구문제를 손쉽게 다룰 수 있
는 방법일지는 몰라도 발견한 사실들을 축적하고 비교한다는 각도에서 보
면 대단히 불편한 전략에 불과하다. 결과적으로 비교정치연구는 산만하고
비축적적이자, 또한 현혹적인 정보의 늪으로부터 위협을 받고 있다.
   결국 정량적 자료를 사용하든, 아니면 좀 더 정성적인 정보를 사용하든
문제는 마찬가지다. 즉 어느 경우에나 충분한 판별력을 가진 사실발견적
범주들을 구축하는 작업이 관건이 된다.[24] 만약 우리가 가진 자료용기가
모호하다면 같지 않은 것을 무슨 근거로, 또한 어느 정도까지 같은 것으로
만들 수 있는지 전혀 알 수가 없다. 이처럼 연구대상현상의 본질을 전혀 깨
닫지 못하면서도 정량분석정보를 함부로 사용할 수 있는 환경하에서라면,
정량분석이 정성분석보다 더 많은 오보(誤報)를 제공할 가능성이 있다.
   지금까지의 논의를 요약해보면, 이제껏 필자는 이것 아니면 저것의 논
리가 보다 많다-보다 적다의 논리에 의해 대체될 수 없다고 주장해왔다.

---

23) LaPalombara, "Macrotheories and Microapplications in Comparative
   Politics," *Comparative Politics*, 1968(Oct.), p.66.
24) 인구조사자료뿐만 아니라 기타 관공서들이 제공하는 대부분의 자료 역시 절망
   에 가까울 정도로 판별력을 결여한 개념용기에 의해 수집되고 있다는 것을 재삼
   강조할 필요는 없다. 문자해득력, 도시화, 직업, 산업화 등에 관한 표준적인 변인
   들과 관련하여 문제가 되는 것은, 이 변인들이 정말로 같은 현상들을 측정하느
   냐는 것이다. 그렇지 못하다는 것, 또한 자료수집 관공서의 신뢰성이 떨어진다는
   것은 두말할 나위도 없다.

사실상 이 두 논리는 상호보완적이며, 그 나름대로 적절히 적용될 수 있
는 분야를 가지고 있다. 또한 이것과 관련하여 양극화(polar opposition)
와 이분법적 대치(dichotomous confrontation)의 효용성 역시 간과해서
는 안 된다. 왜냐하면 이들은 개념정립과정에서 반드시 거쳐야 할 단계이
기 때문이다. 마찬가지로, 성급한 분류 역시 절대로 합리화될 수 없다. 우
리는 흔히 단순한 열거(또는 대조표 작성)와 분류를 혼동하고 있다. 그리
고 소위 분류라 불리는 것의 대부분이 분류의 최소 필요조건조차 만족시
키지 못하고 있다.

　과의식적 사색가는 정치학이 과학이 되기 위해서는 뉴튼(Newton)적이
되어야 한다는, 혹은 뉴튼에서 헴펠(C. Hempel)에 이르기까지 정립된 과
학의 논리를 따라야 한다는 견해를 갖고 있다. 그러나 정치학연구에서의 실
험방법은 소집단을 대상으로 한 연구를 넘어서는 거의 적용될 수 없으며,
따라서 비교분석방법에 눈을 돌릴수록 이보다 더 강력한 방법(통계분석방
법을 포함하여)은 없다는 것을 깨닫게 된다. 그렇다면 우리가 당면한 핵심
적 문제는 보다 엄격한 과학이 [정치학 연구에 도움을 줄 수 있는] 어떤 교
훈을 남겼는가를 살펴보는 일이다. 즉 정치학이 자연과학의 논리와 방법론
을 액면 그대로 받아들인다면 자멸의 길을 걷게 될지 모르며, 또한 절대로
도움을 받을 수도 없다는 뜻이다. 분류작업은 어떠한 한계를 갖고 있든, 모
든 과학적 논의에서 비록 예비적이기는 해도 필수적인 조건이다. 즉 헴펠
자신이 인정했듯이 분류개념들은 경험적으로 발견한 사실들을 서술하고,
불완전한 것이나마 시론적인 경험적 통칙을 정립하는 데 도움을 준다.25) 더
욱이 분류작업은 무엇을 연구하든 분석상의 명확성을 부여해주는 기본적인
수단이며 [분류도식에 따라] 매번 각기 다른 것을 논의할 수 있게 해준다.
마지막으로 사실발견과 정보축적의 문제를 해결하기 위한 분류학적 네트워
크가 필요하다는 점을 특히 강조하고자 한다. 왜냐하면 의미있는 비교를 가

---

25) Hempel, *Fundamentals of Concept Formation in Empirical Science*,
　　Chicago: University of Chicago Press, 1952, p.54.

능케 하는 정확한 정보를 충분히 갖고 있지 못하면, 범세계적 차원의 비교
정치연구를 적절히 수행할 수 없기 때문이다. 따라서 범세계적 비교정치연
구를 수행하기 위해서는 적절하고 비교적 안정적이며 따라서 축적적인 화
일체계를 만드는 작업이 반드시 필요하다. 이러한 화일체계는 컴퓨터 테크
놀러지와 설비의 발전 덕분에 더 이상 허망한 꿈이 아니다. 물론 컴퓨터시
대에 진입할수록 사실발견과 정보축적방법들이 논리적으로 표준화된 기준
으로부터 점차 벗어나게 된다는 모순이 나타날 수 있다. 따라서 분류작업에
대한 필자의 관심은 어디까지나 ① 자료수집 측면과 ② 컴퓨터를 이용한
자료분석을 가능케 하는 화일체계의 부재라는 측면에서의 관심이다. 우리
는 이미 컴퓨터 시대에 들어왔으나 '흙발'로 걸어들어온 셈이다.

3. 추상화의 사다리(the Ladder of Abstraction)

개념화하기 전에는 측정할 수 없다는 측면에서 정량화가 우리의 당면문
제들을 해결해주지 못한다면, 또한 개념확장이 우리를 모든 젖소들이 검게
보이는 (결과적으로 젖 짜는 사람이 젖소로 오인되는) '헤겔의 밤'(Hege-
lian Night)으로 이끌어갈 위험이 있다면, 문제해결을 위한 논의는 당연
히 개념을 어떻게 정립하는가에서 시작되어야 한다.

그런데 이 논의를 전개하는 데 있어서 한두 가지 미리 밝혀둘 것이 있
다. 첫째, 인지된 것 혹은 의미있게 인식된 것, 즉 개념은 명제의 핵심적
구성인자이며, 어떠한 명칭으로 불리느냐에 따라 해석과 관측의 지침을
제공한다. 따라서 필자는 보다 넓은 명제라는 맥락에서 개념의 문제를 다
루고자 한다. 즉 여기서 개념정립은 명제의 구축과 연구문제 해결을 암시
한다. 둘째, 필자의 초점은 정치학에서 핵심적인 개념들, 다시 말해 벤딕
스(R. Bendix)가 "위장된 통칙들"[26]이라 부른 개념들에 맞추어져 있다는

---

26) R. Bendix, "Concepts and Generalizations in Comparative Sociological

사실을 밝혀둔다. 셋째, 개념구조의 수직적 구성요소들, 다시 말해 ① 관측[경험적] 용어(observational terms) 및 ② 추상화의 사다리 위에 이 용어들이 어떻게 배열되어 있는가에 관해 주로 논의해보기로 한다.

추상화의 사다리라는 개념은 분석의 수준과 관련이 있으나, 양자가 일치하지는 않는다. 즉 매우 높은 추상적 분석수준은 사다리 오르기의 결과가 아닐 수도 있다. 어떤 보편개념은 관측 가능한 경험적 사실에서 추론된 것이 아니며, 그 나름대로의 체계적 의미에 따라 정의된 이론적 용어들이다.[27] 예를 들자면 유질동상(類質同像, isomorphism), 항상성(恒常性, homeo-stasis), 환류, 엔트로피(entropy) 따위의 개념은 기본적으로 그것들이 총제적인 이론구조 속에서 차지하는 역할에 따라 정의된다. 이와는 달리, 보편개념을 관측용어로 취급하는 경우, 다시 말해서 사다리 오르기를 통해 혹은 관측 가능한 것들로부터의 추론을 통해 매우 높은 추상적 개념화수준에 도달하는 경우도 있다. 가령 집단, 커뮤니케이션, 갈등, 결정과 같은 용어들은 매우 추상적 의미에서 사용될 수도 있고 매우 구체적인 의미로도 사용될 수 있다. 즉 이들은 관측 가능한 사실과 아무런 관련 없이 쓰이거나, 혹은 직접적 관련성을 가진 채 쓰일 수도 있다. 따라서 이 경우 우리는 추상화 사다리의 여러 계단을 오르내리는 경험적 개념을 갖게 된다. 그렇다면 이로부터 관측 가능한 혹은 이런 의미에서 경험적인 개념들이 자리잡게 되는 추상화의 수준과, 그로부터 도출되는 개념변환의 법칙들을 어떻게 평가

Studies," *Ameican Sociological Review* 28, 1963, p.533.

27) A. Kaplan, *The Conduct of Inquiry*, pp.56-57, 63-65 참조. 또한 헴펠에 의하면, 이론적 용어는 "통상 직접관측이 불가능한 실체와 그 성격을 대상으로 하며… 통칙을 설명하는 과학적 이론에서… 기능한다." 그의 논문 "The Theo-retician's Dillema," in Feigl, Scriven and Maxwell(eds.), *Minnesota Studies in the Philosophy of Science*, Minneapolis: University of Min-nesota Press, 1958, vol.1, p.42 참조. 물론 이론적 용어와 관측용어를 명백히 구분하기란 쉽지 않지만, 이론적 용어가 관측용어로 환원되거나 그로부터 도출될 수 없다는 것이 보편적인 견해이다. 이에 대한 논란을 다룬 최근의 평론으로는 A. Meotti, "'L'Eliminazione dei Termini Teorici," *Rivista di Filosofia* 2, 1969, pp.119-134 참조.

할 것인가라는 문제가 나타나게 된다. 이것은 매우 적절한 논의의 초점이 된다고 할 수 있다. 왜냐하면 우리가 당면하고 있는 근본적인 문제는 [개념 정립과정에서] 어떻게 정확성과 경험적 검증성을 필요 이상으로 상실하지 않고 (추상화의 사다리를 오름으로써) 외연성을 확장할 수 있느냐에 있기 때문이다.

이 문제는 개념의 외연성(extension: denotation)과 내포성(intension: connotation)이 어떻게 다르며 또 어떤 상호관계에 있는가를 살펴봄으로써 적절히 해결될 수 있다. 이에 관한 표준적 정의는 다음과 같다. 즉 "어떤 용어의 외연은 그 용어가 적용되는 사물의 종류를 지칭하며, 내포는 그 용어가 적용될 사물을 규정하는 일단의 속성을 가리킨다."[28] 바꾸어 말하면, 한 용어의 외연이란 그 용어에 의해 지칭되는 대상들의 총체를 지칭하며 내포는 어떤 사물이 그 외연 속에 포함되기 위해 반드시 지녀야 할 특성들의 총체를 말한다.[29]

추상화의 사다리를 오르는 방식은 두 가지가 있다고 할 수 있다. 하나는 개념의 속성이나 특성을 축소시킴으로써, 즉 내포성을 줄임으로써 외연성을 확대하는 방식이다. 이 경우, 정확성을 전혀 상실하지 않고서도 보다 일반적·포괄적인 개념을 얻을 수 있다. 즉 종(種)의 포괄성이 커질수록 상이성은 적어진다. 그렇지만 남아 있는 상이성들은 있는 그대로 정확히 남아 있다. 더욱이 우리는 이 방식을 통해, 전포괄적이면서도 구체적인 특성들과의 관련성을 잃지 않으며, 또한 이처럼 확인가능한 일단의 특성을 갖고 있기 때문에 경험적으로 검증될 수도 있는 개념을 정립할 수 있다.

반면, 이 방식은 개념확장의 절차, 즉 내포성을 축소시키지 않으면서 외연성을 확대하려는 시도와는 거리가 멀다. 개념확장은 내포성을 희미하

---

28) W. C. Salmon, *Logic*, Englewood Cliffs: Prentice-Hall, 1963, pp.90-91 에서 인용한 것. 이런 구분은 어떤 논리학 교재에서도 거의 대동소이하다.

29) '내포'는 또한 보다 넓은 의미에서 연상작용 혹은 어떤 단어의 사용에 따라 연상되는 개념들을 뜻하기도 한다. 문맥에서 알 수 있듯이, 필자는 여기서 내포라는 용어를 좁은 의미로 사용하고 있다.

게 함으로써 외연성을 확장하는 방식이다. 결과적으로 이 방식을 따를 때 우리는 일반개념(general concept)이 아니라 그 모조품에 불과한 단순한 일반성(generality)만을 얻을 뿐이다(여기서 '단순한'이라는 경멸조의 용어는 어떤 용어를 보다 포괄적인 속(屬)에 포함시키는 바른 방법과 그릇된 방법을 잘 구분하자는 의미에서 사용된 것이다). 일반개념은 일단의 특성을 명백히 표상한다고 할 수 있으나 단순한 일반성은 그 무한정성 때문에 구체적인 특성에 의해 규정될 수 없다. 또한 보편개념이 과학적인 통칙을 낳는 반면, 단순한 일반성은 애매함과 개념적 모호성을 초래할 뿐이다.

이처럼 추상화의 사다리를 오르내리는 원칙은 원칙적으로 간단하다. 어떤 개념의 속성 혹은 특성을 축소시킴으로써 그 개념을 더욱 추상적이자 일반적으로 만들 수 있고, 역으로 특성조건을 추가하거나 명백히 밝힘으로써, 즉 그 속성과 특성을 증대시킴으로써 구체화할 수 있다. 이런 맥락에서 추상화의 사다리에 대해 생각해보기로 하자. 사다리를 오르내림에 따라 매우 상이한 포괄성, 혹은 그 반대로 특수성을 얻게 된다는 것은 자명하다. 그리고 이 상이성을 각기 HL(고수준, high level), ML(중간수준, medium level), LL(저수준, low level) 등 세 가지의 추상화 수준을 이용해 구분함으로써 비교정치연구에 도움을 줄 수 있다.

고수준의 범주화 작업은 보편개념화를 가능하게 한다. 즉 이러한 보편개념화는 내포성을 전부 희생시킴으로써 공간적 조건이나 시간적 조건, 혹은 양자 모두에서 거시적 외연성(global denotation)을 극대화하는 방식으로 이루어진다.[30] 또한 HL개념은 구체적 종(種)의 분류를 말소시키는 최종적 속(屬)으로 간주될 수 있다. 한 단계 내려와서 중간수준의 범주화는 비록 완전하지는 못하지만, 어느 정도의 일반성을 지닌 강(綱)을 얻게 하는데 이 중간수준에서는 외연성을 확보해야 한다는 요구 때문에

---

30) 어떤 개념의 시·공간적 차원은 종종 지리-역사논쟁과 연관되어 있다. 필자는 이를 차라리 "언제가 언제와 함께 가는가(when goes when?)"라는 문제, 즉 절대시간 대 역사시간의 딜레마로 보려 한다. 그러나 여기서는 이 논의를 깊이 다룰 수 없다.

특수성이 모두 희생되지는 않는다. 그럼에도 불구하고 ML개념은 어느 정도는 독특성을 희생시킴으로써 유사성을 확보한다는 맥락에서 정립된다. 왜냐하면 바로 이런 수준에서 통칙을 만드는 경우가 대부분이기 때문이다. 마지막으로, 저수준에서의 범주화는 구체적이자 형상적인 개념화를 가능하게 한다. 즉 외연성은 정확한 내포성 때문에 희생되며, 또한 개별적 상황의 상이성이 유사성보다 강조된다. 그 때문에 이렇게 낮은 수준에서의 개념정의는 대부분 맥락적인 것이 된다.

이제 몇 가지 예를 들어보기로 하자. 스멜서(N. J. Smelser)는 필자의 견해와 같은 맥락에서 "비교분석을 수행하는 데 직원(職員)이라는 개념이 행정부라는 개념보다 더 만족스럽고… 또한 행정부가 공무원 제도보다 더 낫다"[31]고 주장하고 있다. 즉 그에 따르면 공무원 제도라는 개념은 "공식적 국가제도나 정부구조를 갖추지 못한 사회를 연구할 경우 전혀 쓸모가 없으며," 이 점에서 볼 때 "행정부라는 개념이 다소 우월하다고 할 수 있지만 이 용어 역시 문화적 구속을 크게 받고 있다." 따라서 좀 더 유용한 용어는 "베버(M. Weber)가 제시한 직원 개념이다. …왜냐하면 이 개념은 여러 다양한 정치체계에 별 무리 없이 적용될 수 있기 때문이다."[32] 이 주장을 필자 나름대로 바꾸면 다음과 같다. 소위 비교행정학에서 "직원"이라는 개념은 고수준(HL)에 해당되는 완벽한 보편적 범주이다. "행정부"는 이용 가능한 훌륭한 범주이지만 보다 구체적인 개념인 "관료제"의 속성 중 일부를 지니고 있으므로 완벽한 보편적인 적용성을 확보하지는 못한다. 이로부터 추상화의 사다리를 조금 더 내려오면 근대국가의 특성을 나타내는 "공무원 제도"가 있다. 끝으로 사다리의 맨 밑바닥까지 내려와서 프랑스나 영국의 공무원들을 비교분석해보면 이들이 제각기 지닌 독특성을 발견하게 될 것이며, 따라서 맥락정의(contextual definitions)를 내릴 수 있을 것이다.

---

31) N. J. Smelser, "Notes on the Methodology of Comparative Analysis of Economic Activity," *Transactions of the Sixth World Congress of Sociology*, vol.II, 1967, p.103 참조.

32) Ibid.

이와 같이 스멜서가 제시한 예는 여러 가지 용어 가운데 한 가지를 선택할 수 있으며, 또 어떤 것을 선택하든 그 명칭에 따라 어떤 수준에서 추상화가 이루어졌는지 알 수 있도록 되어 있으므로 다행스러운 경우에 해당된다. 이에 반해, 다음의 사례는 하나의 용어만을 가지고 추상화의 사다리를 오르내리려야 하는 훨씬 불행한 경우를 보여준다. 벤딕스는 앞서 말했듯이, 많은 개념들이 실제로는 "위장된 통칙"에 불과하다고 경고하면서 "마을(village)"이라는 단순한 개념을 예로 들고 있다. 즉 그는 이런 마을이라는 용어가 인도사회에 적용되었을 때 오해를 불러 일으킬 여지가 있음을 지적했는데, 인도사회는 "이 용어가 지칭하는 최소한의 속성조차 갖고 있지 않기"[33] 때문이라는 것이었다. 그렇다면 이처럼 단순한 개념을 사용하는 경우라 할지라도, 이를 이용하기 위해서는 각 연구사례의 구체적인 내포성에 따라 주어지는 외연성에 걸맞도록 "마을"의 다양한 의미를 추상화의 사다리 위에 나열하는 것이 요구된다.

추상화의 수준을 명확히 구분할 수는 없다. 즉 이들 사이에 경계선을 똑똑히 그을 수는 없으며, 사다리의 계단을 몇 개로 나누느냐는 분석을 얼마나 세밀하게 하느냐에 달려 있다. 그러나 논리적 분석의 목적상 세 개의 계단만으로도 충분하다고 본다. 이와 관련하여 필자가 특히 주목하는 바는 사다리의 맨 꼭대기, 즉 중간수준의 일반개념과 고수준의 보편개념이 나뉘는 경계선을 넘으려고 할 때 어떠한 일이 일어나느냐는 것이다. 다시 말해서 경험적 용어가 구체성을 스스로 파괴하지 않으면서 얼마나 높이 사다리 위로 올라갈 수 있는가?

원칙적으로 개념의 외연성은 비교적 정확한 내포성(속성 혹은 특성)을 적어도 한 가지만은 확보할 수 있는 한도에서 확장되어야 한다. 물론 실제로는 이 [내포성의] 적극적 확인 요건이 너무 가혹하게 여겨질 수도 있다. 그러나 적극적 확인을 전혀 할 수 없다 하더라도 부정을 통한 확인(negative identification)의 요건마저 도외시해서는 안 된다. 따라서 ① 부정

---

33) R. Bendix, op. cit., p.536.

(否定) 혹은 역으로(*ex adverso*), 즉 '~이 아니다'고 말함으로써 정의되는 개념과 ② 부정이 없는 개념들, 다시 말해 대치개념 혹은 구체적인 한계나 경계가 없는 개념들을 명백히 구별할 필요가 있다. 이러한 구별과 관련된 논리적 원칙으로는 '모든 한정은 곧 부정이다,' 즉 어떠한 한정도 부정을 반드시 포함한다는 원칙을 들 수 있다. 이 원칙에 따르면, ①에 해당되는 개념들은 아무리 광범위하다 하더라도 한정적이지만, ②의 개념들은 무한정적, 즉 문자 그대로 한정이 없다.

이 원칙을 추상화의 사다리를 오르는 과정과, ML범주가 HL보편개념으로 전환되는 바로 그 지점에 적용한다 할 때 ①의 경우에는 경험적 보편개념을 얻지만 ②의 경우에는 경험적 가치가 결여된 보편개념, 즉 유사보편개념만을 얻는다. 그 이유는 부정에 의해 한정된 개념은 현실세계에 적용될 수도 있고 안될 수도 있는 반면, 무한정적인 개념은 정의상 언제나 적용되기 때문이다. 즉 특정한 한계가 없는 이상 그것이 과연 현실세계에 적용되는지의 여부를 확인할 방법이 없다. 경험적 보편개념은 어떤 것을 구체적으로 지칭하는 반면, 비경험적 보편개념은 (이 분야에 종사하는 연구자라면 모두 곧 알게 되듯이) 무분별하게 모든 것을 지칭한다.

집단이라는 개념은 앞에서 제시한 잘못된 개념화의 사례에 잘 들어맞는 것으로서, 비교정치연구에서의 개념이용(利用) 문제를 해결하려는 최초의 본격적 시도의 소산이라는 점에서 특히 논의해볼 만하다. 벤틀리(Bentley), 트루먼(Truman), 래던(E. Lathan) 등이 대표하는 집단이론에서 "집단"은 모든 것을 포괄하는 범주이다. 즉 이 용어는 분석적 구성개념(이 자체 얼마나 괴상하고 불분명한 용어인가)일 뿐 아니라, 동시에 보편적 구성개념으로 사용되고 있다. 그러나 이 개념은 무엇이 집단이 아닌가에 대해서는 아무 것도 말하지 않는다. 모든 보편개념이 그렇듯이 "집단"이라는 용어가 어느 곳에나 적용될 뿐만 아니라 어느 것에나 적용되고 있는 것이다. 바꾸어 말하면 어디에서도 집단이 아닌 것은 없는 것이다.[34]

___
34) 이와 같은 비판은 D. Truman, *The Governmental Process*, New York:

그렇다면, 집단이론에 의거한 수많은 경험적 연구가 (1950년대에) 어떻게 나타날 수 있었는가? 이에 대한 답변은 그 연구가 보편적 구성개념에 의해서가 아니라 직관적·구체적 개념화에 의해서 유도되었다는 것이다. 따라서 이론적으로 무한정한 집단과 실제 연구에서의 구체적 집단은 크게 다르다. 이로 말미암아 나타난 불행한 결과는 연구가 (중간수준의 범주, 특히 분류의 틀이 없으므로) 이론적 뒷받침을 상실하였을 뿐만 아니라, 이론적 모호성과 발견된 사실의 특수성 사이에 부조화가 나타났다는 점이다. 결국 우리는 경험적으로 발견한 모든 사실을 다시 이론적으로 해체해야 하는 좌절감을 줄 뿐인 학술논문들만 잔뜩 보게 된다.

이렇게 보면 보편적 포괄성을 추구하는 데 있어서 하나의 분기점이 있다고 말할 수 있다. 이 분기점을 넘어서면 이론적 측면에서는 문제의 폐기 현상이 발생하고, 경험적인 측면에서는 경험적 증발이라는 현상이 나타난다. 또한 이 점에서는 심지어 개념이 역으로도(*ex adverso*) 규정되지 않는다. 물론 대치개념을 가지고 있지 못한 보편개념들이 경험적 가치가 없다 해서 전적으로 쓸모가 없다는 의미는 아니다. 그러나 집단과 같은 개념, 다원주의·통합·참여·동원 따위의 개념은 한계를 지을 수가 없다. 즉 이들은 무한정적으로 남아 있을 뿐이며, 기껏해야 이름표나 책의 장(章)제목, 즉 화일체계에 입력시키는 주요 항목이 될 따름이다. 경험적 관점에서 보면, 유사 보편개념은 깔대기식 접근방법에 불과하며 암시적 기능만을 수행할 뿐이다.

사다리의 중간계단, 즉 중간수준 범주들의 넓은 계단을 살펴보면 바로 이 수준에서 분석에 의한 정의(definition by analysis)를 내려야 한다는 것을 알 수 있다. 여기서 분석에 의한 정의는 어떤 용어가 지칭하는 개체가 포함되는 속(屬)을 도출하여 그 용어를 정의한 후, 그 개체를 동일한

Knopf, 1951의 경우에는 해당되지 않는다고 볼 수 있다. 그러나 전반적으로 통찰력 있는 분석이 이루어졌음에도 불구하고, "정의에 대한 과도한 집착은 오히려 장애물이 될 것이다"(p.23)는 문장으로 미루어보아 연구의 맥락은 이미 이처럼 잘못된 방향으로 규정되었다고 할 수 있다. 필자의 "Gruppi di Pressione o Gruppi di Interesse?," *Il Mulino*, 1959, pp.7-42 참조.

속의 다른 모든 종(種)으로부터 분리시키는 속성들을 규정하는 작업을 말
한다. 필자는 "분석적 범주들은 이론적일 때는 지나치게 일반적이고, 그렇
지 않을 경우에는 지나치게 서술적이다"[35]라는 앱터(D. Apter)의 불만이,
분석에 의한 정의단계를 무시한 채 경험적 사실로부터 보편적 범주까지,
혹은 그 반대로 무질서하게 뛰어오르고 내리는 무분별함에 대한 불만이라
고 생각한다. "보다 나은 중간수준의 분석적 범주"를 구축하자는 앱터의
간절한 주장은 극히 정당한 것이다. 그러나 필자가 우려하는 것은, 대부분
의 정치학자들이 지금처럼 분류작업을 경시함으로써 ML수준에서의 추상
화 작업이 위축되는 한, 중간수준의 범주개념들은 만들어질 수 없을지도
모른다는 점이다.

비교정치학자들은 낮은 수준의 추상화에 별 흥미를 느끼지 못할 수도 있
다. 그러나 이렇게 생각하는 것은 두 가지 이유에서 잘못된 것이다. 첫째,
현지조사를 수행할 경우, 사실발견의 범주들이 낮은 [구체적인] 수준으로
내려올수록 더 훌륭한 연구결과를 얻을 수 있다. 둘째, 어떤 분류방식이 효
과적인지, 어떠한 새로운 분류기준이 개발되어야 하는지를 결정하는 데에
도움을 주는 것은 바로 이처럼 구체적인 수준에서 이루어진 국가별·지역별
(또는 분석단위가 어떻든) 연구를 통해 얻은 경험적 정보이기 때문이다.

분류작업은 논리적 원칙들을 따라야 하지만 논리 그 자체는 분류체계의
유용성과 아무 관계가 없다. 식물학자, 광물학자, 동물학자들이 단지 논리
전개만으로 분류학적 계통수를 창조해낸 것은 아니다. 다시 말해 동물들
(혹은 꽃이나 광물들)이 분류학자들에게 그들이 속한 강(綱)을 강요하지
않은 것 이상으로 분류학자들 역시 동물들을 억지로 분류하지는 않았다.
덧붙여 말하고 싶은 것은, 한 가지 목적만을 지닌 분류작업으로는 (단일목
적의 대조표는 물론) 정치학처럼 정착되지 못한 학문이 필요로 하는 정보
를 거의 얻을 수 없다는 점이다. 앞서 강조했듯이, 우리는 경험적 사실을

발견하고 또한 그에 관한 정보를 보관할 수 있는 용기(즉 개념들)를 시급히 필요로 한다. 그러나 이러한 표준적 용기들은 **다목적적 분류** 혹은 극단적으로 전목적적(全目的的)인 분류에 기초할 경우에만 만들 수가 있고, 또 효용성을 발휘한다. 그리고 특정한 분류도식이 과연 다목적적인가의 여부와, 어떠한 분류도식이 앞서 말한 요구조건에 가장 잘 부합하는지의 여부는 귀납적으로, 즉 추상화 사다리의 맨밑에서부터 올라감으로써 발견할 수 있는 것이다. 이제까지 논의한 바를 특히 비교정치연구와 관련해서 요약하면 아래 <표 1>과 같다.

<표 1> 추상화의 사다리

추상화수준	비교분석의 범위 및 목적	개념의 논리적·경험적 성질
HL: 고수준범주 보편개념화	이질적 맥락들간의 교차지역적 비교분석(보편이론의 정립)	극대화된 외연, 극소화된 내포: 부정에 의한 정의
ML: 중수준범주 일반개념화	비교적 동질적인 맥락들간의 지역내 비교분석 (중간범위이론의 정립)	외연성과 내포성의 균형상태: 분석에 의한 정의, 즉 속과 상이성에 따른 정의
LL: 저수준범주 형상개념화	국가별 비교분석 (협범위이론의 정립)	극대화된 내포, 극소화된 외연: 맥락정의

이에 덧붙여 몇 가지 추가할 사항이 있다. 첫째, 추상화의 세 단계를 참조해보면 우리는 어떤 용어의 의미를 "광의"와 "협의"로만 분리하는 것은 부적당하다는 것을 알 수 있다.[36] 왜냐하면 이렇게 개념의 의미를 광의·협의로만 나눌 때에는, ① HL보편개념과 ML일반개념을 구별하는 것인지, ② ML의 속과 종을 구별하는 것인지, 혹은 ③ ML의 범주와 LL범주를 구별하는 것인지 알 수 없을 뿐 아니라, 심지어는 ④ HL보편개념과 LL형상개념을 구분하는 것인지도 알 수 없기 때문이다.

둘째, 더욱 중요한 것은 추상화의 사다리가 모든 차이는 "정도의 문제"

---

[36] 미시와 거시, 분자와 물체 전체 사이의 구분에도 마찬가지로 주의를 기울여야 한다. 이러한 구분들은 분석수준을 지탱하기에는 불충분하기 때문이다.

라는 주장이 감추고 있는 엄청난 비논리성과 비약을 여실히 보여준다는 점이다. 우선 이러한 주장은 보편적 범주의 수준에서는 완전히 타당성을 상실한다. 그리고 중간수준에서도 역시 모든 차이를 다소의 문제로만 생각할 수는 없다. 이런 중간수준의 꼭대기에는 분류도식상 상반되는 짝, 즉 대치되는 극이 반드시 있으며 따라서 ML수준이라 하더라도 그 정점은 종류의 차이를 명확히 규명해준다. 여기서부터 아래로 내려가면서 개념정의는 분류의 논리를 통해 이루어지는데, 이는, 종(種)간에 상이성이 존재하는 한 등급(等級)의 논리가 적용될 수 없음을 시사해준다. 정도의 차이란 둘 이상의 개체가 같은 속성이나 특성을 갖고 있다는, 즉 동일한 종에 속한다는 사실을 확증한 후에야 비로소 거론될 수 있는 것이다. 어떤 개체가 다른 개체보다 일정한 속성이나 특성을 얼마나 더 많이, 혹은 더 적게 갖고 있는가를 파악할 수 있으려면 그 개체들이 동일한 강(綱)에 포함된 것이어야 한다.

그렇다면 추상화의 사다리를 오르내릴 때마다 언제나 등급논리를 적용하는 것은 원칙적으로 오류라고 할 수 있다. 앞서 말했듯이 사다리 위에서 어떤 개념의 내포성을 줄임으로써 그 외연성을 증대시키려 할 때(혹은 그 반대), 관건이 되는 것은 그 개념이 지칭하는 속성이 과연 존재하는가의 여부를 파악하는 작업이며, 이는 정도의 문제가 아니라 추상화의 수준을 규정하는 문제이다. 따라서 일정한 추상화의 수준에 자리잡고 난 이후에야 비로소 등급의 논리를 적용할 수 있다. 이렇게 볼 때, 추상화의 수준이 높을수록 등급을 표시하는 용어가 (은유를 제외하고는) 잘 적용될 수 없으며, 반면 추상화의 수준이 낮을수록 분석시각이 정확하게 적용될 수 있고 따라서 등급개념의 효용성이 커지리라 짐작할 수 있다.

셋째, 앞의 두 사항만큼이나 중요한 것은, 추상화의 사다리를 통해 대부분의 방법론자들이 지니고 있는 낙관적인 견해, 즉 "명제가 보편적일수록, 다시 말해서 그 명제가 설명할 수 있는 현상의 수가 많아질수록 더 많은 잠정적 반증사례를 찾을 수 있으며, 따라서 그 명제의 정보제공능력은 더 커진다"[37]는 견해의 타당성을 점검해볼 수 있다는 점이다. 이런 낙관적 견

해는 보편성, 반증, 그리고 정보제공능력을 좁은 의미로서, 그리고 같은 선
상에 놓고 보는 것이다. 그러나 필자는 만약 어떤 사람이 추상화의 사다리
를 바로 오르내리는 방식을 염두에 둔다면, 설명의 범위(연구대상현상간의
관계에 대한 설명도 포함한)를 확장시킬 것인가 혹은 서술의 정확성(또는
정보제공이라는 측면에서의 정확성)을 기할 것인가라는 두 가지 대안 중의
하나를 반드시 선택해야 하는 문제에 부딪히게 마련이라고 생각한다. 추상
화의 사다리를 올라가면, 명제의 정보제공능력이 커진다고 하지만, 이를 더
많은 서술적 정보를 얻을 수 있다는 말과 같은 것으로 오해해서는 안 된다.
그러므로 정보제공능력이 전혀 없기 때문에 아무런 반증도 제시할 수 없는
지나치게 보편적인 명제들의 위험성은 고사하고서라도, 과연 사다리를 올
라감으로써 더 많은 잠정적 반증을 정말 얻을 수 있는지조차 의심스럽다.

이제 결론을 내리기 이전에, 필자가 논의를 전개하면서 변인이라는 용어
뿐만 아니라 조작정의(操作定義, operational definition), 혹은 지표(in-
dicators)라는 용어를 전혀 사용하지 않았다는 점을 밝혀둔다. 마찬가지로
등급개념과 다소에 관한 논의 역시 전적으로 전정량적(前定量的, pre-
quantitative) 맥락에서 이루어진 것이다. 그렇다면 여기서 주목할 만한
점은 우리가 이러한 방법론적 문제들을 거론하기까지 얼마나 먼 길을 걸어
왔어야 했는가 하는 것이다. 방법론적 논의의 앞뒤가 바뀌어서는 안 된다
는 점을 제외하고는 무언가 할 말이 있을 때마다 주장을 제기한다고 해서
문제가 될 것은 없다. 필자가 이미 앞에서 이 문제를 제기했기 때문에 그
주장을 계속할 수는 없다. 그러나 이제껏 말한 바를 어떻게 앞으로 계속해
서 논의해야 할 사항에 연결시킬지를 밝힐 필요는 있다.[38]

37) E. Allardt, "The Merger of American and European Traditions of So-
ciological Research: Contextual Analysis," *Social Science Information*
1, 1968, p.165에서 인용한 것. 이 문장은 최근 상황을 시사하고 있다.
38) 이와 관련하여 아직도 훌륭한 책은 P. F. Lazarsfeld & M. Roesnberg(eds.),
The Language of Social Research, Glencoe: Free Press, 1955이다. 이 책
의 최신개정판인 R. Boudon & P. F. Lazarsfeld, *Methodes de la So-
ciologie* 2, Paris and La Haye: Mouton, 1965-1966도 참조.

한 예로 필자가 개념(屬)에 관해 논의하면서 변인(種)을 전혀 고려하지 않은 것은 아니다. 다시 말해, 변인은 어디까지나 개념이지만 그렇다고 해서 개념이 반드시 변인인 것은 아니다. 모든 개념들을 변인으로 바꿀 수 있다면 이들간의 차이는 분석과정에서 일시적으로 나타나는 것이라고 볼 수 있다. 그러나 불행히도 정량분석에 조예가 깊은 어떤 학자가 말했듯이 "가장 흥미로운 변인들은 모두 명목 변인들이다."[39] 이 말은 가장 흥미있는 변인들은 "완벽하게 측정될 수 있는"[40] 본래의 의미에서의 변인들이 아니라고 말한 것과 마찬가지다.

조작정의의 필요조건에 관해서도 유사한 견해를 적용할 수 있다. 개념들이 반드시 변인이 아닌 것과 마찬가지로 정의들이 반드시 조작정의의 형태를 지녀야 하는 것은 아니다. 본래 어떤 개념을 정의한다는 것은 그 개념이 지닌 본질적인 의미를 분명히 밝히는 작업을 지칭하지만, 조작정의는 개념이 실증되고 또한 궁극적으로는 측정될 수 있는 조건을 규정하는 작업이다. 따라서 우리는 의미의 정의와 조작정의를 구분할 수 있다. 그리고 조작정의가 의미를 밝히는 작업임에는 틀림없으나 그 역은 성립되지 않는다.

의미의 정의는 전(前)과학적 시대에서나 찾아볼 수 있는 낡은 것이며, 따라서 과학적 논의과정에서는 조작정의에 의해 대체되어야 한다고 주장하는 사람들이 많다. 그러나 이 주장은 개념정립과 관련된 요건들을 거의 만족시킬 수 없으며, 실제로 이런 요건들을 도외시하는 것처럼 보인다. 추상화 사다리의 도식이 밝혀주듯이 역정의(逆定義: 부정을 통한 정의) 혹은 분류학적 정의(혹은 분석에 의한 정의)를 내릴 수 있는 방법과 절차는 여러 가지가 있는데, 이들은 각기 상이한 분석수준에 적용되며 또한 각 수준에서 나름대로의 역할을 수행하고 있다. 더욱이 조작정의는 조작주의

---

39) R. Rose, "Social Measure and Public Policy in Britain—The Empiricizing Pross," 미출간 원고, p.8.

40) Lazarsfeld & Barton, in Lerner & Lasswell(eds.), op. cit., p.170 참조. 이들은 등급을 정할 수는 있으나 측정할 수는 없는 항목에 '변인'이라는 명칭을 적용하는 것을 반대하고 있다.

의 요건에 부합되는 의미만을 확보할 수 있기 때문에, 대부분의 경우 개념의 의미를 크게 축소시킨다. 물론 어떤 개념의 모호성을 없애려면 그 개념이 표상하는 의미의 범주를 축소시켜야 한다. 그러나 이렇게 모호성을 없애기 위해 조작정의의 기준을 적용하면 개념은 이론적 풍부성과 설명능력을 상실하게 된다. 예로서 "사회계급"이라는 용어 대신에 소득, 직업, 교육수준 등과 같은 일단의 조작지표를 사용해야 한다는 주장을 살펴보자. 이 주장이 액면 그대로 수용된다면, 사회계급이라는 개념은 그 본질을 크게 상실할 뿐만 아니라 이론적으로 정당화될 수도 없다. "권력"도 마찬가지다. 권력의 측정에 관심을 갖는다는 것은, 그 의미가 측정될 수 있는 것으로 축소되어야 한다는 것을 의미하지는 않는다. 만약에 권력의 의미가 측정될 수 있는 속성만으로 축소된다면, 이 개념을 통해서는 어떤 정치공동체 속의 인간행태도 설명할 수 없게 된다.

따라서 조작정의가 의미의 정의를 보완하기는 하지만, 결코 대체할 수 없다는 것을 이해해야 한다. 조작정의를 하기 이전에 반드시 개념화가 먼저 이루어져야 한다. 헴펠(C. Hempel)이 말했듯이, 조작정의가 "체계적 함의(systematic import)의 확보라는 필요조건을 무시하면서까지 강조되어서는"41) 안 된다. 다시 말해서, 조작정의보다는 이론적 함의를 규명하는 것이 학문적 발견과 자극을 더 가져올 수 있다. 마지막으로, 경험적 검증은 조작정의를 내리기 전에 또한 조작정의를 내리지 않고서도 이루어진다는 것을 이해해야 한다. 적절한 관측을 통해 가설과 실존현상이 합치되는지의 여부를 점검하는 방법이라면 무엇이든 검증이라고 부를 수 있다. 개념의 조작화가 가져오는 결정적 차이점은 실증, 즉 측정에 의한 입증이나 반증가능성일 뿐이다.42)

---

41) C. Hempel, op. cit., p.60. 이 책의 p.47에서 헴펠은 "과학적 이해를 증진시킨다는 것은 바로 이론적인 내포성을 지닌 개념들을 발견하는 것이다. 그리고 그러한 발견은 조작주의나 경험주의의 요건인 경험적 중요성만으로는 (이러한 요건들이 확실히 필요불가결하지만 명백히 불충분하기 때문에) 대체될 수 없는 과학적 창의력을 요구한다"고 주장하고 있다.
42) 이는 조작정의가 그 자체만으로 정량적 측정을 가능케 한다는 뜻이 아니라, 궁

검증과 관련하여 지표는 참으로 귀중한 "조력자"라고 말할 수 있다. 실제로 지표를 사용하지 않고서는 이론적 용어들을 경험적으로 검증할 수 없다. 지표는 또한 관측 용어를 경험적으로 점검하는 편리한 첩경이기도 하다. 그러나 아직 문제가 남아 있다. 무엇의 지표인가? 만약 어떤 개념이 애당초 모호하게 만들어져 있다면, 아무리 지표를 사용하더라도 그러한 모호성이 없어지지 않는다. 바꾸어 말하면, 지표 그 자체는 개념의 의미를 명확하게 할 수도 없고, 또 추상화 사다리를 오르내리면서 개념을 구성하고 분해하는 일을 대신해줄 수도 없다.

4. 요약

특히 과거 10년 동안에 정치학의 한 구성분야로서의 비교정치론은 급격히 신장되었다. 그런데 이러한 신장은 그 연구의 범주는 차치하고서라도 전례 없이 곤란한 방법론적 문제를 야기하고 있다. 그러나 우리는 비교분석방법을 잘 갖추지 못한 채, 즉 부적절한 방법론적 인식과 미숙한 논리적 기교만을 가지고 연구를 진행해 왔다고 할 수 있다. 다시 말해서, 우리는 특히 범세계적인 비교정치분석의 논리적 요건에 관해 너무 단순하게만 생각해온 것이다.

이제까지 필자는 개념이 이론체계의 구성요소일 뿐만 아니라 사실정보를 수집하는 도구, 즉 자료용기라는 가정하에 개념[정립]에 논의의 초점을 맞추어보았다. 이런 맥락에서 볼 때, 우선 경험적 차원에서 나타나는 문제는 충분히 정확한 정보가 없기 때문에 의미있는 비교분석을 수행할 수 없다는 점이다. 이 문제를 해결하려면 판별력을 지닌, 즉 분류학적 개념용기들에 의해 제공되는 화일체계를 만들어야 한다. 이러한 개념용기들이 없

극적으로 보아 측정하는 데 기여할 수도 있고 못할 수도 있다는 점을 암시하려는 것이다.

다면 아무리 정교한 통계기법이나 컴퓨터 분석기법을 사용하더라도 자료를 제대로 모을 수 없다. 두번째, 이론적 차원에서 나타나는 문제는, 비교분석의 용어와 절차가 함부로 사용되고 있다는 점이다. 필자는 추상화의 사다리가 함축하고 있는 논리적 속성과 그로부터 도출되는 개념합성 및 분해의 원칙들을 지켜나감으로써 이 문제를 해결할 수 있다고 본다. 만약 그렇게 하지 않으면 개념을 제대로 다룰 수 없게 되며 결과적으로 개념정립과정에 오류가 필연적으로 발생할 것이다(그리고 이들은 자료수집상의 오류와 어우러져서 문제를 더욱 악화시킬 것이다).

지금까지 비교정치론은 앞에서 지적한 바와 같이 최소저항선, 즉 "개념의 확장"을 대체적으로 따라왔다. 다시 말해서, 범세계적인 적용성을 얻기 위해 개념의 내포성을 흐림으로써 그 외연성을 확장시켜온 것이다. 그 결과, 비교-곧 통제-의 목적 자체가 좌절되고 비교정치연구는 경험적·이론적인 혼돈의 바다에서 헤엄치는 격이 되었다. 참을 수 없을 정도로 무딘 개념적 도구는 연구를 오도하지는 않겠지만, 불필요한 지적 소모를 가져올 뿐만 아니라 또 한편으로 가등가(假等價)에 기초한 무의미한 개념통합을 초래할 뿐이다.

이제 필자는, 다음의 두 가지 능력을 기르는 데 해결책이 있다고 주장하려 한다. ① 더 나은 중간범주들을 갖고 추상화 사다리의 가운데 단계에서 연구를 발전시키는 능력, ② 추상화 사다리를 상하로 이동하면서 동화와 분화, 비교적 자세한 설명능력과 비교적 정확한 서술내역, 그리고 거시이론과 경험적 통칙을 조화롭게 확보하는 능력이 바로 그것이다. 어떤 분석의 수준도 그 다음 수준으로 정확히 전환될 수 없다는 것은 명백하다. 이 의미에서 추상화 사다리를 오르내리다 보면 항상 무엇인가를 잃게 된다고(또한 얻게 된다고) 말할 수 있다. 그러나 비교분석의 용어와 절차를 절도 있게 사용하면, 추상화의 각 수준에서 인접수준의 명제들을 보강하거나, 혹은 논박하는 일단의 명제들을 창출할 수 있다.

최근에 이르러 정치학자들은 "필요한 연역적 추론능력을 일정한 패러다임에 도입하는 데" 요구되는 "논리적 규칙을 얻기 위해 수학에 눈을 돌려

야 한다"는 제안을 하고 있다.43) 그러나 지금까지 필자는 지나치게 야심
적인 기준 때문에 마비되어버린 과의식적 사색가들을 부추겨서는 안 된다
는 견지에서 좀 더 냉정하고도 반(反)완벽주의적인 입장을 취했다. 그러
나 초보적인 논리의 훈련조차 받지 못하고 규율도 없는 무의식적 사색가
가 거시적 비교분석에서 발생하는 복잡하고도 새로운 문제에 대응할 수
있으리라 기대한다는 것은 절대로 불가능하다.

43) Holt & Richardson, "Competing Paradigms in Comparative Politics,"
in Holt & Turner(eds.), op. cit., p.70. 이 글은 완벽주의적 성격을 지닌다고
볼 수도 있지만 확실히 매우 재치있고 자극적인 '재고조사적' 개관이다.

제3장
비교분석의 디자인*

애덤 셰보르스키·헨리 튜니

　　대부분의 비교정치연구는 사회체계간의 상이성을 중심으로 이와 같은
상이성들이 각 체계에서 나타나는 여러 가지 사회현상의 조성에 미치는
영향을 추적하고 있다. 그런데 이와는 다른 형식을 지닌 분석대안이 역시
존재한다. 그리고 이와 같은 대안을 적용할 경우, 사회체계간의 상이성은
개별 체계에서 나타나는 사회현상을 설명하는 과정에서 의미를 지닐 경우
에 한해 주요 변인으로 간주된다. 이 글에서는 두번째 대안의 효용성을
강조하는 맥락에서, 이상과 같은 두 가지 분석전략이 기초하고 있는 기본
가정들과 핵심논리를 다루고자 한다.

　　이미 언급한 바와 같이, 일반이론(general theory)이란 사회체계에서,
혹은 체계 자체의 수준에서 관측된 여러 가지 변인들을 구성단위로 삼은
일단의 명제들로 이루어져 있다. 그런데 어떤 사회행태든 그를 조성하는
유효변인들의 숫자가 연구대상으로 삼을 수 있는 사회체계의 수를 능가할
가능성이 높기 때문에 모든 사회체계에 보편적으로 적용될 수 있는 이론

　　* A. Przeworski & H. Teune, "Research Design," *Logic of Comparative
　　Social Inquiry*, New York: John Wiley and Sons, 1970, pp.31-46(김웅
　　진 역).

을 구축한다는 목적을 달성하기란 결코 쉬운 일이 아니며, 따라서 이러한 목적을 가능한 한 만족시킬 수 있는 분석수단이 강구되어야만 한다.

모든 연구는 분석대상으로 삼게 될 모집단(population)의 성격을 규정하고 이 모집단으로부터 표본을 추출하는 작업을 수반한다. 표본추출기법은 물론 연구의 주제와 모집단의 성격에 따라 매우 다양한 형식을 갖게된다. 때에 따라 표본은 층화(stratified)된 것-수입이나 교육정도 등 몇가지 변인의 내역 속에서 차지하는 위상에 따라 표본에 포함되는 개개인을 선별한 것-일 수도 있다. 교차체계(cross-systems) 연구에서 보편적이자 자명한 절차는 우선 분석사례로서의 사회체계를 선별해낸 후, 그로부터 개인이나 집단들을 추출하는 방법이다.

여러 가지 실질적인 문제로 말미암아 분석대상이 되는 국가들을 무작위로 추출하기란 대단히 어렵다. 그것이 국가든 민족국가든 혹은 문화권이든 사회체계의 총체적 범주는 지극히 제한되어 있으며, 이로부터 무작위로 선별된 표본을 대상으로 연구를 진행했을 때 입게 되는 손실을 막을 방법은 당분간 없을 것이다. 따라서 교차체계 연구는 흔히 의사실험적(quasi-experimental) 유형을 택하게 되며, 연구자금과 수단, 그리고 사회과학자의 엄청난 부족현상을 고려할 때, 연구분석방법의 선정은 어떻게 "가장 합당한" 국가군을 찾아낼 수 있는가라는 문제의 테두리를 벗어나지 못하게 마련이다.

1. 최대유사체계 분석디자인

최근 사회과학자들 사이에서는 비교분석의 형식으로 나롤(R. Naroll)이 제시한 부수변이(concomitant variation)형[1] 분석전략을 채택함이 타당

---

1) R. Naroll, "Some Thoughts on Comparative Method in Cultural Anthropology," in H. M. Black & A. Blalock(eds.), *Methodology in Social Research*, New York: McGraw-Hill, 1968.

하다는 견해가 팽배해왔다. 이 연구방법은 가능한 한 많은 점에서 근접한 사회체계들이야말로 가장 합당한 비교분석사례가 될 수 있다는 입장에 기초한 것이다. 예로서, 스칸디나비아 제국이나 앵글로색슨계 국가들이 적정한 표본이 될 수 있는데, 그 이유는 이들이 경제적·문화적·정치적인 속성들을 공유하고 있으며 따라서 실험변인들의 내역을 알지 못하고 또 그 숫자가 많다 하더라도 이를 최소화할 수는 있기 때문이다. 결국 이러한 유형의 디자인은 체계간 유사성의 극대화를 지향한 분석전략이라 할 수 있다. 만일 여타 측면에서는 유사한 국가들간에 어떤 다른 점이 발견된다면 상이성을 조성하는 변인들의 숫자는 왜 그런 상이성이 나타났는가를 충분히 설명할 수 있을 정도로 적다 하겠다. 즉 스웨덴과 핀란드간에 나타나는 정치적 분파 정도의 차이는 스웨덴과 일본을 비교했을 때에 비해 훨씬 더 적게 나타나는 체계간 상이성의 영향으로 설명될 수 있는 것이다. 투표행태를 규정짓는 사회적 요인들에 관한 알포드(R. R. Alford)의 연구는 이런 분석시각에 기초하고 있다. 즉 분석표본으로서의 국가들을 선정하는 과정을 서술하면서 알포드는 아래와 같이 말하고 있다.

> 영미권 국가들—영국, 호주, 뉴질랜드, 미국과 캐나다—은 주요한 측면에서 같기 때문에 모두 다원적(pluralist) 정치체계들이라 불릴 수 있다. …이들 전부가 양당제도를 지향하는 경향을 보인다. …유권자들은 연립정부에서 작은 영향력이나마 행사하기를 원하거나 혹은 의회내에서 소수 의석이라도 차지하기를 바라는 군소정당을 지지하는 집단으로 쪼개져 있지 않다.2)

그는 더 나아가 이러한 국가군과 구주대륙국가들이 지닌 다당체계간의 차이점—영미권에서는 종교적 요인이 투표행태에 별로 큰 영향을 미치지 않는다는 등—에 관해 논의하고 있으며, 마지막으로 계층투표양상을 놓고 볼 때 왜 서로 다른 점이 나타나는가를 설명해줄 수 있는 영미국가 간의

---

2) R. R. Alford, "Party and Society," in F. J. Munger(ed.), *Studies in Comparative Politics*, New York: Thomas Crowell, 1967, pp.66-67.

상이성을 규정하는 변인들을 구체적으로 제시하였다. 알라트(E. Allardt)
역시 이와 유사한 맥락에서 스칸디나비아 국가들간에 나타나는 계층투표
양상의 상이성을 분석했는데, 핀란드의 뚜렷한 계층투표성향을 상대적으
로 낮은 사회유동성의 영향으로 돌리고 있다.[3] 한편 알먼드(G. Almond)
와 버바(S. Verba)는 시민문화(civic culture)를 연구하는 가운데[4] 민주
정치체계를 지녔으나 발전의 수준을 달리 하는 나라들을 분석사례로 선정
한 바 있다. 스칸디나비아 국가의 사회유동성[5]과 자살양상[6]에 관한 연구
역시 이 분석전략을 채택했으며, 프랑스와 이탈리아에서 공산당에 대한
투표행태를 분석한 칸트릴(H. Cantril)[7]과 도건(M. Dogan)[8] 또한 이들
정치체계간에 나타나는 유사성의 추적을 연구의 시발점으로 삼았다. 이는
정치학에서 문화정치적 맥락에서 지역을 규정한 바, 지역연구(area
sutdy) 방법이 지닌 분석시각과도 같은 것이라 하겠다.

　이런 최대유사체계 분석 디자인의 초점은 체계간 유사성(intersystemic
similarities)과 체계간 상이성(intersystemic differences)이라는 개념에
놓여 있다. 그리고 분석의 수준(level of analysis)은 체계의 수준에 맞추
어져 있으며, 체계 내 현상의 변이양태는 체계변인을 이용해 설명된다. 비
록 이와 같은 디자인의 분석형식이 엄밀하게 정립되어 있지는 않지만 그
논리는 대단히 명확하다. 즉 분석사례간에 공통적인 체계속성들은 통제된

3) E. Allardt, "Patterns of Class Conflict and Working Class Cons-
　　ciousness in Finnish Politics," 헬싱키대학 Institute of Sociology 출판물,
　　no.30, 1964.
4) G. A. Almond & S. Verba, *The Civic Culture*, Princeton, N.J.: Princeton
　　University Press, 1963.
5) K. Svalastoga, *Prestige, Class, and Mobilty*, Copenhagen: Gyldenal
　　Scandinavian University Books, 1959.
6) H. Hendin, *Suicide in Scandinavia: A Psycho-analytic Study of Culture
　　and Character*, New York: Grune & Stratton, 1964.
7) H. Cantril, *The Politics of Despair*, New York: Basic Books, 1958.
8) M. Dogan, "Political Cleavage and Social Stratification in France and
　　Italy," in S. M. Lipset & S. Rokkan(eds.), *Party Systems and Volter
　　Alignment: Cross-National Perspectives*, New York: Free Press, 1967.

것으로 여겨지는 반면에 체계간 상이성은 설명변인으로 간주된다. 따라서 공통속성의 최대화, 그리고 상이성의 최소화가 모색되는 것이다.

결국 이 디자인을 적용했을 경우 도출할 수 있는 결론은 다음과 같은 형식을 취하게 된다. "…와 같은 속성을 공유하는 영미권 국가들간의 계층투표양상에 관련된 상이성은 다음과 같은 요인들 때문이라 할 수 있다. …" 그런데 이런 진술이 유독 체계의 수준에서만 이루어져야 할 필요성은 없다. 예로서 "경제적으로 발전된 민주국가들에서 시민들의 교회출석 여부는 그들의 정당소속감(party identification)과 정방향으로(positively) 상관관계를 갖거나 전혀 관계가 없지만 덜 발전된 나라들의 경우 두 변인간의 관계는 역방향을 지닌다"[9]고 할 수도 있는 것이다. 연구대상이 되고 있는 체계간에 상이성이 발견될 경우, 아래와 같은 이론적 의미를 도출할 수 있다. ① 모든 나라가 공통적으로 지니고 있는 속성변인은 설명하려 하는 행태의 조성에 아무런 영향을 미치지 못한다. 왜냐하면 이러한 공통속성을 지닌 체계들 속에서 상호 다른 양상의 행태가 관측되기 때문이다. ② 관측된 바 특정한 행태발현양상간의 상이성과 합치되는 형식으로 체계간의 상이성을 규정짓는 일단의 변인군은 이와 같은 행태가 왜 나타났는가를 설명해주는 독립변인의 역할을 하는 것으로 간주할 수 있다. 두번째의 이론적 의미는 특별히 중요하다. 왜냐하면 유사한 국가들간에 상이성이 그다지 많지 않더라도 이들은 설명대상으로서의 종속변인이 나타내는 변이양상을 과장할 수 있을 정도로 큰 것이 대부분이기 때문이다. 비록 최대유사체계 분석디자인이 부수변이현상에 초점을 맞춘다 해도, 실험변인들을 선별해낼 수는 없다. 영국, 호주, 미국, 그리고 캐나다를 그 내역상 차지하는 위상맥락에서 같은 순서로 등급지울 수 있는 변인은 하나만이 아니며, 미국, 영국과 독일, 그리고 이탈리아와 멕시코간에는 한 가지 이상의 다른 점이 존재한다. 그러나 설명변인으로 간주할 수 있는 몇 가지 상이성을 선별해낼 수는 있다 해도, 일반화의 기초가 되는 지식을 제공하는 데에 이와 같은 분석디자인이

---

9) Almond & Verba, op. cit.

지니고 있는 효용성은 상대적으로 제한되어 있다 하겠다.

2. 최대상이체계 분석디자인

또 다른 한 가지 분석전략은 체계의 차원보다 한 차원 아래의 분석수준
에서 관측된 정치사회적 행태의 변이양상으로부터 출발한다. 대부분의 경
우에 이와 같은 분석수준은 개인행태의 차원이 되지만, 집단이나 지역사
회, 사회계급 혹은 직종일 수도 있다. 이런 디자인의 목적은 유사체계 분
석디자인의 목적과 동일하지만, 체계변인들은 분석대상인 행태의 변화를
예측할 수 있는 설명변인(predictor)들 가운데에서 어떤 특별한 위치도
차지하지 않는다. 예를 들어, 개인적 적응(personal adjustment)[10]에 대
한 대학생들의 태도변화양상이나 사회운동에 관한 인식오류,[11] 또는 젊은
이가 지닌 가치[12] 혹은 지역사회 지도자들의 가치[13]를 설명하려 한다 하
자. 이 경우에 최대상이체계 분석디자인을 적용했다 할 때, 기본적인 가정
은 표본에 포함되는 개인들이 같은 모집단으로부터 추출되었다는 것이다.
바꾸어 말하자면, 체계변인들은 관측대상으로서의 행태를 설명하는 데 아
무런 역할도 하지 않는다는 것이다. 그 다음의 분석단계는 이런 가정을
교차체계적 연구의 맥락에서 순차적으로 검증하는 작업이다. 가정이 부정
되지 않는 한 분석의 수준은 체계 내 수준(intrasystemic level)에 머물

---

10) J. M. Gillespie & G. W. Allport, *Youth's Outlook on the Future: A Cross-National Study*, New York: Doubleday, 1955.
11) G. W. Allport & T. Pettigrew, "Cultural Influence on the Perception of Movement: The Trapzoidal Illusion among Zulus," *Journal of Abnormal and Social Psychology* 55, 1957.
12) H. H. Hyman, A. Payaslioglu, and F. W. Frye, "The Values of Turkish College Youth," *Public Opinion Quarterly* 22, 1958.
13) P. E. Jacob, H. Teune, and T. M. Watts, "Values, Leadership, and Development," *Social Science Information* 7, 1968.

게 되며 만약 붕괴될 시에는 언제나 체계변인의 영향력이 다시 고려된다.

최대상이체계 분석디자인의 첫번째 단계는 각 체계로부터 총체적 모집단의 동질성이라는 가정에서 벗어나지 않는 독립변인들을 도출하는 작업이다. 표본들은 물론 각기 다른 체계로부터 선별되었으나, 애초부터 표본이 도출된 모집단들을 동질적인 것으로 간주하는 것이다. 만약 상이한 체계로부터 도출된 하위구성단위들이 종속변인의 양상이라는 차원에서 서로 다르지 않다면, 체계간 상이성은 그런 종속변인을 설명함에 있어서 중요하지 않은 것으로 여겨진다. 나아가서 독립변인과 종속변인간의 관계가 모집단의 하위구성단위에 모두 같이 나타날 경우, 체계변인은 역시 고려될 필요가 없다.

유효한 일반통칙(general statement)이 표본이 추출된 사회체계들의 속성에 관계 없이 정립될 수 있는 한, 체계변인의 영향력을 무시해도 문제가 되지 않는다. 만약 쥬니(Zuni)인들과 스웨덴 사람들 그리고 러시아 사람들 가운데에서 자살률이 모두 같다면, 이 세 나라를 구별짓는 요인들은 자살양상을 설명하는 데 아무 의미를 갖지 않는다. 또한 교육배경이 인도, 아일랜드, 이탈리아, 세 나라에서 모두 국제주의적 태도와 정관계(posi-tively related)를 가지면, 이 나라들간의 상이성은 국제주의적 태도를 설명할 수 있는 주요변인이 되지 못한다. 즉 부수변이연구가 유효체계변인들을 적극적으로 도출하려는 반면, 최대상이체계 분석디자인은 불필요한 체계변인들을 배제하는 데 초점을 맞추고 있는 것이다. 그러나 이 두 분석디자인의 상이점을 너무 부각시켜서는 안 된다. 양 디자인을 적용했을 경우 모두 이론적 진술이 지니는 타당성을 확인할 수 있고 또 체계 내·외적 분석수준을 통합할 수 있다. 단, 최대상이체계 분석디자인의 경우 분석의 수준은 통칙이 모든 표본을 대상으로 구축될 수 없을 때에 한해 체계의 수준으로 전환된다. 앞의 예와 관련시켜볼 때 만약 국제주의적 태도가 인도와 이란에서는 매스미디어에 대한 노출에 영향을 받고 있으나, 아일랜드와 이탈리아에서는 그렇지 않다면, 두 체계군간의 상이성은 유효한 것으로 간주되어 체계수준에서의 분석이 고려되어야 한다. 이 경우, 부수변이현상은 기정사실로(*ex post facto*) 연구되며, 체계 내에서 관측된 변이현상은 체계간 상이성 때문이라 간주된다.

부수변이양상의 연구는 거의 배타적으로 체계의 수준에만 초점을 맞추고 있다. 즉 특정한 몇 가지의 체계속성은 상수로서 통제되나, 그 외의 체계속성들은 변화하도록 내버려두는 것이다. 국가사회 내지는 정치체계 혹은 문화라는 맥락에서 체계를 규정하는 것은 어떤 이론에서든지 분석의 단위로서 사회체계를 개념화할 수 있는 수많은 방법의 하나일 뿐이다. 연구자에 따라서는 미합중국의 주, 핀란드의 지역, 페루의 촌락, 북캘리포니아 거주민 등 각양각색의 수준에서 연구분석안을 디자인할 수 있는 것이다. 그러나 최대유사체계 분석디자인은 주요변인들이 작동하고 있는 사회체계의 수준에 관한 선험적 가정을 필요로 한다. 그리하여 어떤 특정한 디자인이 일단 만들어지고 나면, 사회체계의 여타 분석수준에 관련된 가설들은 일체 연구의 대상이 되지 못한다. 따라서 애초의 가설은 그 자체로만—즉 체계변인들은 사회체계 내의 특정한 수준에 한해 영향력을 미치거나 혹은 그렇지 않다는 방식으로만—검증될 수 있을 뿐이다.

최대상이체계 분석디자인의 경우에 과연 어떤 분석수준에서 유효변인들이 작동하고 있는가에 관한 문제는 분석의 전과정을 통해 필요하다면 언제든지 조정될 수 있다. 이런 디자인의 시발점은 연구과정에서 관측될 수 있는 가장 낮은 수준에 위치한 분석단위—대개의 경우 개인이 되겠으나—의 모집단을 선별하는 작업이다. 그리고 일단 모집단을 선별하면 그 집단이 과연 동질적(homogeneous)인가의 여부를 검증해야만 한다. 만약 어떤 특정한 사회체계의 수준에서 모집단의 하위구성단위들을 실증적으로 도출할 수 있다면, 이와 같은 수준에서 작동하고 있는 요인들은 분석의 대상으로 간주된다. 예로서 개개인이 포함되는 모집단이 몇몇 나라의 지역사회로부터 표본으로 선별되었을 경우, 개개인의 상이성은 지역사회에서와 교차지역사회연구의 맥락에서 우선 검증된 뒤, 다시 각 국가에서와 교차국가적으로 분석되는 것이다.

그런데 만일 지역사회들 속에서 나타나는 양상이 서로 다르다면, 지역

사회의 수준에서 작용하고 있는 체계변인들이 영향력을 미치는 것으로 간
주하며, 이와 마찬가지로 국가들간에 상이성이 발견될 때 국가적 속성들
이 분석된다. 반면에 국가나 지역사회간에 다른 점이 없다면, 모든 연구분
석은 개인의 수준에 머물고 어떠한 체계속성도 고려되지 않는다. 다시 말
해, 집단내 분산(within-group variance)을 극소화하는 분석수준이 연구
대상으로 간주되는 것이다.

이제부터 다룰 최대상이체계 분석디자인의 기법적 논리는 어디까지나
다중회귀분석모형(multiple regression model)에 기초해 제시된 것이다.
그러나 또 한편으로 이와 같은 디자인을 미시적인 수준에 한정된 것이든
혹은 그보다 높은 분석수준에 따른 것이든, 다양한 인간집단을 대상으로
해서 그 속에서 나타나는 상호작용을 체계적으로 분석하는 전략으로 간주
해도 무방하다.14) 연구대상이 되고 있는 현상을 체계의 어떤 특정한 수준
에 위치하는 것으로 분류했을 경우 분산의 정도를 줄일 수 있고, 그럼으
로써 예측상 가장 큰 이득을 얻을 수 있을 때에는 언제나 분석의 수준은
이런 수준에서 작동하고 있는 변인들의 위상으로 전환된다.

이와 같은 디자인의 맥락에서 볼 때 비교분석의 정의는 명확해진다. 즉
비교분석이란 하나 이상의 분석수준을 상정함이 가능한 동시에, 관측단위들
은 상정된 각각의 분석수준에 따라 규정되는 연구방법인 것이다.15) 따라서
한 국가의 지역사회로부터 표본으로 추출된 지방지도자들에 관한 연구는
비교분석적이라고 할 수 있는데, 그 이유는 이 연구가 개인 및 지역이라
는 두 가지 분석수준에서 모두 이루어질 수 있기 때문이다. 그러나 만약
초국가적 지역을 규정할 수 없다면, 앞서 제시한 정의에 비추어볼 때, 국
가의 수준에서만 진행되는 연구는 비교분석적이 되지 못한다.

---

14) "수목형(tree fashion)"이며 각각의 "분지(branch)"에 따라 독립적으로 상호
   작용을 분석하는 전산프로그램(예를 들어 Automatic Interaction Detector)이
   이와 같은 목적에 가장 적합할 듯싶다.

15) 이는 심리학에서 사용되는 비교분석이라는 용어의 의미와 같은 것임을 강조하고
   자 한다. 비교심리학은 다양한 구조적 분화의 수준에서 생체를 연구하는 학문이다.

사회과학연구의 목적은 인간의 행태에 관한 통칙을 확인하는 데 있으므로, 표본추출과정은 비록 그것이 무작위적 형식을 지닌 것이 아니라 하더라도 이러한 목표를 지향해야만 한다. 모든 사회체계를 대상으로 한 무작위적 다단계선별형(multistep) 표본추출기법이 아닌 디자인에 따른 어떤 연구도 보편적 통칙을 도출하지는 못한다. 이제까지 살펴본 두 가지 분석 디자인을 적용했을 때 얻을 수 있는 통칙의 유효성과 추가연구를 위한 가이드 라인은 각 디자인이 이끌어내는 결론의 본질에 따라 좌우될 것이다. 즉 최대유사체계 분석디자인에 있어서 바람직한 결론은 최대상이체계분석 디자인의 입장에서 볼 때 대단히 바람직하지 못한 것이며, 반대의 경우도 마찬가지다. 이제 이와 같은 입장에 관해 논의해보자.

앞서 살펴보았듯이, 최대유사체계 분석디자인을 적용했을 경우에는 가장 많은 유사점을 지닌 체계들을 찾아내야 한다. 예로서 스칸디나비아 국가들이 지닌 공통속성을 구체적으로 나열하기보다는 X_1, X_2, $\cdots$, X_k로, 그리고 서로 다른 점을 X_{k+1}, X_{k+2}, X_n으로 표시해보자. 그리고 종속변인은, 그것이 단일변인의 분포도든 혹은 두 변인간의 상관관계든 이처럼 매우 유사한 국가들간에 서로 다른 양상을 지닌다 하자. 이는 알라트가 지적했듯이 스칸디나비아 국가들의 경우 서로 상이한 계층투표양상을 나타내고 있는 것과 같다.16) 이와 같은 종류의 국가들을 대상으로 해서 데이타 메트릭스를 만들어보면, <표 1>과 같은 형태를 취할 것이다. 단, 모든 변인은 양분화(dichotomized)되어 있다.

종속변인은 단일한 집적적 속성(aggregated attribute)이거나 혹은 체계 내 관계양상일 수 있다. 물론 종속변인의 변이양상과는 관계없이 이런 체계들을 구별짓는 여타 요인들도 존재한다. 이 맥락에서 도출된 분석의 결과를 조심스럽게 제시해보면 아마도 다음과 같은 형태를 취할 것이다. "관측대상이 되고 있는 체계들이 X_1, X_2, $\cdots$, X_k라는 속성을 공유하고 있을 때, 종속변인 Y의 변이양상은(또는 체계 내에서 측정된 독립변인 Xs와

---

16) E. Allardt, op. cit.

<표 1>

국가	통제된 변인	"실험"변인	종속변인
	X_1 X_2 ······ X_K	X_{k+1} ··· X_n	Y(또는 $X_S Y_S$)
A	1 1 ······ 0	1 ··· 1	1
B	1 1 ······ 0	0 ··· 0	0
C	1 1 ······ 0	1 ··· 1	1
D	1 1 ······ 0	1 ··· 1	1
E	1 1 ······ 0	0 ··· 0	0

종속변인 Ys의 관계는) 가설에 의하면 X_{k+1}이라는 변인과, 그리고 대체가
설(alternative hypotheses)에 따르면 대체변인 X_{k+2}, ···, Xn과 상관관
계를 갖는다."

이 결론으로부터 도출해낼 수 있는 더 이상의 의미는 없는가? 우선, 비
록 과장된 것이기는 하지만, 종속변인 Y를 명확히 설명할 수 있다는 점에
서 의미가 있다. 즉 Y는 가설에서 규정된 것처럼 X_{k+1}에 따라 변화하거나,
혹은 통제되지 않은 변인들이 X_{k+2}, ···, Xn에 의해 설명될 수도 있다. 그
리하여 대체가설이 부정되지 않은 상황에서도 본래의 가설은 확증되는 것
이다. 이는 틀림없이 변인 X_{k+1}이 설명능력을 지녔다는 확신을 크게 해주
며, 비록 엄밀한 추론이 불가능하다 하더라도, 앞으로의 연구는 다른 상황
에서 X_{k+1}이 지니는 영향력에 관한 검증이 되리라는 사실을 시사해준다.[17]
따라서 여타 사회체계들 역시 이런 체계들과 같이 X_1, ···, X_k라는 모든 속
성을 공유하는 것을 발견했을 경우, 유사한 설명형식을 찾아낼 가능성이
크다. 그러나 만약 이 중 어떤 속성 하나라도 다르다면, 이 독특한 속성이
종속변인과 상호작용할 개연성이 높기 때문에 어떠한 추론도 불가능하다.

최대유사체계 분석디자인을 적용한 결과 어떤 가설이 옳은 것으로 판명

---

17) 여기서는 논리적 맥락이 아니라 심리적 맥락에서 말하고 있음을 밝혀둔다. 현
재의 논리적 추론체계에서는 표본이 추출된 모집단의 범위를 넘어서는 일반화는
불가능하다. 그러나 이런 연역적 이론은 사회과학의 경우에는 적합치 않고 따라
서 사회과학자들은 실제 연구를 진행하는 데에 우발적으로 주어진 모집단들에
대해 엄정한 추론을 행함으로써 자신을 희생시키기보다는 그릇된 일반화의 위험
을 기꺼이 감수한다는 것이 명백하다.

되었을 때, 그 가설이 일반성을 지닌 것이라 생각할 가능성이 크다. 예를 들어서 스칸디나비아 국가들에서 사회유동성(social mobility)이 계급투표(class voting)양상과 상관관계를 지니는 것으로 나타났다면, 과연 영미권 국가들의 경우에도 역시 사회유동성-계급투표양상간에 관계가 존재하는지 검증해보고 싶은 생각이 들게 마련인 것이다. 더군다나 스칸디나비아 국가들이 공유하고 있지 않은 속성을 영미권 국가들이 지니고 있음에도 불구하고 가설이 성립되는 것으로 밝혀진다면, 사회유동성이라는 독립변인이 설명능력을 가졌다는 확신이 더 커지게 된다. 그러나 가설이 부정될 경우에는 연구는 원점으로 되돌아간다. 이럴 때 알 수 있는 것은 계급투표양상이 사회유동성에 좌우되지만 한편 이에 영향을 미치는 또 다른 요인들을 선별해낼 수는 없다는 점이다.

최대유사체계 분석디자인의 논리는 일단의 사회체계, 예를 들어 스칸디나비아 국가들이 공유하고 있는 속성들을 의사실험적 방법을 통해 하나하나씩 제거할 수 있다는 가정에 기초하고 있다. 그러나 이는 비현실적인 가정이다. 앞서 언급한 바와 마찬가지로 사회현상은 다양한 징후를 보이며 나타나기 때문에 실험변인들을 격리해내기란 쉽지 않다.

최대상이체계 분석디자인은 관측이 그 속에서 이루어지는 사회체계들의 속성이 무엇이든 상관 없이 유효한 진술을 구축함으로써 사회체계를 구별짓는 요인들을 제거한다. 즉 이와 같은 진술이 모든 체계 내에서 성립되는 한 체계속성은 분석과정에서 고려대상이 되지 않는다. 그러나 이로부터 파생된 추가적 진술들이 교차체계의 맥락에서는 유효성을 상실하는 것이 밝혀지는 즉시 체계 간 상이성을 고려치 않은 가설은 부정되며 분석의 수준은 체계의 수준으로 전환된다. 그리고 이 시점에 달하게 되면 체계간 변이양상(intersystemic variations)과 체계 내 상이성(intrasystemic differences)의 관계가 분석된다. 예로서, 일단의 체계군 내에서 정치참여양상이 교육배경과 정방향으로 상관관계를 갖지만 참여양상의 맥락에서 나타나는 체계간 상이성은 체계 내에서 측정된 어떤 다른 변인에 의해서도 설명되지 않는다면, 이와 같은 상이성과 연관된 체계변인들을 선별해내야만 한다. 여기서 체계속성은 양분화될 필요가 없다는 점을 강조하고자 한다. 예로서, 예산분배요구와 예산액의 체계 내적 상관관계를 미국 주의 속성-일인당 국민소득 내지는 정당간 경쟁도 등-과 관련지을 수 있다.

상술한 두 가지 유형의 분석전략은 사회현상에 관한 몇 가지 예견에 기초해 있다. 최대유사체계 분석디자인은 유사한 체계 사이에서 이론적으로 의미있는 몇 가지의 상이성을 발견할 수 있으리라는 소신에 근거하고 있다. 또 하나의 대안(즉 최대상이체계 분석디자인)은 표본으로서의 사회체계들간에 극대화된 상이성을 모색하는데, 이는 체계간 상이성에도 불구하고 모집단은 제한된 몇 개의 변인이나 관계의 차원에서만 다를 것이라는 입장에 근거하고 있기 때문이다. 만약 스웨덴인과 핀란드인, 노르웨이인과 덴마크인들이 연구대상이 되고 있는 모든 사회행태의 측면에서 서로 유사하다면, 이들을 연구해보았자 특정 종류의 행태에 영향을 미치는 유효체계변인들을 선별해낼 수는 없을 것이다. 그러나 한편 미국인, 인도인, 칠레인, 그리고 중국인들이 공통적인 행태양상을 보이지 않는다면, 이와 같은 국가들에 대한 연구는 일반이론의 정립과정상 공히 아무런 도움을 주지 못하는 네 개의 독립된 진술을 만들어내는 것으로 끝날 것이다.

3. 단일변인형 비교분석

앞서 제시된 논의의 바탕을 이루고 있는 것은 상이한 사회체계로부터 도출된 표본의 동일성에 관련된 일련의 진술이다. 표본으로 선정된 사회체계들이 체계의 수준에서 집적적 단일변인 혹은 체계 내 관계라는 차원에서 서로 다르다는 것이 판명될 경우, 체계변인들을 사용해 체계 내 변인의 변이양상을 설명할 수 있다. 마찬가지로, 만약 체계 내 양상들이 같은 것임이 드러난다면, 체계변인들을 설명과정에서 배제할 수 있다. 비교분석의 형식을 지닌 모든 연구분석은, 체계라는 명목개념 속에 포함된 변인들은 무엇이든 설명대상이 되고 있는 현상에 잠재적 영향력을 미친다는 가정에 근거하고 있다.

만약 체계속성들이 단일변인형(univariate)이든 다변인형(multivariate)이든간에 체계 내 현상의 변이양상에 실제로 영향을 미친다면, 어떤 특정한 체계들을 연구대상으로 선정하는 경우가 총체적인 모집단의 평균치만을 기초로 한 경우에 비해 종속변인치의 변화에 대한 예측을 보다 정확히 할 수 있다. 즉 특정 체계에 속했다는 사실을 표상하는 어떤 종속변인과 개인속성변인의 상관계수(coefficeient of regression)는 만약 모집단이 체계라는 차원에서 이질적이라면 0보다 커져야만 한다.

한 예로, 서구 여러 나라에서 국민들의 우파정당지지형 투표성향에 관해 연구한다 하자. 우파정당을 지지하는 선거민의 비율이 모든 국가내에서 동일하다면 그 개인이 프랑스 사람인가 혹은 이탈리아 사람인가는 문제가 되지 않는다. 오히려 여타 변인들, 예를 들어 사회계급이나 종교적 배경 등이 더 중요하다. 또한 서유럽 국가의 엘리트들이 유럽통합에 대해 유사한 태도를 공유한다 할 때, 이 역시 어떤 특정 개인이 네덜란드의 엘리트이든 이탈리아의 엘리트이든 문제될 것이 없다. 사회체계를 선별하는 것이 개인의 속성을 예측하는 데 도움을 주지 못하는 한 체계속성들을 중요시할 필요는 없다는 것이다. 이 경우 총체적인 모집단은 동질적이며, 따라서 이로부터의 연구는 단일체계 내에서 통상 이루어지는 것과 형식상 같은 것이다. 즉 체계수준의 변인을 전혀 고려하지 않고서도 개인속성의 수준에서 분석을 진행할 수 있는 것이다.

주어진 한 변인의 측정이 체계수준에서 전형적 오류(systematic error)에 빠질 염려가 없으며 또한 측정 스케일을 알고 있다면, 평균차 검증기법(mean differences test), 즉 일원분산분석(one-way analysis of variance) 기법을 사용하여, 각 사회체계들이 과연 이 변인에 관해 서로 상이한가의 여부를 판정할 수 있다. 문제의 핵심은 각 국가에서 주어진 특정속성변인의 변이범위가 국가간 변이의 범위보다 적은가의 여부를 밝히는 데 있다. 만약 영국의 모든 기차는 시속 50마일의 속도로 움직이는데, 프랑스의 모든 기차는 시속 60마일로 달린다면, 영국에서가 아니고 프랑스에서 여행한다는 사실만으로도 여행시간을 예측하는 데 도움이 된다. 그러나 만일 영국과 프랑스 두 나라에서 모든 기차의 속도가 시속 30마일에서 70마일 사이에서 변화한다면, 평균속도 시속 10마일의 차이라는 국가간의 상이성은 여행지속기간을 정확히 예측하는 데 충분한 근거가 되지 못할 것이며, 오히려 기차의 종류나 여행시기가 훨씬 더 중요한 변인이 될 것이다.

사회간 상이성의 본질과 범위는 오랫동안 사회과학의 이론정립에서 연구주제가 되어왔다. 인류학자들은 사회를 상호간에 매우 다른 것으로 인식하는 경향이 있다. 비록 개인적 심성은 잠재적으로 같다 하더라도 문화·사회조직·육아양식이나 여타 다른 요인들로 인해 각 사회에 따라 특정한 심성유형(personality types)이 눈에 두드러지게 나타난다. 이런 문화적 형상, 혹은 문화적 정형(patterns of type)들은 본래 민속학적 테마나 관습 등으로부터 도출된 것이다. 문화적 정형은 주어진 문화권에서 나타나는 심성유형의 분포양상이라는 개념에 기초한 것이 아니라 퍼스낼리티 모형의 이념형에 근거한 것이다. 그러나 시간이 흐름에 따라 최대빈도 심성(modal personality)이라는 개념이 문화정형이라는 개념을 대체하는데, 최대빈도 심성이란 "모든 인간에게 공통적인 바, 본질적으로 생리학적이자 신경학적으로 결정된 성향 및 경험"과 문화적 환경간의 상호작용의 산물로 정의되며, 퍼스낼리티 유형의 분포에 관한 통계학적 분석의 대상이 되었다. 더 나아가 싱어(M. Singer)의 결론에 의하면, 투사기법(projective technique)을 통해 볼 때 최대빈도 심성의 특정사회내 분포양상은 평탄한(flat) 모습을 띠고 있고, 따라서 퍼스낼리티의 문화권내 상이성은 문화체계간 차이보다 크다고 말할 수 있다.[18] 이 발견이 어느 정도 일반화될 수 있을지는 불명확하지만 놀랄 만한 것임에는 틀림없다.

문화패턴이나 최대빈도 심성, 그리고 사회적 속성과 같은 개념들과 사회문화적 배경을 개인의 속성에 연관짓는 문제는 광범위한 이론적 전통을

---

18) 이러한 논리는 M. Singer, "A Survey of Culture and Personality Theory and Research," in B. Kaplan(ed.), *Studying Personality Cross Culturally*, Evanston, Ill.: Row, Peterson, 1961에 근거한 것이다.

가지고 있으나 이를 실증적으로 연구한 사례가 드물며 따라서 명확하지
않다. 잉클리즈(A. Inkeles)와 레빈슨(Levinson)이 강조한 것처럼, "만약
국가적 속성이 개인적 심성의 분포양상을 의미하는 것이라면, 이에 대한
연구는 그 속에 포함된 개개인이 독립적으로 연구된 충분히 크고 또한 대
표성을 지닌 표본에 대한 심리학적 탐구를 필요로 한다."19)

지금까지 집중적으로 연구되어온 태도의 한 가지는 각각 다른 사회에서
나타나는 직종의 위신평가에 관련된 것이었다.20) 이러한 연구들이 동일한
분석방법을 사용했음에도 불구하고, 분석표본에서는 서로 많이 다르지만
연구의 결과를 놓고 볼 때 대체적으로 사회체계 사이에 높은 수준의 획일
성이 나타나고 있음을 알 수 있다. 이런 발견은 직종의 위신이란 산업화
혹은 사회분업과 관련될 수밖에 없다는 통상적인 이론적 직관과 정면배치
되는 것이다. 그러나 만약 사용된 연구방법이 타당한 것이라면―즉 미국
인과 일본인, 폴란드인과 브라질인, 독일인과 인도네시아인들이 특정 직종
을 모두 똑같이 평가한다면―사회경제적 구조를 이런 태도에 연관짓는 이
론들은 바뀌어야만 한다. 사회과학이론들은 대체로 사회간 상이성이나 체
계변인의 역할을 과대 평가하는 경향이 있고, 오늘날과 같은 경험적 진실
의 시대에서는 많은 신화들이 깨어져야 하는 것이다. 립셋(S. M. Lipset)
과 벤딕스(R. Bendix)가 "다양한 서구 산업사회에서 사회유동양상은 대
단히 유사한 것으로 보인다"라고 말했을 때 그들은 이러한 발견이 "구미
사회가 서로 다른 사회구조를 지녔다는 일반적 통념에 정면배치되는 것"

19) Ibid., p.55.
20) A. Inkeles & P. Rossi, "National Comparisons of Occupational Pres-
    tige," *American Journal of Sociology* 61, 1956; A. Inkeles, "Industrial
    Man: The Relation of Status to Experience, Perception and Value,"
    American Journal of Sociology 66, 1961; E. M. Thomas, "Reinspecting
    a Structural Position on Occupational Prestige," *American Journal of
    Sociology* 67, 1962; A. O. Haller, D. I. Lewis, and I. Ishino, "The Hy-
    pothesis of Intersocietal Similarity in Occupational Prestige Hierar-
    chies," *American Journal of Sociology* 71, 1966. 적어도 16개 이상의 나
    라에서 연구된 직종의 위신에 관한 논문들이 있다.

이라는 점을 강조할 필요성을 느꼈던 것이다.[21]

　사회체계간에 아무런 상이성이 발견되지 않는다면 모집단은 동질적이며, 체계변인들은 중요한 독립변인의 역할을 하지 못하는 것으로 생각할 수 있다. 따라서 어떤 국가적 속성의 평균치간에 나타나는 상이성의 존재 여부에 관한 검증은—그것이 평균치검증이든 분산검증이든—체계변인의 영향력에 대한 일반적 평가와 아울러 적정 분석수준의 선정을 위한 지침을 제공한다. 만약 표본들이 체계속성이라는 맥락에서 서로 다르다면 표본으로서의 국가들의 범주를 넘어서는 일반화를 모색해도 비교적 큰 무리가 없을 것이다. 즉 인도, 폴란드, 유고, 그리고 미국의 지방지도자들이 사회변화에 대한 태도에서 서로 다르지 않을 경우, 다른 나라의 지방지도자들 역시 크게 다르지 않다고 생각할 수 있으며, 따라서 대체적으로 체계변인들이 이와 같이 특정한 태도를 설명함에 있어서 중요한 역할을 하지 않는다고 간주할 수 있다.

　앞서 들어본 심성유형, 직종평가, 사회유동성 혹은 지방지도자들의 가치와 같은 단일한 맥락에서 살펴본 체계간 유사성의 범례는 결코 사회체계들이 서로 다르지 않다는 주장을 뒷받침하기 위해 제시된 것이 아니다. 체계간 상이성을 보여주는 사례들은 사변적인 것이든 혹은 체계적으로 제시된 것들이든 대단히 많다. 논의된 범례들은, 단지 최대유사체계 분석디자인의 근간을 이루는 체계간 유사성의 가정을 선험적으로 유효하지 않은 것으로 단정해서 이를 폐기해 버리지 말아야 한다는 점을 지적하기 위해 제시된 것이다. 놀랍게도, 그리고 많은 이론의 내용과는 달리, 사회간 유사성들이 실제로 발견되고 있다. 물론 이 가정의 유효성은 분석대상이 되는 현상의 본질에 좌우된다. 즉 심리생리학적 현상은 정치현상에 비해서 사회체계의 속성으로부터 영향을 덜 받을 것이다.

　한편 미시적 수준의 현상과 관련해서 체계를 비교할 때 부딪히게 되는

---

21) S. M. Lipset & R. Bendix, *Social Mobility in Industrial Society*, Berkeley: University of California Press, 1969, p.11, 13.

한 가지 한계를 강조할 필요가 있다. 측정의 문제가 바로 그것이다. 단일변인의 교차체계적 비교는 각 체계에서의 측정단위와 척도에 성공여부가 달려 있다. 그러나 이러한 직접적 비교가 불가능한 경우가 아주 흔한데, 그 이유는 측정척도가 알려져 있지 않거나(예를 들어, 소련에서의 정치참여도는 미국의 그것보다 높은가 등의 문제), 또는 연구자가 이런 형식의 비교를 할 수 없는 방식으로 변인들을 정량화할 가능성도 있기 때문이다 (예로서 국가의 중앙값(median)을 양분하는 것).

4. 상관관계의 비교

서술적 단일변인형 비교분석은 흔히 어려울 뿐만 아니라, 다변인형 인과모형(multivariate patterns of determination)에 비해 흥미가 적을 수도 있다. 대부분의 이론적 명제들은 하나의 변인을 다른 여러 변인을 이용해 예측하는 형식으로서 정립되기 때문에, 예측의 형식과 적합성은 이론 정립에 주된 관심을 지닌 사회과학자들에게 매우 중요한 것이다. 체계 내 예측과 그 예측의 적합성, 혹은 [변인간의] 관계는 흔히 분석의 초점이 된다. 몇 나라의 정치지도자와 시민을 대상으로 연구할 경우, 과연 어떤 한 개인이 인도 혹은 유고슬라비아 사람이라는 사실이 지방지도자로서의 위치를 지녔다는 것보다 그의 가치형성과정상 더 큰 영향을 미치는가 하는 의문을 가질 수 있다. 그리고 정치문제에 관한 토론의 자유에 대한 개인의 인식을 연구할 때, 그와 같은 인식양상을 예측하는 데에 교육배경을 독립변인으로 삼는 것이 나은가, 혹은 체계속성이 더 적합한가에 관심을 가질 수 있다. 마찬가지로 브라질과 미국에서 성취동기를 연구할 때, 한 개인이 속해 있는 사회계급이 더 좋은 독립변인인가 아니면 국적이 그러한가를 물을 수도 있는 것이다.

문제는 설명되는 종속변인과 독립변인의 관계가 모든 사회체계 내에서 같은 양상을 지니는가의 여부이다. 즉 체계속성이 각기 다른 사회 속에서

이론적 예측의 형식과 적합성을 규정하는 데에 중요한 역할을 하느냐 하
는 것이다. 다시 말하면 만약 모든 국가에서 개인의 가치가 정치적 지위
와 연관된다면, 혹은 정치문제를 토론할 수 있는 자유에 대한 인식이 교
육배경과 상관관계를 지니거나 혹은 성취동기가 사회계급과 관계를 갖는
다면, 체계변인들은 종속변인을 설명하는 데 중요하지 않다는 의미이다.
또 하나 덧붙이면, 새로운 독립변인들이 추가됨에 따라 어떠한 시점에서
체계속성들이 관측된 관계에 실제로 영향을 미칠 가능성이 갑작스럽게 나
타날 수도 있다는 점이다. 그러나 교차체계적으로 나타나는 관계의 유사
성이 발견될 때마다 잠재적으로 유효한 체계속성의 숫자는 감소된다. 최
대상이체계 분석디자인은 체계변인의 포괄적 영향력이 새로운 변인이 추가
됨에 따라 단계적으로 평가되는 분석전략이라는 의미를 지닌다.

서로 다른 사회체계에서 나타나는 관계양상이 유사하다는 사실을 보여
주는 사례는 대단히 많다. 정치행태에 관한 최근의 비교분석연구들을 살
펴볼 때 개인적 태도간의 관계가 정치체계를 불문하고 동일한 양상을 지
닌다는 사실을 발견한 듯 여겨진다. 정치참여에 관한 연구의 문헌조사에
서 밀브래스(L. W. Milbrath)는 모든 정치체계 속에서 관계양상이 같이
나타나지 않는 예를 단 두 개밖에 발견하지 못했다.[22] 시민문화의 연구는
다섯 개 나라에서 교육배경이 정치적 태도를 결정하는 가장 강력한 변인
이라는 사실을 계속해서 보여주고 있다. 기실 알먼드와 버바는 다음과 같
은 결론에 도달했다.

　"교육과 정치적 정향간에 나타나는 대부분의 관계가 지니는 [특정한] 속성이
눈에 두드러진다는 점이 우리가 발견한 것들 중 가장 중요한 사실의 하나이다.
즉 각 교육배경집단들은 서로간에 정치적 정향에 대한 관계에 있어서 대단한 차
이를 보이는데, 그 양상이 모든 나라에서 같다."[23]

---

22) L. W. Milbrath, *Political Participation*, Chicago: Rand McNally, 1965.
23) Almond & Verba, op. cit., p.317.

로칸(S. Rokkan) 역시 유럽통합에 관한 태도의 연구에서 이와 유사한
사실을 발견한 바 있다.

"갤럽연구소는 「6개 구주국가에서의 여론」이라는 연구보고서에서, 네덜란드인
표본 중 62%가 통합을 강력히 선호하는 반면, 이탈리아인들 중 단지 36%만이 통
합에 찬성한다는 점을 발견했다. 그러나 이 상이성은 유럽통합에 대한 정책조정과
정상 두 나라 간에 갈등이 일어날 가능성에 대해 거의 아무 것도 말하지 못한다.
두 나라의 표본에서 교육을 보다 많이 받은 사람은 실질적으로 동일하게 생각한다
는 사실이 밝혀졌다. 즉 그들 중의 70%는 유럽통합을 크게 선호한다. 두 나라 간
의 차이는 거의 전부 교육과 정보취득수준에서의 상이성에 기인한 것이다."[24]

한편 컨버스(P. Converse)와 듀포(G. Dupeux)는 정당소속감의 분포
양상이라는 관점에서 프랑스와 미국간에 나타나는 주요한 차이점을 지적
하고 있다. 즉 미국인의 75%가 정당에 대한 소속감을 지니고 있는 반면,
프랑스인들은 45%만이 자신이 특정정당에 소속된다 생각하고 있는 것이
다. 그러나 이 차이는 미국에서 가족을 통한 높은 수준의 정치사회화현상
에 기인한 것이라 할 수 있다. 저자들은 두 나라 공히 자신의 아버지의
정당선호(party preference)를 알고 있는 사람-프랑스인의 79.4%, 그리
고 미국인의 81.6%-은 자신도 정당선호감을 가질 확률이 높다는 점을
지적하고 있다. 그리하여 그들이 내린 결론은 다음과 같다.

"두 나라에서 정치사회화과정이 동일한 경우, 이에서 비롯된 정치행태의 양상
-소속감의 형성-은 동일하게 나타나는 듯하다. 교차체계적 맥락에서 두드러지
게 보이는 상이성은 사회화과정에 그 원인이 있다. 바꾸어 말하면, 완전한 순환
논리가 나타난다. 즉 우리는 커다란 국가간 상이성과 맞부딪혔으나 또한 이들을
탁자의 한 구석으로 몰아버리는 데 성공한 것이다."[25]

---

24) S. Rokkan, "Comparative Cross-National Research: The Context of
Current Efforts," in R. L. Merritt & S. Rokkan(eds.), *Comparing
Nations: The Use of Quantitative Data in Cross-National Research*,
New Haven, Conn.: Yale University Press, 1966, p.19.

앞에서 들어본 모든 예에서, 사회체계는 종속변인의 양태를 보다 정확히 예측할 수 있는 독립변인이 되지 못한다고 생각할 수 있다. 만약 어떤 무식한 이탈리아인이 역시 무식한 네덜란드인이 된다 할지라도 유럽통합에 대한 그의 태도는 바뀌지 않을 것이다. 만약 아버지의 정당선호를 모르는 어떤 미국인이 자신의 선호를 알지 못하는 프랑스인이 된다 해도 정당소속감을 갖게 될 가능성은 없다. 독립변인이 변하지 않는 한, 어떤 개인이 한 사회체계에 소속되어 있다는 사실은 종속변인을 예측하는 데에 별로 중요하지 않다. 교육배경은 좋은 예측(독립)변인이지만 사회체계는 그렇지 못하며, 또 계급은 좋은 예측변인이지만 사회체계는 역시 그렇지 못한 것이다. 문제는 어떤 개인의 이름이 존 스미스냐 지오바니 비앙코냐가 아니라 그가 학교를 다녔는가 다니지 않았는가, 아버지의 정당선호를 아는가 모르는가, 혹은 고소득자인가 아닌가의 여부이다. 각 국가는 교육수준, 계급구조와 가족을 통한 사회화양상에서 서로 다르지만, 그 속에서 나타나는 변인들의 관계양상이 같은 한, 체계로서는 모두 같다. 체계들은 특정한 속성의 분포가 다를 때 서로 상이한 것이 아니라, 변인간의 관계양상이 달리 나타날 경우에 한해서만 서로 다르다.[26]

체계 내에서 측정된 단일한 독립변인이 종속변인을 더 정확히 예측한다

25) P. E. Converse & G. Dupeux, "Politicization of Electorate in France and The United States," in L. A. Coster(ed.), *Political Sociology*, New York: Harper & Row, 1966, pp.233-234.
26) 개인적 태도간의 관계구조를 분석한 수많은 예는 태도측정기법의 개발을 모색한 몇 편의 연구에서 발견된다. 이 연구들은 문화와 특정한 태도의 심도간에 나타나는 차이에도 불구하고, 태도간의 상호관계구조가 동일하다는 사실을 발견하였다는 점에서 대단히 인상깊다. 아래와 같은 논문을 예로 들 수 있다. D. H. Smith & A. Inkeles, "The OM Scale: A Comparative Socio-Psychological Measure of Individual Modernity," *Sociometry* 29, 1966; J. A. Kahl, "Some Measurement of Achievement Orientation," *American Journal of Sociology* 70, 1965; H. Maclay & E. E. Ware, "Cross-Cultural Use of the Semantic Differential," *Behavioral Science* 6, 1961; S. Rettig & B. Pasamanick, "Invariance in Factor Structure of Moral Value Judgement from American and Korean College Student," *Sociometry* 29, 1966.

는 사실을 받아들인다고 해서, 체계변인들 역시 설명에 도움을 줄 수 있다는 가능성을 배제하는 것은 아니다. 만약 체계 내에서 측정된 일단의 독립변인들이 모든 체계속성들로부터 아무 영향을 받지 않고 종속변인을 예측한다면, 종속변인의 초기변이(initial variation)양상은 독립변인의 평균치가 조정될 경우 사라져버릴 것이다. 만약에 아버지의 정당소속감에 대한 이해도의 분포가 조정됨으로써 미국인과 프랑스인의 상이성이 없어진다면 체계변인은 설명과정에 도움을 주지 못한다. 그러나 미국인과 브라질인 사이에 성취동기의 차이가 그대로 남아 있다면-즉 사회계급과 국적이 성취동기형성에 영향을 미친다면-연구를 계속해야 한다. 로즌(B. C. Rosen)은 사회계급과 국적이 모두 성취감 습득훈련을 받기에 적합한 것으로 보이는 연령을 결정하는 데 영향을 준다는 사실과 사회계급이 국적보다 독립생활훈련 연령에 훨씬 더 큰 영향을 미친다는 점, 그리고 실제 성취동기지수의 결정에는 국적이 사회계급보다 더 중요한 요인이라는 사실을 발견했다. 즉 체계속성은 성취지수에 대한 중요한 예측변인이다. 그러나 독립생활훈련을 받는 연령을 예측하는 데에는 사회계급보다 중요하지 않다. 그리고 이는 성취훈련이 이루어지는 연령을 예측하는 데에는 사회계급만큼 중요한 변인이 된다.[27]

대체로 두 변인 사이의 관계양상이 모든 체계 내에서 같은 것으로 밝혀진다면, 종속변인에 영향을 주는 체계속성의 숫자는 감소된다. 그렇다고 해서 체계변인이 추가적 설명과정에서 완전히 배제되는 것은 아니다. 각 체계에서 독립변인이 조정될 때 종속변인의 초기변이가 사라지는 경우에 한해서만 체계변인을 완전히 무시할 수 있는 것이다. 그러나 분석의 특정단계에서 체계변인이 예측을 용이하게 한다면 이를 주요한 독립변인으로 간주해야 한다.

---

27) B. C. Rosen, "Socialization and Achievement Motivation in Brazil," *American Sociological Review* 27, 1962.

제4장
교차국가연구에 있어서 갈튼의 문제

마크 하워드 로스·엘리자베스 호머

갈튼의 문제(Galton's problem)는 집적통계자료(集積統計資料, aggregate data)를 사용하는 교차국가연구에 있어서 변인간의 상관관계를 어떻게 적절히 설명할 수 있는가와 관련되어 있다.[1] 예로서 경제발전과 정치안정이라는 두 현상 사이에 나타나는 상관관계는 정치체계 내부에서 이루어지는 기능적 연관(functional relationship)[2]에 의해 설명되어야 옳은가,

---

* Marc Howard Ross and Elizabeth Homer, "Galton's Problem in Cross-National Research," *World Politics* 28, 1976, pp.1-28(김지희 역). 본문 가운데 pp.10-14, 17-24는 편집상 생략하였음. [ ]는 이해를 돕기 위해 역자가 추가한 부분임.

1) 교차문화연구에 있어서 나타나는 갈튼의 문제에 관한 개략적 논의로서는 R. Naroll, "Galton's Problem," in R. Naroll & R. Cohen(eds.), *A Handbook of Method in Cultural Anthropology*, New York: Columbia University Press, 1973, pp.974-989; R. Naroll, G. L. Michik, and F. Naroll, "Hologeistic Theory Testing," in J. G. Jorgensen(ed.), *Comparative Studies by Harold E. Driver and Essays in his Honor*, New Haven, Conn.: HRAF Press, 1974, pp.121-148을 볼 것. 관련된 방법론적 문제들에 관한 보다 상세한 논의로서는 J. M. Schaefer(ed.), *Studies in Cultural Diffusion: Galton's Problem*, New Haven, Conn.: HRAF Press, 1974 참조.

2) 여기에서 "기능"이란 독립변인의 종속변인에 대한 실질적 영향력 행사를 의미

혹은 국가간의 상호작용으로부터 야기되는 확산(diffusion)이나 차용(bor-rowing)에 의해 설명되어야 하는가? 경제발전이나 정치조직과 같은 국가 내부적 특성들에 근거한 설명은 국가정치체계의 외부에서 발생하는 사건, 또는 외적 압력에 기초한 설명과 명백히 다른 것이다. 그런데 대부분의 교차국가연구는 두번째 유형의 설명, 즉 확산효과를 이용한 설명은 간과한 채 기능적 설명만을 시도하고 있다.

1. 갈튼의 문제 - 기본 논리

1989년 영국의 인류학자 타일러(E. Tylor)는 교차문화표본으로부터 도출한 자료를 사용하여 결혼법과 가계(家系) 유형 사이의 상관관계를 기능적 측면에서 분석한 논문을 발표하였다.[3] 프란시스 갈튼 경(Sir Francis Galton)은 이 논문을 비판하는 가운데, 타일러가 발견한 상관관계가 표본에 포함된 문화들 사이의 상호접촉으로부터 기인했을 가능성을 제시하면서, 분석사례(문화)들이 실제로는 완전히 상호독립적이지 못한 것들일 수 있다는 점을 지적하였다. 즉 그에 따르면 "몇몇 종족들은 연구대상이 되고 있는 성향을 공통적인 근원으로부터 얻었으며, 따라서 실제로 이들은 같은 원본의 복사본에 불과할 수도 있다"[4]는 것이었다. 분석표본의 상호독립성 여부는 두 가지의 문제를 야기한다. 첫번째는 표본의 상호독립성이 상실될 경우 분석결과가 편향될 수 있다는 점이며, 둘째는 독립

한다. 즉 독립변인이 배타적으로 종속변인의 변화를 생산(produce)해낼 때 양자 간에는 기능적 관계가 존재한다고 말한다 - 역주.

3) E. E. Tylor, "On a Method Investigating the Development of In-stitutions Applied to the Law of Marriage and Descent," *Journal of Royal Anthropological Institute* XVIII, 1989, pp.245-272. 이 글은 F. Moore(ed.), *Readings in Cross-Cultural Methodology*, New Haven, Conn.: HRAF Press, 1963, pp.1-25에 재수록되어 있음.

4) Tyler, op. cit., p.272.

사례들의 총수를 명확히 알 수 없기 때문에 통계분석에 지장을 받는다는 점이다. 이러한 갈튼 경의 비판에 영향을 받아 이후 50여 년 동안 정량적 교차문화연구는 거의 수행되지 않았으며,[5] 최근에 이르러서야 타일러가 수행했던 것과 같은 교차문화연구에 대한 관심이 다시 커지게 되었다. 그러나 이와 같은 연구를 수행하는 거의 대부분의 인류학자들은 갈튼의 문제에 과민반응을 보인 나머지 애당초 확산효과를 최소화하는 방식으로 분석표본을 추출함으로써 기능적 해석의 문제점을 해결하려 하였다.[6]

나롤은 분석단위간의 교차상관관계는 기능,[7] 순수차용(pure borrowing), 혹은 반확산(半擴散, semi-diffusion) 등으로부터 기인할 수 있다고 주장하였다.[8] 즉 오늘날에 이르러 분석단위, 특히 민족국가들 사이의 빈번한 상호작용으로 말미암아 어떤 사회 속에서 나타나는 두 속성이나 행태간의 상관관계가 단지 이러한 사회의 내적 과정, 혹은 "순수한" 기능만으로 설명될 수 있는 경우를 찾기란 거의 불가능하다는 것이다. 이에 따라 나롤은 교차문화연구에 있어서의 설명은 순수차용 혹은 반확산의 영향력을 반

---

5) 예외로서는 L. T. Hobhouse, G. C. Wheeler, and M. Ginsburg, *The Material Culture and Social Institutions of the Simpler Peoples*, London: Chapman and Hall, 1930을 들 수 있다.

6) 예로서 G. P. Murdock, *Social Structure*, New York: Macmillan, 1949; J. W. M. Whiting & I. L. Child, *Child Training and Personality*, New Haven, Conn: Yale University Press, 1953; K. Otterbein, *The Evolution of War: A Cross-Cultural Study*, New Haven, Conn: HRAF Press, 1970 등을 들 수 있다. 교차문화분석방법을 이용한 연구결과들에 대한 개관으로서는 R. Naroll, "What Have We Learned from Cross-Cultural Surveys?," *American Anthropologist* 72, 1970(Dec.), pp.1227-1288 참조.

7) 위의 각주 2)에서 지적한 "기능"의 의미를 다시 참조할 것. 특히 여기에서의 기능은 국가, 문화체계, 정치체계 등 어떤 분석단위 속에서 나타나는 현상이나 속성이 역시 그 분석단위의 내적 속성 가운데에서 선정된 독립변인에 의해 생성되는 역동적 과정을 지칭한다. 다시 말해서, 종속변인으로 상정된 어떤 국가내 현상의 변이(變異, variation)가 다른 나라의 현상을 단순히 모방했다든가 차용한 결과로서 비롯된 것이 아니라, 순수히 그 국가 나름의 요인들에 기인한 경우를 뜻한다―역주.

8) Naroll, op. cit., 1973, pp.974-975.

드시 고려해야 한다고 강조한다. 순수차용은 한 사회가 다른 사회의 속성이
나 행태를 접촉을 통해 받아들이되, 그러한 속성과 행태가 그것을 차용하는
사회의 어떠한 내적 속성과도 기능적으로 연계되어 있지 않을 경우에 발생한
다. 그러므로 분석단위간의 상호접촉과 확산의 수준이 높은 표본 속에서
는 강한 상관관계가 발견되나 확산효과를 제거한, 다시 말해서 아주 상이
한 분석단위들로 구성된 표본 속에는 상관관계가 거의 존재하지 않을 것
이다. 예를 들어, 나롤은 부계(父系) 토템 씨족은 여섯 구멍 피리를 불고,
막대기와 끈으로 만들어진 지게를 사용하며, 도기(陶器)를 만들고, 네모진
방아를 이용하며, 쌍둥이를 선호하는 등 다섯 가지의 특성을 지닌 부족들
가운데에서만 발견된다는 클리멕(Klimek)의 캘리포니아 연구로부터 얻은
자료를 근거로서 제시하고 있다.9) 그러나 세계적인 범주의 표본에서는 이
러한 씨족특성[즉 부계]과 부족 특성[위에서 나열한 다섯 가지 특성]간의
상관계수가 거의 0에 가깝게 나타난다. 이에 대해 나롤은 클리멕이 찾아
낸 상관관계는 연계확산(joint diffusion)의 효과로서만이 적절히 설명될
수 있다고 말한다. 직관적으로도 이 사례는 확산의 결과로서 나타났다고
보는 것이 적절하다. 왜냐하면 왜 씨족의 조직형태(즉 부계형)가 클리멕
이 관찰한 다섯 가지의 부족 특성과 체계적으로 연관되어야만 하는지를
달리 설명할 방법이 없기 때문이다. 그러나 이와는 반대로 정치불안정과
경제사회발전, 혹은 1인당 방위비와 1인당 GNP 사이의 관계처럼 기능적
으로 설명될 수 있는 공산이 크지만 또 한편으로 확산을 이용한 설명의
가능성을 선험적으로 배제할 수 없는 경우에는 문제가 더욱 심각해진다.
　반확산은 어떤 속성이 문화체계 사이의 접촉을 통하여 퍼져 나가는 경우에
발생하는데, 그 전제조건은 이러한 속성을 받아들이는 문화체계가 수용에 필
요한 적절하고도 필수적인 기능적 요건을 갖추고 있어야 한다는 점이다. 정

---

9) Naroll, "Some Thoughts on Comparative Method in Cultural An-
　thropology," in H. M. Blalock & A. B. Blalock(eds.), *Methodology in
　Social Research*, New York: McGraw-Hill, 1968, p.259; Naroll, op. cit.,
　1974, p.976.

치적인 예를 들자면, 일부 학자들은 고학력의 국민, 최소 수준의 부, 또는 특정한 정치적 전통과 같은 필수요건을 가진 국가들만이 민주주의를 성공적으로 받아들일 수 있다고 주장한다.[10] 만일 이처럼 차용을 위한 기능적인 기초가 존재한다면, 속성들, 혹은 행위들 사이의 상관관계는 구성단위들간에 지극히 미약한 상호작용만이 존재하는 표본 속에서도 나타나야 한다. 따라서 속성들 사이의 상관관계를 보다 완벽하게 설명하려면 기능적 관계와 확산효과를 모두 고려할 필요가 있다.

지금까지 나롤을 필두로 한 몇몇 학자들은 교차문화연구에 있어서 갈튼의 문제를 해결하기 위한 아홉 가지 이상의 방책을 고안해내었다.[11] 그런데 이러한 해결책들의 핵심은 표본에 포함된 분석단위들간의 직접차용이나 확산효과를 최소화하는 방식으로 연구사례를 선정하는 것이다. 예로서 지

---

10) 예로서 S. M. Lipset, "Some Social Requisites of Democracy: Economic Development and Political Legitimacy," *The American Political Science Review* 53, 1959(March), pp.69-105.

11) 앞서 차용한 나롤의 논저 이외에 아래의 문헌들을 참조할 것. R. Naroll, "Two Solutions to Galton's Problem," *Philosophy of Science* 28, 1961(Jan.), pp.16-39; R. Naroll, "A Fifth Solution to Galton's Problem," *American Anthropologist* 66, 1964, pp.863-867; Naroll & R. G. D'Andrade, "Two Further Solutions to Galton's Problem," *American Anthropologist* 65, 1963, pp.1053-1067; G. P. Murdock, "World Ethnographic Sample," *American Anthropologist* 59, 1957, pp.664-687; D. J. Strauss & M. Orans, "Galton's Problem: A Critical Appraisal," *Current Anthropology* 16, 1975, pp.573-594; D. K. Simonton, "Galton's Problem, Autocorrelation and Diffusion Coefficients," *Behavioral Science Research* 10, 1975, pp.239-248; R. Wirsing, "Measuring Diffusion: The Geary Method and the Dacey Method," in Schaefer, op. cit., pp.197-219; F. L. Pryor, "Toward a More Simple and General Solution to Galton's Problem: The Diffusion Possibility Method," *American Ethnologist*(출간 예정). 현재 갈튼의 문제에 대한 수많은 해결책이 신속하게 제시되고 있다. 그러나 학자들 사이의 의견 교환이 엄청나게 복잡하게 이루어져 왔기 때문에 이 가운데 어떤 것이 독창적인 방법이고 어떤 것이 기존의 방법을 단순히 복제한 것인지를 판별하기가 더욱 어려워지고 있으며, 따라서 몇가지의 방법이 존재하는지를 명확히 헤아릴 수는 없다.

리적 근접성은 국가간의 상호작용, 더 나아가 확산과 강한 상관관계를 갖는 것으로 여겨지기 때문에 [교차국가연구에 있어서는] 연구사례들을 지리적으로 멀리 떨어져 있는 지역으로부터 선택하게 된다. 이러한 "사례 선정"을 통한 해결책의 기본 논리는 기능과 확산을 병치시키지 않는다는 것이다. 즉 확산은 기능적 관계를 설명하기 위해 제거된다. 버뮬렌(C. Vermeulen)과 드 뤼터(A. de Ruijter)는 확산효과에 입각한 설명이나 역사적 설명은 독특성을 찾아내는 것인 데 반해 기능적 설명은 법칙성을 찾는 것이라 주장하면서,[12] 지금까지 대부분의 교차문화연구는 존재론적 이원론에 빠져 왔다고 비판하였다. 즉 "법칙적 질서를 벗어나는 예외적 현상은 언제든지 역사적 요인이나 확산의 영향으로부터 비롯된 교란의 소산이라고 설명될 수 있다"는 것이다.[13] 나롤은 이러한 버뮬렌과 드 뤼터의 비판에 대해, 그의 초기 저작들이 확산과 기능의 부정확한 병치로 말미암아 오류를 범했다는 점을 인정하면서, 이제 그는 갈튼의 문제를 "단순히 통계적 사례들의 수를 세는 문제로" 간주한다고 말하고 있다.[14]

우리는 갈튼의 문제를 약간 달리 해석하고 있으며, 기능과 확산의 영향력을 모두 고려하는 해결책을 제시하고자 한다. 대부분의 학자들은 확산의 문제가 "사례 선정"을 통해 해결될 수 있으리라 생각하는데, 그 이유는 확산현상이 기능적 설명, 혹은 "진정한" 설명을 방해한다고 간주하기 때문이다. 그러나 분석단위를 가로질러 나타나는 특정한 속성이나 행태의 확산은 "제거되어야 할" 문제가 아니다.[15] 확산은 기능적 관계와 마찬가지

---

12) C. J. J. Vermeulen & A. de Ruijter, "Dominant Epistemological Pre-suppositions in the Use of the Cross-Cultural Survey Method," *Current Anthropology* 16, 1975(March), p.34.

13) Ibid., p.35.

14) R. Naroll, "Reply to Vermeulen and de Ruijter," *Current Anthropology* 16, 1965(March), p.42.

15) H. E. Driver & R. P. Chaney, "Cross-Cultural Sampling and Galton's Problem," in Naroll & Cohen, op. cit., pp.990-1093; R. P. Chaney, "Comparative Analysis and Retroductive Reasoning or Conclusions in Search of a Premise," *American Anthropologist* 75, 1973(Oct.), pp.1359-

로 설명의 일반적 근거가 될 수 있다. 즉 셰보르스키(A. Przeworski)와 튜니(H. Teune)가 지적한 것처럼, 역사적인 특수성을 일반화된 변인으로 대치하려는 것이다.[16] 이러한 방식을 통해 체계내적 과정을 강조하는 기능적 설명과 체계간 상호작용에 역점을 두는 확산설명 등 두 가지 유형의 설명이 모두 같은 수준의 일반성을 확보하도록 만들 수 있다.

버뮬렌과 드 뤼터는 단순히 확산효과나 여타 독특한 역사적 과정의 존재를 규명함으로써 인간행위를 설명할 수 있는 것은 아니라는 점을 지적하고 있다.[17] 갈튼의 문제에 대한 한 가지 해결책은 확산의 효과를 제거하려고 시도하는 대신에 확산과 기능, 혹은 외적 변인과 내적 변인이 동일한 설명력을 갖도록[18] 분석과정에 새로운 변인들을 추가하는 방법이다.[19] 이 해결책은 또한 단순히 확산의 존재를 확인하는 것을 넘어서서 그 본질을 규명하는 데 역점을 둔다. 확산은 물론 국가들간의 접촉으로부터 기인하지만, 그러한 접촉은 여러 가지의 형태를 취할 수 있다. 즉 확산은 모방, 롤 모델링(role modeling), 준거집단행위, 상대적 박탈감, 지위불안감, 학습, 관측에 입각한 대안의 합리적 평가, 강압, 새로운 아이디어의 힘 등

1360 참조.

16) A. Przeworski & H. Teune, *The Logic of Comparative Social Inquiry*, New York: John Wiley, 1970.

17) Vermeulen & de Ruijter, op. cit., p.49.

18) H. E. Driver, "Geographical-Historical Versus Psycho-Functional Explanations of Kin Avoidances," *Current Anthropology* 7, 1966(April), pp.131-160.

19) 질레스피(J. Gillespie)는 비교정치연구에 있어서 갈튼의 문제를 해결하는 두 가지 유형의 해결책을 제시한 바 있다. 첫번째는 확산과 기능의 상대적인 영향력을 측정하기 위한 변인을 추가하는 방법이며, 두번째는 상호독립성을 가능한 한 크게 늘릴 수 있는 방식으로 사례를 선정하는 것이다. J. V. Gillespie, "Galton's Problem and Parameter Estimation in Comparative Political Analysis," Midwest Political Science Association 연례학술대회 발표논문(1973. 4. 29~5. 2), p.17. 엘더(C. D. Elder)는 이러한 두 해결책을 각각 "표본추출(sampling)" 방식과 "변인추가(additional variable)" 방식으로 부르자는 견해를 사적으로 전해왔다.

다양한 경로를 통해 이루어진다. 분석과정에 이처럼 다양한 확산경로를 표현해주는 변인을 추가한다면 단순한 확산의 존재 유무를 넘어서서 확산의 기초를 명백히 파악할 수 있을 것이다.[20]

2. 정치학 연구에 있어서 갈튼의 문제

인류학자들만이 갈튼의 문제에 관심을 갖는 것은 아니다.[21] 즉 이 문제는 정치학의 교차국가연구나 여타 교차단위연구에 있어서도 문제가 된다. 그런데 지금까지 교차국가연구를 수행하는 일부 정치학자들이 갈튼의 문제를 인지하고 있었지만, 그에 대한 경험적 해결책을 제시하지는 않았다.[22]

---

20) 엘더는 "확산"이라는 명칭하에 다양한 현상을 함부로 포괄함으로써 어떤 국가의 내부에서 나름대로 발생하는 과정을 호도할 수도 있다는 견해를 사적으로 전해왔다.

21) Naroll, op. cit., 1973, p.974; R. E. Hildreth & R. Naroll, "Galton's Problem in Cross-National Studies," 미출간 원고(1971).

22) 셰보르스키와 튜니는 나롤의 글을 인용하면서 갈튼의 문제가 비교정치연구에 있어서도 나타날 수 있다고 지적하였으나, 이에 대한 해결책을 제시하지는 않았다. Przeworski & Teune, op. cit., pp.51-53. 질레스피 역시 "거시적 국가연구에 있어서는, 정치체계 간의 역사적 상호작용으로 나타나는 변인들과 체계 내적 조건에 의해 생성되는 변인들을 구분해야만 한다"고 주장한 바 있다. J. V. Gillespie, "An Introduction to Macro-Cross-National Research," in J. Gillespie & A. B. Nesvold(eds.), *Macro-Quantitative Analysis: Conflict, Development, and Democratization*, Beverly Hills, CA: Sage, 1971, p.24 참조. 기타 A. D. Grimshaw, "Comparative Sociology: In What Ways Different from other Sociologies?" in M. Armer & A. D. Grimshaw(eds.), *Comparative Social Research: Methodological Problems and Strategies*, New York: Wiley, 1973, p.7; J. W. Elder, "Problems of Cross-Cultural Methodology: Instrumentation and Interviewing in India," op. cit.; Gillespie, op. cit., 1973; S. Rokkan, "Cross-Cultural, Cross-Societal and Cross-National Research," in S. Rokkan(ed.), *Main Trends of Research in the Social and Human Sciences*, Paris: Mouton/UNESCO, 1970, p.668; A. Lijphart, "The Comparable-Cases Strategy in Comparative Re-

또한 동일한 정치행태를 설명함에 있어서 기능적 설명과 확산설명의 상대
적인 효율성을 평가한 극히 소수의 교차국가연구들이 이와 관련된 문제들
을 구체적으로 제기한 바 있으나, 역시 문제해결을 위한 분석의 틀을 제시
하지는 못하였다.[23]

정치행태에 대한 내적 변인과 외적 변인의 상대적 영향력이 평가되어
온 영역 가운데 하나는 "쿠데타 전염(coup contagion) 가설"에 대한 연
구이다. 여기에서 쿠데타의 발생은 정치체계 내부로부터의 압력이나 확산
과 전염의 수준을 측정하는 국가외적 변인 등 두 가지 가운데 하나로서
설명된다. 예를 들어 푸트남(R. Putnam)은 일찍이 라틴 아메리카에 대
한 경험적 연구를 통해 쿠데타 확산모형이 뒷받침될 수 없다는 근거를 찾
아내었다. 즉 몇몇 외부 영향력이나 "남 따라하기"는 군부의 개입 정도와
아무런 관련이 없음을 밝혀낸 반면, 사회경제적인 내적 변인들은 군부의
정치개입과 긴밀히 연관되어 있음을 발견한 것이다.[24] 이와는 대조적으로,
역시 중남미의 경우를 분석한 밀다스키(M. Midlarsky)는 장기적으로 볼
때 최소한 특정 기간 동안에는 쿠데타가 확산되었다는 증거를 찾아내었

search," *Comparative Political Studies* 8, 1975(July), pp.171- 172; W. B.
Moul, "On Getting Something for Nothing: A Note on Causal Models of
Political Development," *Comparative Political Studies* 7, 1974(July), pp.
150-155 등을 참조할 것.

23) 교차국가연구의 전형적인 사례들로서는 Gillespie & Nesvold, op. cit.; R.
Rummel, "The Dimensionality of Nations Project," in R. Merritt & S.
Rokkan(eds.), *Comparing Nations: The Use of Quantitative Data in
Cross-National Research*, New Haven: Yale University Press, 1966; C.
L. Taylor, et al.(eds.), *The World Handbook of Political and Social
Indicators*, 2nd ed., New Haven: Yale University Press, 1972; D. G.
Morrison & H. M. Stevenson, "Integration and Instability: Patterns of
African Development," *American Political Science Review* 66, 1966
(Sep.), pp.902-927; R. W. Cobb & C. D. Elder, *International Community:
A Regional and Global Approach*, New York: Rinehart & Winston, 1970
등을 참조할 것.

24) R. D. Putnam, "Toward Explaining Military Intervention in Latin
American Politics," *World Politics* 20, 1967(Oct.), pp.83-110.

다.25) 더 나아가, 그는 지역내 어떤 국가에서 발생한 쿠데타의 다른 국가에 대한 영향력은 쿠데타가 일어난 국가가 과거 어느 정도의 정치적 안정을 향유하였는가에 따라 달라진다는 점도 알아내었다. 그러나 밀다스키는 아프리카의 경우 쿠데타가 확산되었다는 증거는 발견할 수 없었다. 한편 리(P. Li)와 톰슨(W. Thompson)은 몇 개의 수리모형을 사용하여 일부 지역에 있어서 쿠데타 전염가설을 뒷받침하는 증거를 추가로 발견하였다.26) 그런데 푸트남과는 달리, 리, 톰슨과 밀다스키는 기능적 설명과 확산설명을 명백하게 병치시키지 않았다. 푸트남의 연구는 확산의 수준을 단지 개개 국가의 국외(國外) 군사훈련 프로그램의 크기에 의해 측정하고 있는데, 이는 확산가설의 적절한 검증방법이 될 수 없다고 여겨진다.

특정한 정책의 채택은 정치학자들이 기능적 설명과 확산설명의 비교를 통해 분석하고 있는 또 하나의 종속변인이다. 예로서 콜리어(D. Collier)와 메씩(R. Messick)은 59개국으로 이루어진 표본을 사용하여 사회보장 프로그램의 채택을 어떻게 설명할 수 있는가를 비교해 보았다.27) 연구 결과, 사회보장 프로그램이 원래 선진산업국가들에 의해 채택된 것임에도 불구하고, 오히려 사회경제 발전수준이 낮은 국가들이 사회보장 프로그램을 채택하고 있다는 사실을 밝혀내었다. 이들은 또한 산업화와 도시화의 역할, 그리고 노동자들의 정치적 요구 성장을 강조하는 기능적 설명은 별로 설득력이 없다는 것을 발견하였는데, 그 이유는 어떤 국가가 사회복지 정책을 채택한 당시의 세 가지 발전지표(농업에 종사하는 노동인력의 비율, 산업노동인력의 비율, 국가소득의 수준)가 과도하게 넓은 범주의 변이를 나타내었기 때문이었다. 반면 확산에 입각한 설명은 사회복지 프로그

---

25) M. Mildarsky, "Mathematical Models of Instability and a Theory of Diffusion," *International Studies Quarterly* 16, 1970(Nov.), pp.60-84.
26) R. P. Y. Li & W. R. Thompson, "The 'Coup Contagion' Hypothesis," *Journal of Conflict Resolution* 19, 1975(March), pp.63-88.
27) D. Collier & R. E. Messick, "Prerequisites Versus Diffusion: Testing Alternative Explanations of Social Security Adoption," *American Political Science Review* 69, 1975(Dec.), pp.1299-1315.

램이 동일지역 내에서 단시간에 확산된 범위를 보여주는 지도(map) 분석
을 통해, 또 세계 각 지역과 다른 시간대에서 나타나는 확산의 근거에 대
한 분석을 통해 강하게 뒷받침되었다.

한편 워커(J. Walker)는 미국 각 주(州)의 자료를 사용하여 복지정책
프로그램의 혁신을 가져왔다고 여겨지는 확산효과를 추적해 보았다.[28] 그
가 상정한 종속변인은 88개의 각기 다른 프로그램을 채택한 날짜에 근거
하여 산출한 주별(州別) 점수이다. 그는 우선 이러한 변인들을 사용하여
인구통계학적 변인, 그리고 정치구조적 변인 둘 다 혁신수준과 밀접한 상
관관계를 갖는다는 것을 발견하였으나, 이러한 분석을 통해서는 실제로
혁신이 먼저 이루어진 주로부터 나중에 이루어진 주로 어떻게 확산되는지
를 알 수 없다고 말하고 있다. 워커는 또한 독창적인 혁신과 모방을 구분
하기 위해 자료를 고찰한 결과, 뚜렷이 드러나는 지역별 선구재즉 가장
먼저 독자적으로 정책혁신을 달성한 주들을 찾아낼 수 있었으며, 아울러
전국에 걸쳐 펼쳐진 지역적 군락(clusters) 속에서 각기 나타나는 혁신의
확산현상을 추적할 수 있었다. 그레이(V. Gray) 역시 유사한 자료들을
사용하여 12개의 서로 다른 정책영역에 있어서 주 사이의 상호작용에 기
초한 방정식이 정확히 들어맞는다는 것을 알아내었다. 게다가 그녀는 각
정책영역을 개별적으로 분석함으로써 사안의 범주를 가로질러 각기 다른
유형의 확산현상이 일어나고 있음을 발견하였다.[29] 마지막으로, 그레이도
워커와 마찬가지로 기능적 연계와 확산 둘 다에 근거한 설명의 중요성을
강조하였다. 즉 "상호작용[확산]은 중간 수준의 혁신을 달성한 주들 가운
데에서 왜 어떤 주는 앞서고 어떤 주는 뒤지는가를 설명하는 데에 보다

28) J. L. Walker, "The Diffusion of Innovations Among the American
    States," *American Political Science Review* 63, 1969(Sep.), pp.880-899.
29) V. Gray, "Innovations in the States: A Diffusion Study," *American
    Political Science Review* 67, 1973(Dec.), pp.1174-1185. 또한 J. L.
    Walker, "Comment: Problems in Research of Diffusion of Policy Inno-
    vations," op. cit., pp.1186-1191; V. Gray, "Rejoinder to 'Comment' by
    Jack L. Walker," op. cit., pp.1192-1193 등을 참조할 것.

적합"한 반면, 기능적 연계는 특히 가장 큰 혁신을 이룩한 주와 혁신이 거의 이루어지지 않은 주를 이해하는 데 적절하다는 것이다.[30]

이처럼 집적통계자료를 사용한 일부 연구들은 기능적 설명과 확산에 기초한 설명을 모두 시도하고 있음에도 불구하고, 나롤, 단드레이드(R. D'Andrade), 머독(G. Murdock) 등이 제시한 것과 같은 갈튼의 문제에 대한 일반적 해결책을 제공하지 못하고 있다. 즉 우선 밀다스키, 콜리어와 메씩, 워커, 그레이의 연구는 모두 통시적(longitudinal) 자료에 의존하고 있으며, 따라서 이들이 제시한 해결책은 여러가지 목적으로 교차사례적(cross-sectional) 자료를 사용하고 있는 수많은 학자들이 부딪히는 문제를 해결해주지 못한다. 둘째로, 앞서 살펴 본 연구들은 어떤 국가내에서의 쿠데타 발생 여부나 특정한 정책의 채택과 같이 어떤 시점에서 그 존재 유무를 쉽게 추적할 수 있는 종속변인[명목변인]을 사용하였기 때문에 비교적 쉽게 이루어졌다. 그러나 대부분의 교차국가자료는 연속변인[정량변인]이나 혹은 최소한 순위변인의 형태를 취하고 있다. 셋째로, 이와 같은 연구들 가운데에서 확산과 기능의 상대적인 효과를 일반적인 방법으로 평가하려 시도한 연구는 단 한 편도 없다. 이러한 측면에서 볼 때, 콜리어와 메씩이 비록 확산설명과 기능적 설명을 동시에 각각 개별적으로 수행하였지만 일반적인 해결책에 가장 근접한 방식을 제시하였다고 말할 수 있을 것이다.

3. 경험적 해결책

나롤과 그의 동료들이 제시한 방법은 교차국가연구에 있어서 갈튼의 문제에 대한 경험적 해결의 시발점이 된다. 그러나 우선 교차문화연구에서 사용되는 자료와 교차국가연구에서 사용되는 자료 사이에 나타나는 몇 가지의 차이점에 관해 언급할 필요가 있다. 첫째로, 인류학자들은 보통 지리

30) Gray, op. cit., p.1182.

적으로 멀리 떨어져 있는 문화권에 속한 소규모 집단들을 대상으로 연구를
수행하는데, 그 이유는 이들 사이에 상호접촉의 가능성이 없다고 가정하기
때문이다. 그러나 이러한 가정은 국가간의 상호작용이 더욱 확대되고 있는
오늘날의 국제체계 속에서는 타당하다고 볼 수 없다. 둘째로, 인류학의 거
의 모든 교차문화연구는 특정문화 속에서 어떤 속성의 존재 여부, 혹은 그
존재심도의 높고 낮음으로 부호화되는 이분법적 자료에 의존하고 있다. 따
라서 나롤이 고안한 해결책 중 몇가지는 대부분의 교차국가연구에서 통상
적으로 사용되는 연속자료들을 분석하는 데 적합하지 않다. 셋째로, 교차
문화연구를 통해 제시된 많은 해결책들이 문화체계들의 모집단 크기에 비
해 비교적 적은 수의 사례들로서만 구성된 표본들을 사용하고 있다. 이와
대조적으로, 국가의 총수는 상대적으로 적기 때문에 교차국가연구가 사용
하는 표본은 모집단의 크기와 견주어볼 때 상당히 크다고 말할 수 있다.

우리의 출발점은 교차국가연구의 설계는 확산과 기능 모두의 영향력을
판별할 수 있도록 짜여져야 한다는 것이다. 왜냐하면 이 양자는 각기 상
호 경쟁적, 혹은 부분적 설명만을 제공하기 때문이다.[31] 즉 이들은 어떤
한 가지 속성의 교차국가적 분포 양태나 둘 이상의 속성 사이에 나타나는
상관관계를 나름대로 적절히 설명해준다. 더 나아가, 대부분의 경우 양자
를 혼합한 설명이 보다 훌륭한 설명임을 알 수 있대이하 중략].

보다 구체적으로, 지금까지의 해결책들은 로프틴(C. Loftin)과 워드(S.
Ward)가 지적한 바와 같이 회귀분석(regression analysis)의 틀을 이용
하여 보다 일반적으로 이해될 수 있다.[32]

---

31) 갈튼의 문제가 해결되었다 해서 설명상의 장애가 모두 없어지는 것은 아니다.
   즉 "갈튼의 문제는 교차문화연구를 성공적으로 수행하기 위해 제거되어야 하는
   여러 가지의 가설적 문제점 가운데 하나일 뿐이다." C. Loftin, "Galton's
   Problem as Spatial Autocorrelation: Comments on Ember's Empirical
   Test," *Ethnology* 11, 1972(Oct.), p.432.
32) C. Loftin & S. K. Ward, "An Evaluation of Wirsing's Adjustment
   Procedure for the Effects of Galton's Problem," *Behavioral Science
   Research*(출간 예정).

(1) $Y_i = a + bX_i + E_i$

위의 회귀방정식에서, Y_i는 종속변인 Y의 i번째 관찰, X_i는 독립변인 X의 i번째 관찰, a와 b는 선형 회귀방정식의 기울기와 절편, 그리고 E_i는 i번째 오차항 혹은 독립변인을 제외한 여타의 모든 [외생]변인을 표현하는 것이다. 이러한 방정식 (1)에는 확산변인들이 명백하게 포함되어 있지 않지만, 로프틴과 워드가 보여준 것처럼 쉽사리 추가될 수 있다.[33] 즉 부분상관관계를 이용한 해결책은 아래와 같은 회귀식으로 표현될 수 있다.

(2) $Y_i = a + bX_i + cX_j + dY_j + E_i$

여기에서 X_j와 Y_j는 각기 X와 Y의 확산을 측정하는 변인들이다(예로서 같은 언어를 사용하면서 지리적으로 인접한 국가들에서의 X, Y의 값). 이처럼 회귀분석모형을 통해 갈튼의 문제를 살펴보는 것은 몇가지의 이점을 가진다. 첫째로, 변인들 사이의 관계에 대한 가정을 명백하게 진술할 수 있다. 둘째로, 단지 기능적 맥락에 한정하여 결과를 분석하기 위해 확산효과를 제거하려고 시도하는 대신, 특정 종속변인에 대한 확산변인과 기능변인의 상대적 영향력을 추적하기 위해 다중회귀분석(multiple regression)을 사용할 수 있다. 이러한 접근법에서는 확산설명이나 기능적 설명 가운데 어느 하나가 다른 것보다 더 낫다고 말할 수 없다. 즉 회귀분석모형을 사용한다면, ① 기능변인(X_i)은 종속변인(Y_i)과 유의미한 관계를 갖는 반면 확산변인(X_j, Y_j)은 그렇지 못한 경우, ② 확산변인(X_j, Y_j)은 종속변인과 유의미하게 연관되나 기능변인(X_i)은 그렇지 못한 경우, ③ 기능변인(X_i)과 확산변인(X_j, Y_j) 모두가 종속변인과 유의미한 관계를 갖고 있으며, 종속변인에 대한 각각의 상대적인 영향력을 평가할 수 있는 경우 등 세 가지의 다른 상황을 구분해낼 수 있다.

물론 회귀분석의 기본 가정들이 충족되지 않는다면 부분상관관계분석이나 다중회귀분석의 결과는 왜곡될 수 있다. 특히 오차항(E_i)이 독립변인들

---

33) Ibid.

가운데 어느 하나와 연관된다면[즉 자기상관현상(autocorrelation)이 발생하면] 회귀계수는 왜곡된다.[34] 이는 갈튼의 문제를 해결함에 있어서 결코 간과해서는 안 되는 문제인데, 그 이유는 모형에 포함되지 않은 어떤 외생변인이 오차항뿐만 아니라 독립변인들에도 역시 영향을 주는 경우(뿐만 아니라 E_i와 X_i의 확산에도 같은 방식으로 영향력을 주는 경우)가 발생할 수 있기 때문이다. 이 경우 문제를 해결할 수 있는 한 가지 방법은 분석모형에 이러한 외생변인들을 새로운 독립변인으로서 명백히 집어 넣는 것이다. 위의 방정식 (2)에 있어서 X_j, Y_j 두 변인들은 이와 같은 맥락에서 추가된 것이다. 어떤 경우이든 여러 개의 확산경로가 존재한다는 판단이 내려지면, 오차항들이 정규분포를 이룸으로써 독립변인들에 영향을 주지 않을 때까지 회귀식에 새로운 확산변인들을 독립변인으로서 계속 더해 나가야 한다[이하 중략].

4. 결론

갈튼의 문제를 풀기 위한 대부분의 해결책들은 독립-종속변인간의 관계를 추적함에 있어서 우선 확산의 효과를 제거한 후 나머지를 기능적 측면에서 설명하려 시도해 왔다. 갈튼의 문제에 대한 우리의 접근법은 좀 다르다. 즉 우리는 확산효과와 기능적 효과를 동시에 추적하여 이들의 상대적인 설명능력을 비교하고, 필요한 경우 양자 모두를 설명과정에 반영하는 방식의 해결책을 제시하였다.

앞으로도 창조적인 학자들이 확산효과를 측정하기 위한 새로운 방법들을 계속 제시할 것이 틀림없는데, 그러한 새로운 방법들 가운데 몇몇은 우리의 방법처럼 일반적인 효용성을 가질 수 있을 것이며, 또 다른 일부는 일정한 속성이나 행태의 확산을 설명하는 데 특히 적절한 방법이 될 수 있

---

34) Ibid.

을 것이다. 이와 아울러, 우리는 확산효과와 기능적 효과를 상대적으로 평가할 수 있는 새로운 기법이 나타나기를 기대한다.

인류학에서 최근에 개발된 한 방법은 연속자료의 분석에도 적용될 수 있을 것으로 여겨진다. 이 전략은 한 나라와 다른 한 나라만을 짝지어 확산효과를 측정한다기보다는 매트릭스를 사용하여 여러 방향으로 이루어지는 확산을 동시에 추적하려고 시도한다.35) 이 매트릭스 방법은 외교나 무역과 같은 상호작용 자료를 사용하였을 때 국제체계내에서 발생하는 확산의 유형을 우리가 사용한 척도보다 훨씬 더 정교하게 파악할 수 있도록 해준다. 궁극적으로 볼 때, 본질적으로 물질이 아닌 행태나 속성의 확산을 정확히 추적할 수 있는 좋은 척도를 개발하기란 쉬운 일이 아니라고 할 수 있다. 예를 들어, 2차대전 이후 먼저 아시아에서 발생하여 아프리카로 전파된 독립운동, 그리고 1960년대 후반 선진국-후진국 할 것 없이 모두 퍼져 나간 학생운동은 확산의 명백한 사례가 된다. 이러한 현상들은 국가내적 압력만으로는 잘 설명될 수 없다. 또한 지리적 인접성, 공통언어, 무역, 우편교환, 외교, 그리고 여타의 통상적으로 사용되는 확산척도들 역시 이 경우에는 그다지 좋은 지표가 아니라고 여겨진다. 즉 이러한 종류의 현상을 이해하기 위해서는 새로운 확산척도들이 추가로 개발되어야 한다.36)

여기에 사용된 나롤의 확산측정척도는 지리적 인접성을 유달리 강조하고 있다. 따라서 어떤 경우에는 상관관계가 실제로 그렇지 않은데도 마치 확산 때문에 나타난 것처럼 오도할 가능성이 있다. 이러한 오류는 연구변인들이 애당초 세계적으로 군집을 이루어 펼쳐져 있는 생태학적·환경적인 조건들과 체계적으로 연관되어 있을 때 발생할 확률이 높다. 예를 들어, 토양과 기후조건은 지역에 따라 무리를 이루고 있기 때문에, 농사기술처럼

---

35) Wirsing, op. cit.; Pryor, op. cit. 참조.
36) 우리의 기법은 주로 교차공간적(횡단적) 자료의 분석을 대상으로 한 것이다. 그러나 시계열자료를 확보할 수 있다면 밀다스키나 그레이가 사용한 것과 같은 기법들이 특히 확산이 어떻게 이루어지는지를 (설명이 아니라) 추적하는 데 유용할 것이다.

이들과 연관되어 있는 변인들 역시 무리를 지어 나타날 공산이 크다. 그러
므로 상관관계만을 놓고 볼 때, 군집은 확산의 필수조건이 될 수 없다.37)
   갈튼의 문제와 관련된 마지막 문제는 상호독립적이지 못한 사례들로
이루어진 표본을 분석하였을 때 얻은 통계적 결과를 믿을 수 있느냐는 것
이다. 즉 지리적으로 인접해 있고, 동시에 일부 연구변인에 있어서 유사한
값을 갖는 국가들을 독립사례로서 연구표본에 포함시킬 수 있는가? 교차
문화연구를 수행하는 인류학자들은 대개 이러한 질문에 부정적으로 답한
다.38) 그런데 교차국가연구에 종사하는 정치학자들은 표본 선정에 있어서
UN 가입 여부나 자료의 획득가능성과 같은 다른 기준을 사용한다. 만일
이러한 교차국가연구자들이 인류학자들의 판단을 받아들인다면, 먼저 표
본의 적절성에 관련된 문제를 해결하여야 할 것이다.39) 이 문제를 푸는
일반적인 방법이라고는 말할 수 없지만, 당분간은 연구변인들의 구체적인
내역에 따라 표본에 포함될 분석단위들을 선정하는 것이 적절한 방법이
될 것이라 여겨진다. 극단적인 입장을 취하는 학자들은 모든 교차국가(혹
은 여타의 교차단위연구)는 사례의 독립성 결여로 인해 제대로 수행될 수
없다고 주장한다.40) 물론 이러한 입장은 지나친 것이라고 말할 수 있겠으

---

37) Naroll, op. cit., 1961, pp.30-31; Vermuelen & de Ruijter, op. cit., p.34;
   Erikson, op. cit., 1974, pp.78-81; S. Witkowski, "Galton's Opportunity:
   The Hologeistic Study of Historical Process," in Schaefer, op. cit.,
   pp.84-112 참조.
38) 이러한 문제점을 해결하는 방식에 관해서는 Strauss & Orans, op. cit.;
   Simonton, op. cit. 참조.
39) 모든 인류학자들이 갈튼의 문제를 심각하게 받아들이는 것은 아니다. 예로서 버
   뮐렌과 뤼터(1975)가 인용한 예를 참조할 것. 엠버(M. Ember) 역시 표본에 포
   함된 일부 분석단위들이 상호작용을 한다 해도 무작위 표집을 통해 문제가 충분
   히 해결될 수 있다고 주장한다. M. Ember, "An Empirical Test of Galton's
   Problem," *Ethnology* 10, 1971(Jan.), pp.98-106. 로프틴과 에릭슨은 이러한
   엠버의 주장이 갖는 취약성을 지적하고 있다. Loftin & Ward, op. cit.; E. E.
   Erikson, "Galton's Worst: A Note on Ember's Reflection," in Schaefer,
   op. cit., pp.63-83 참조.
40) 몇몇 인류학자들에 따르면, 가장 중요한 문제는 교차문화연구에 상정된 분석단

나, 어쨌든 교차단위연구자들이 이에 관한 논의를 전개해주기를 희망한다. 나롤이 지적하였듯이, 오늘날에 이르러 과거 인류학자들이 직면한 것과 같은 문제들이 다른 사회과학의 교차단위연구에서도 나타나고 있다. 우리가 지금까지 갈튼의 문제를 논의한 목적은, 첫째 이 문제가 교차단위연구에 있어서 반드시 고려되어야 한다는 것을 강조하기 위해서였으며, 둘째로 확산과 기능의 상대적 중요성을 평가하는 비교적 단순한 경험적 방법을 제안하기 위해서였다.

위들의 본질과 이들간의 비교가능성이라는 것이다. "플라워의 문제(Flower's Problem)"로 알려지고 있는 이 문제는 여기에서 논의의 범주를 넘어선다. B. Frankel, "Reply Comment on Vermuelen and de Ruijter," *Current Anthropology* 16, 1975(March), p.39; J. A. Barnes, "Comment on Strauss and Orans," *Current Anthropology* 16, 1975(Dec.), p.585 참조.

제5장
거시사회연구에 있어서 비교사의 유용성*

테다 스카치폴·마가렛 소머즈

　비교사는 전혀 새로운 것이 아니다. 사람들이 사회생활을 연구하는 한 둘 이상의 각기 다른 시간이나 장소에서 발생한 역사적 사건들을 비교하는 데 계속적인 관심을 가져왔다. 한편, 사회변동을 연구하는 데 역사적 사건들의 추이를 추적하는 것이 유용한가라는 문제에는 의문도 제기되어왔다. 토크빌(A. de Tocqueville)과 베버(M. Weber)에서 블로흐(M. Bloch), 벤딕스(R. Bendix), 그리고 무어(B. Moore)에 이르기까지 비교사학자들은 사회 전체의 변동양상과 문화 및 사회구조의 획기적 변화를 이해하는 데 관심을 가져왔다. 그리고 그러한 변화를 이해하기 위해서는 역사적 사건의 추이에 대한 면밀한 주의가 필수불가결하게 요청된다. 그렇지만 사회변동에 대한 모든 연구가 반드시 특정한 역사적 사건들을 비교하는 방법으로만 이루어지는 것은 물론 아니다. 따라서 우리는 다음과 같은 질문을 던진다. 즉 하나의 역사적 사건의 추이에 초점을 맞추지 않고 그것을 다른 역사적 사건과 비교하는 이유는 무엇인가? 비교사라는 방

　* Theda Skocpol and Margaret Somers, "The Uses of Comparative History in Macrosocial Inquiry," *Comparative Studies in History and Society* 22, 1980, pp.174-197(임현진 역).

법을 통해서 의도하는 목적이 무엇이며 그것이 어떤 식으로 추구되는가?

현대 사회과학이 어느 영역에서는, 특정 방법을 실제적으로 적용하는 구체적 연구보다는 그 방법에 대한 방법론적 성찰에 더 큰 비중을 두어왔다. 그러나 비교사의 영역에서는 사정이 확연하게 달랐다. 때때로 비교사적 접근에서 제시된 변수들을 거시사회적 주제들(혁명, 종교, 정치발전, 경제적 근대화, 집합적 폭력의 유형, 제국의 흥망 등)에 적용시킨 연구들이 있기는 했지만, 비교사의 방법론적 측면들을 체계적으로 탐구하려는 노력은 아주 미약했다.[1] 더구나 세웰(Sewell)과 레이프하트(Lijphart), 그리고 스멜서(Smelser)의 논의에서는 비교사의 특정적인 몇몇 유형들이 단일한 방법론적 논리 속으로 환원되는 오류가 빚어지기도 했다.[2] 그들이 제시했던 방법론적 논리는 중요한 측면에서 다변량 분석을 통한 가설검증 양식과 유사한 것으로 보이며 그것은 곧 통계 및 실험적 연구가 유행되는 사회과학 영역에서의 방법론적 논리와 일치하는 것 같다.[3]

---

1) 사회학에서 비교방법에 대한 이제까지의 글들은 거시사회학적 이론에 초점을 두려고 하거나 혹은 문화간 비교와 현지연구에 필요한 개념화나 측정의 문제를 강조하려고 했다. 전자의 경향을 대표하는 글은 R. M. Marsh, *Comparative Sociology: A Codification of Cross-Sectional Analysis*, New York: Harcourt, Brace and World, 1967이며, 후자의 경향을 대표하는 글은 D. P. Warwick & S. Osherson(eds.), *Comparative Research Methods*, Englewood Cliffs, N.J.: Prentice-Hall, 1973이다.

2) W. H. Sewell, Jr., "Marc Bloch and the Logic of Comparative History," *History and Theory* 6 : 2, 1967, pp.208-218; A. Liphart, "Comparative Politics and the Comparative Method," *American Political Science Review* 65 : 3, 1971, pp.682-693; N. J. Smelser, *Comparative Methods in the Social Sciences*, Englewood Cliffs, N.J.: Prentice-Hall, 1976.

3) 막스 베버(스멜서에 의해 포괄적으로 연구됨)와 마르크 블로흐(그의 방법론적 견해가 시웰 논문의 기반이 됨)가 비교사는 가설검증을 위해서뿐만 아니라, 다른 사회와 문화를 비교하기 위해서, 그리고 각각의 특징을 밝히기 위해 사용될 수 있다는 사실을 깨닫고 있었음에도 불구하고 시웰과 레이프하트, 스멜서는 비교사를 다변량분석으로 환원시키려 한다. 막스 베버는 맥락의 대조(뒤에 자세히 논의됨)라는 비교사적 논리를 추구하는 고전사회학자들 중에서 가장 중요한 위치를 차지한다. 비교사에 대한 블로흐의 견해를 알기 위해서는 그의 논문 "A Con-

그러나 이런 동일화의 시도에도 불구하고, 사실 비교사에서 사용되는 논리에는 적어도 세 가지가 있는데, 하나는 실제로 다변량 가설검증양식과 유사한 거시인과분석(macro-causal analysis)이고, 그 외에 두 가지의 다른 논리가 있다. 그것은 이론의 유사증명(parallel demonstration of theory)과 맥락의 대조(contrast of contexts)이다. 물론 각각의 논리에서 역사적 사건들을 비교하면 추구하는 목적은 서로 다르다. 즉 곧 각기 특정한 목적을 지닌다. 동시에 각각의 비교사 논리는 역사적 사건을 연구대상으로 선정하는 관점과 논의의 전개방식이 서로 상이하며, 아마 가장 중요한 것이겠지만, 거시 사회연구를 위한 과학적 도구가 될 수 있느냐는 점에서 각각은 모두 나름대로의 장점과 한계를 지닌다.

세 가지 주요 논리들이 개별적으로 충분히 통합되어 있기 때문에 비교사를 사용한 전형적인 연구들이 주로 어떠한 논리 위에서 진행되었는가를 밝히는 것은 그리 어렵지 않다.[4] 이제부터 우리는 어느 한 가지 논리에 주로 의존한 비교사적 연구들을 보기로 제시하면서 비교사에 쓰이는 세 가지 논리의 특성을 고찰할 것이다. 각각의 주요 방법론적 논리가 서로 다른 이론적 시각 및 주제와도 양립할 수 있다는 것을 강조하기 위해 우리는 몇 가지 보기를 제시할 것이다. 하지만 여기서 보기로 사용할 연구들에 대해 방법론적으로 완전히 해부할 뜻은 없음을 명백히 밝히고자 한다. 예를 들면 여기서는 역사적 사실과 개념 및 이론의 관계에 대한 중요한 논제들이 필요한 만큼만 언급될 것이다. 분명히 말하지만, 이 논문에서의 우리의 목적은 거시 사회연구에서 역사적 추이들을 고찰하는 데 사용된 비교방법을 검토하는 것이며, 더 나아가서 연구설계와 논의전개에서 비교방

---

tribution towards a Comparative History of European Societies," in J. E. Anderson(trans.), *Land and Work in Medieval Europe: Selected Papers by Marc Bloch*, New York: Harper & Row, 1967, pp.44-81을 참조.

4) 확실히 비교사의 논리들은 학문적 연구에서 때때로 결합되는 수도 있다. 이 논문의 뒷부분에서 우리는 앤더슨과 틸리의 유명한 저서들이 비교사의 주요논리들을 결합시키고 있음을 보여줄 것이다.

법이 어떻게 사용되었는가를 분석하는 것이다.

1. 이론의 유사증명으로서의 비교사

특정가설이나 이론이 일련의 역사적 추이들에 적용될 때 반복적으로 그 효율성을 증명할 수 있음을 보여주기 위해 이론의 유사증명이라는 논리로 역사적 사건들을 비교한다. 연구주제와 이론적 시각에 상당한 차이가 있음에도 불구하고, 아이젠스타트(Eisenstadt)의 『제국의 정치체계』와 페이지(Paige)의 『농민혁명』은 이 논리에 입각한 비교사를 사용한다.[5] 무엇보다도 이 책들은 다음과 같은 이론적 논제들(전자는 중앙집권화된 관료적 제국의 출현, 발전, 쇠퇴에 대한 구조기능주의 이론이며 후자는 농촌의 계급관계 및 경작계급과 비경작계급의 잠재적 정치행동에 대한 경제결정론)의 타당성을 증명하려고 한다. 이들 이론을 전개하는 방식은, 엄밀히 말해서 비교사에 포함될 성질의 것이 아니다. 아이젠스타트는 구조기능주의를 전제하면서 개념을 정립하고 이론으로부터의 연역에 주로 의존하면서 논리를 전개했으며, 페이지는 『농민혁명』의 첫 1/3을, 농촌 계급갈등의 네 가지 유형을 정립하면서, 그 유형이 70개의 저개발국 135개 농업수출지역에 관한 교차영역자료(cross-sectional data)에 적용될 때 통계적으로 의미가 있음 보여주는 데 할당했다. 그럼에도 불구하고 양자는 그들의 이론을 증명하는 보조양식으로서 비교사를 사용한다. 이론이 타당하다면 이론에 포섭되어야 하는 역사적 사건들에 이론적 논제들이 적용된다는 것을 보여주기 위해 역사적 사건들이 병치되어 비교된다. 역사적 사건들은 모든 가능성을 포괄하기 위해, 혹은 한 부분을 대표하기 위해 채택된다. 여

5) S. N. Eisenstadt, *The Political Systems of Empires: The Rise and Fall of Historical Societies*, New York: Free Press, 1963; J. M. Paige, *Agrarian Revolution: Social Movements and Export Agriculture in the Underdeveloped World*, New York: Free Press, 1975.

기에서 비교의 요점은 사례간에 존재하는 유사성을 강조하는 것이다. 이론의 유사증명에서 강조하는 유사성은, 곧 아이젠스타트나 페이지 모두 주장하듯이, 이론적 논의의 전부분이 공통적으로 적용되는 것을 의미한다.

페이지는 『농민혁명』의 뒤쪽 1/3을 제3세계 세 나라(페루, 앙골라, 베트남)의 농촌계급관계와 정치역학을 깊이있게 분석하는 데에 할애했다. 라틴아메리카, 아프리카, 아시아의 개별사례들을 탐구하는 과정에서 페이지의 이론은 광범위하게 적용된다. 그보다 더 흥미로운 것은 이 세 나라가 농촌계급갈등 모델의 주요 요소들을 구체적으로 보여주고 있다는 사실이다. 즉 페루는 상업적 대농장경영(commercial haciendas)에서 빚어지는 농민반란과, 플랜테이션에서 발생하는 개혁적 노동운동(reform labor movements)의 보기가 되고 앙골라는 민족주의적 혁명운동과 이주노동을 토대로 한 농장(migrative labor estate)의 관계를 극명하게 보여주며, 베트남은 사회주의혁명이 소작농적 농업체계에서 비롯된다는 페이지의 주장을 충족시킨다. 위와 같은 점을 고려해볼 때 페이지가 채택한 역사적 사례들은 그의 이론적 적용가능성을 계속적으로 확인시켜주면서 사회정치적 갈등의 형태로 설명한 그의 이론을 더욱 더 풍부하게 한다.

아이젠스타트는 『제국의 정치체계』에서 아주 다양한 역사적 사례들을 취급한다. 이집트, 바빌론, 잉카, 아즈텍 등 고대왕국과 중국제국, 페르시아제국, 로마와 헬레니즘제국, 비잔틴제국, 몇몇 힌두 국가, 아랍 칼리프의 영지, 아랍 모슬렘국가들과 오토만제국, 여러 유럽 국가 및 해양제국 등이 그것이다. 그는 다음과 같이 수사학적으로 자문자답한다. "역사적으로나 지리적으로 서로 상이한 사례들을 한 가지로 묶어 논의할 수 있는가? 그리고 그러한 사례들이 한 가지 유형으로 구성되거나 속한다고 주장할 수 있을까? 나의 이 작업이 어느 정도까지는 그런 주장을 뒷받침할 수 있어야 할 것이다."6) 『제국의 정치체계』에서 아이젠스타트는 이론적 논의를 체계화시키는 작업과 중앙집권화된 관료제적 제국에 속하는 역사적인 사

---

6) Eisenstadt, op. cit., p.12.

례에 대해 자신의 이론을 적용하는 작업을 병행시킨다.[7] 이 점은 개별사례들을 고찰하기 이전에 이론적 가설과 모델부터 먼저 정교하게 만드는 것으로 이론의 유사증명에 내재한 주요 특징이라 할 수 있다. 그러나 페이지가 개별사례를 논의하기 전에 이론화작업을 먼저 수행한 것에 반하여 아이젠스타트는 그의 이론을 단계적으로 발전시키면서, 이론적 측면과 연관되는 부분부분에 역사적 사례들을 채워넣는 방식을 채택했다는 사실에서 차이점이 있다. 그러므로 『정치체계』의 역사적 사례들이 이론적 접근의 포괄성과 지속적인 적용가능성에서 『농민혁명』의 역사적 사례들보다 훨씬 더 명백한 역할을 수행하고 있는 셈이 된다.[8]

2. 맥락의 대조로서의 비교사

맥락의 대조라는 비교사의 또 하나의 중요한 논리는 이론의 유사증명과는 다른 목적을 추구한다. 이론의 유사증명은 먼저, 한 이론이 어떤 사례에도 잘 적용된다는 것을 강조하면서 사례의 차이점은 과정의 일반성을 강조하는 이론에 아무런 도움도 주지 않기 때문에 단지 맥락적 특수성으로 치부한다. 그러나 『이슬람 연구』의 기어츠(C. Geertz), 『정복과 교역』의 랑

---

7) 비록 이론의 유사증명이 아이젠스타트의 『정치체계』에서 사용되는 주요논리라 할지라도, 그는 통제된 비교와 유사한 방법을 사용함으로써 인과분석을 약간씩 시도한다. 특히 그가 실패한 사례와 성공한 사례를 대조하면서 몇몇 사회들이 관료제적 제국이 되기 위한 필요조건을 가지고 있었다는 것을 논의할 때, 그는 거시인과분석을 사용한다(1963: 106-107).

8) 페이지는 아이젠스타트가 부분적인 서술양식을 사용하는 것과 달리 세밀하고 통합적인 서술양식을 따르기 때문에 페이지 이론에 대한 비판자들이 그의 이론을 반박하기 위해 역사적 사례들을 사용하는 것이 상대적으로 (아이젠스타트 이론에 대한 비판자들의 경우와 달리) 쉽다. 예를 들면 M. R. Somers & W. L. Goldfrank, "The Limits of Agronomic Determinism: A Critique of Paige's Agrarian Revolution," *Comparative Studies in Society and History* 21 : 3, pp.443-458 참조.

(P. Lang), 그리고 『민족형성과 시민권』, 『왕 혹은 인민』의 벤딕스(R. Bendix)는 각 사례에 내재하는 맥락적 특수성을 발견하여, 그 특수성이 일반적인 것으로 추측되는 사회과정에 어떤 영향을 끼치는가를 보여주려고 비교사의 방법을 사용한다.9) 여기서는 무엇보다도 개별사례들간의 대조가 중요시된다. 거의 대부분의 경우 그 대조는 광범위한 주제나 주요 질문들 및 이념형적 개념들에 힘입어서 진행된다. 주제나 질문들은 사례들간의 차이점을 끄집어내는 틀로 작용하기도 한다. 각 사례의 특수성을 밝히는 틀을 정교하게 만들기 위해 이념형들이 사용될 수도 있다. 주제나 질문들 및 이념형들이 처음부터 명백히 밝혀질 수도 있고 (역사적) 논의가 진행되면서 나타날 수도 있다. 명백한 이론화가 이론의 유사증명의 특성인 데 반해, 맥락의 대조에서 중요한 문제가 되는 것은 각각의 사례들이 지닌 역사적 특수성이다. 물론 이 특수성은 각각의 사례 내부에 통합되어 있다. 맥락의 대조에서는 특정한 국가나 제국, 문명 혹은 종교는 상대적으로 서로에게 환원될 수 없는 특수한 사회사적 구성체를 형성하고 있다는 것이 전제된다.

맥락의 대조라는 비교사적 방법을 명쾌하게 보여주는 것은 두 개의 사례를 직접 대조한 책이다. 기어츠의 훌륭한 저서 『이슬람 연구』는 부제가 말해주듯이 모로코와 인도네시아의 종교발전에 대한 것이다.10) 근대화가 진행중인 나라에서 전통적 신념, 이미지, 제도 등이 특정한 상황 속의 어느 부류의 사람들로부터 배제될 때 그 나라에서 일어나는 현상에 대해 기어츠는 깊은 관심을 기울인다.11) 기존의 일반적인 설명으로는 그 전모를 밝혀낼 수 없다고 결론지은 기어츠는 특별한 사례를 검토하는 과정에서 (예기치 않게) 일반적 진실을 발견할지도 모른다는 희망을 가지고서 비교사적 방법(그의 경우 인류학적인)을 사용한다.12) 「두 나라, 두 문화」라는

---

9) 앞으로 위의 저서들이 논의되거나 인용될 때 자세한 내용이 언급될 것이다.

10) C. Geertz, *Islam Observed: Religious Development in Morocco and Indonesia*, Chicago: University of Chicago Press, 1971.

11) Ibid., p.3.

12) Ibid., p.4.

제목의 제1장에서 그는 인도네시아와 모로코를 비교하는 것이 유익한 이유를 다음과 같이 밝히고 있다.

　　그들의 가장 명백한 유사점은 종교적인 측면에 있다. 그러나 또한 적어도 문화적으로 말해서 그것은 그들의 가장 명백한 차이점이기도 하다. 그들은 정통 이슬람문명의 동서 양극단에 위치하고 있고 자못 다른 방식과 정도로 이슬람 문명사에 가담했으며 그 결과 상이한 결과를 초래했다. 그들은 모두 메카를 향하고 있으나, 정반대의 방향으로 절을 하고 있는 셈이다.[13]

따라서 이처럼 기어츠에게 인도네시아와 모로코는 단적으로 비교하기 좋은 대상이 된다. 왜냐하면 이슬람세계내에서 그들이 보여주는 극단적 차이점을 통해 인도네시아와 모로코는 서로의 특징에 대한 일종의 주해서가 될 수 있기 때문이다.[14] 기어츠의 사례선택에서 나타나듯이 맥락의 대조를 사용하는 역사가들은 주로 같은 기반을 공유하면서도 극단적으로 상이한 사례들을 비교대상으로 선정하고자 한다. 이론의 유사증명이 많은 수의 사례들을 비교하는 반면, 맥락의 대조에서는 두 가지 사례를 비교한다. 그리고 두 가지 사례의 명확한 차이점을 밝히려고 노력한다.

『정복과 교역』의 랑은 역사적 사례들간의 비교를 정의하는 점에서나 두 사례간의 체계적인 대조를 통해서 각 사례의 특수성을 밝히는 점에서 기어츠만큼 명확한 입장을 제시하지 않는다.[15] 오히려 랑은 각기 민족적 배경이 다른 유럽인들에 의해 신세계에 세워진 사회들을 탐구하는 데 흥미를 가지고 있다. 식민제국의 형성으로부터 아메리카인의 독립운동에 의한 쇠퇴에 이르기까지 중요한 차이점을 가진 요소들을 이해하기 위해 랑은 아메리카에서의 스페인과 영국의 역사를 비교한다(선택된 사례가 영국과 프랑스, 혹은 프랑스와 스페인이 아니라, 스페인과 영국인 점에 주의할

---

13) Ibid.
14) Ibid.
15) J. Lang, *Conquest and Commerce: Spain and England in the America*, New York: Academic Press, 1975.

필요가 있다. 왜냐하면 이 두 나라가 관료주의적 아메리카와 스페인적 아메리카에 대해 일련의 공통된 질문을 던지기 때문이다). 사실 일반화시킬 가능성이 있는 인과가설에 관심을 가진 사람들에게 랑의 질문들은 시사하는 바가 크다. 그러나 랑 자신은 그런 가능성을 추구하지 않는다. 그에게는 두 가지 식민지적 상황을 규명해주는 해답을 얻기 위해 그런 질문을 던지는 것으로도 충분하다.16)

맥락의 대조라는 비교사적 방법의 논리적 근거를 찾으려면, 벤딕스를 고찰하는 것이 가장 좋다. 벤딕스만큼 이 방법의 논리를 탐구하고 사례분석에 적용시키려고 한 사람은 없다. 벤딕스는 『왕 혹은 민중』을 소개하는 논문에서 다음과 같이 말한다.

> 비교분석을 통해 다른 나라들을 계속 비교하는 동안 나는 가질 수 있는 한, 역사적 특수성에 대한 감각을 갖고 싶다. 광범위한 일반화를 추구하여 역사적 특수성에 대한 감각을 잃어버리는 대신, 오히려 나는 다른 대상에 대해 똑같은 (적어도 유사한) 질문을 하면서 다양한 대답이 나오기 위한 여지를 남겨둔다. 나는 권위구조의 다양성을 잘 알고 싶고 다른 나라의 문명적 성취에서 다가오는 도전에 대한 각 사회의 다양한 대응방식을 밝혀내고 싶다.17)

『국가형성과 시민권』의 발문에서도 벤딕스는 다양성을 더욱 더 명쾌하게 드러내고자 하는 그의 희망을 강조한다.

> 비교사회학적 연구는 … 한 구조를 다른 구조와 대조시킴으로써 그것을 더욱 더 잘 드러나 보이게 한다. 이처럼 유럽의 봉건제는 일본의 봉건제와 비교할 때 보다 잘 정의할 수 있고, 서구문명에서 교회의 중요성은 비교가능한 성직 조직이 발달하지 못한 문명과 대조할 때 더욱 명확하게 인식할 수 있다.18)

---

16) Ibid., 겉표지.

17) R. Bendix, "The Mandate to Rule: An Introduction," *Social Forces* 55 : 2, p.247.

18) R. Bendix, *Nation-Building and Citizenship*, Berkeley and Los Angeles: University of California Press, 1964, pp.16-17.

『국가형성과 시민권』, 『왕 혹은 민중』 등 권위의 사회적 양태에 대한 벤딕스의 비교연구는 그가 주창하는 맥락대조의 방법을 따른다.[19] 각각에서 일반적인 이슈와 주제는 처음부터 제시된다. 위에 인용된 벤딕스의 말은 맑스주의자 혹은 자본주의 세계체계론자들에게조차 잘 정립된 정치발전론(토크빌, 힌쯔, 베버로부터 종합된)으로 인정받고 있지만 벤딕스는 자신의 논의가 설명적 성격을 띠는 것을 원치 않는다. 오히려 그는 자신의 논의가 역사적 사례에 대한 서술이나 사례들간의 비교를 위한 사회학적 보편론이나 중범위이념형에 입각해 있기를 바란다. 그런 틀을 기반으로 한 비교를 통해서 각 사례의 특정한 모습이 밝혀지는 것이다. 『국가형성과 시민권』에서는 서유럽의 정치적 근대화의 몇 가지 유형들이 러시아, 일본, 인도의 유사한 변화들과 대조된다. 그리고 『왕 혹은 민중』에서는, 비록 이 나라들 모두 정치적 정당성의 형태가 획기적으로 바뀌었다고 할지라도 '민중의 이름을 내건 권위 역시 왕의 권위와 마찬가지로 실제 행사에서 변질되었다'는 사실을 밝히기 위해서 영국, 프랑스, 독일, 프러시아, 러시아, 일본의 사례들이 서로 깊이있게 비교되면서 논의된다.[20]

벤딕스는 맥락대조 방법의 유용성과 한계를 다음과 같이 설득력있게 요약한다.

　　비교분석을 통해 우리는 더욱 세밀한 인과적 추론을 끄집어낼 수 있게끔 맥락에 대한 이해를 강화시켜야 한다. 맥락에 대한 지식이 없다면 인과적 추론은 제대로 된 일반성의 수준으로 나아가지 못할 것이다. 그러나 그렇다고 해서 비교연구가 인과분석을 대신하려 해서는 안된다. 왜냐하면 비교연구는 단지 몇 가지 사례만을 취급하기 때문이며, 또한 변수들을 쉽게 분리할 수 없기 때문이다(인과분석이 수행해야 하는 것처럼).[21]

---

19) Ibid.; R. Bendix, *Kings or People: Power and Mandate to Rule*, Berkeley and Los Angeles: University of California Press, 1978.
20) R. Bendix, op. cit., p.5.
21) Ibid., p.15.

요약하자면 맥락대조의 방법을 쓰는 비교학자들은 일반화된 이론들에 대해서 역사적인 한계를 부여하려고 노력한다. 그러나 그들은 비교역사분석을 통해 새로운 설명적 일반론을 정립하려 하지는 않는다.

3. 거시인과분석으로서의 비교사

벤딕스의 혹평에도 불구하고, 사실 세번째 그룹의 학자들은 주로 거시수준의 구조와 과정을 인과적으로 추론하기 위해 비교사를 사용한다. 여기에는 『독재와 민주주의의 사회적 기원』의 무어(B. Moore, Jr.), 『국가와 사회혁명』의 테다 스카치폴(T. Skocpol), 『일본, 중국 그리고 세계경제』의 몰더(F. V. Moulder), 「산업화 이전 유럽에서의 농촌계급구조와 경제발전」의 브레너(R. Brenner), 그리고 「중국인의 외국상품 소비」의 해밀턴(G. Hamilton) 등이 포함된다.[22]

현재 거시인과분석의 비교사적 방법을 주도하는 무어는 『사회적 기원』의 서문에서 이 방법의 논리적 근거를 제시한다.

> 한 특정국가의 역사를 이해하려고 할 때 비교학적 관점은 매우 유용하며, 때때로 우리는 그 관점을 통해 새로운 질문을 제기할 수 있다. …비교는 역사에 대한 당연시된 설명론에 회의가 깃든 의문을 던지는 역할을 수행한다. 한편, 비교론적 관점은 역사에 대한 새로운 일반론으로까지 나아갈 수 있다. 오늘날 비교론은 하나의 지적 과정이 되었으며, 비교론에 입각한 연구는 흔히 있는 사례들의 단순한 집합 이상의 것이 된다. 예를 들면 혁명 전의 중국의 농민들처럼 인도의 농민들이 물질적으로 고통을 겪었다는 것을 깨닫게 되면, 우리는 두 사회에 적용되는 전통적인 설명에 회의를 느끼게 될 것이다. 그 결과 우리는 일반적인 이유를 분별해낼 수 있다는 희망에서 다른 나라에서 발생한 농민폭동에 주의를 기울일 것이다. 혹은 19세기와 20세기 초반의 독일에서 민주주의의 몰락을 초래한, 농민과 산업엘리트의 연합(호밀과 철의 결혼)을 이해하고 나면, 왜 미국에서 철

---

22) 앞으로 위의 저서들이 논의되거나 인용될 때 자세한 내용이 언급될 것이다.

과 면화의 결혼이 독립전쟁을 사전에 막지 못했는가에 대해 의문이 들 것이다. 이런 식의 비교를 통해 우리는 서구민주주의의 형성에 긍정적이었거나 부정적이었던 요인들을 구체화시키는 데 한 걸음 앞으로 나아갈 수 있는 것이다.[23]

『사회적 기원』의 서문에서 무어는 벤딕스와 마찬가지로 일반화된 이론에의 추종을 경계하는 뜻을 피력한다. "이론에 너무 집착하는 것은 개별국가의 역사에서 중요한 사실보다 이론에 적합한 사실을 더 강조하는 오류를 범하기 쉽다."[24] "비교분석을 수행한다고 해서 특정 사례들을 면밀히 검토하지 않는 것은 아니다."[25] 그러나 기존의 이론적 가설의 타당성을 검증하는 한편 새로우면서도 타당성 있는 인과적 일반화를 도출하기 위해 역사적 비교를 사용한다는 점에서 무어는 벤딕스보다 훨씬 더 적극적이다. 맥락의 대조에서는 특정한 주제에 따라 전체 역사를 대조하는 데 반해, 거시인과분석에서는 설명가설과 그와 관련된 역사적 부분 또는 측면들에 대한 비교를 번갈아가며 사용한다. 무어가 말했듯이, 거시인과분석에서는 설명하려는 결과에 긍정적이거나 혹은 부정적인 요인들을 밝히려고 노력한다.

거시인과분석에서 사용되는 논리는 통계적 분석의 논리(많은 사례에 관한 양적인 자료가 이용가능할 경우, 인과적 추론을 위해 사례집단을 통제한다는 점에서)와 유사하다. 사실 거시인과분석은 거시현상에 대한 인과적 진술의 타당성을 높이기 위한 일종의 다변량분석이라 할 수 있다. 거시인과분석은 사례수는 많지 않으나, 많은 변수들이 개재하는 경우 주로 사용된다. 거시인과분석자들은 통제된 비교(controlled comparison)를 수행하기 위하여 특정한 역사적 사례를 추출한다. 물론 통제된 비교는 특별히 설명해야 할 문제 및 하나 혹은 그 이상의 가설과의 연관성하에서 진행된다.

논리적으로 말하면, 거시인과분석자들은 다음과 같은 두 가지 기본적 분

---

23) B. Moore, Jr., *Social Origins of Dictatorship and Democracy: Lord and Peasant in the Making of the Modern World*, Boston: Beacon Press, 1966, pp.xiii-xiv.

24) Ibid., p.xiii.

25) Ibid., p.xiv.

석방법 중 한 가지를 따른다. 첫째, 밀(J. S. Mill)에 의해 제시된 일치법
(method of agreement)이다.26) 이 방법은 공통된 형상을 띠는 사례들이
모두 공통된 원인적 요소를 가지고 있음을 전제한다. 둘째, 역시 밀이 제시
한 차이법(method of difference)이다.27) 이 방법은 현상을 초래하는 원
인을 여러 갈래로 가정한 연후에 서로 다른 현상을 낳은 중요한 원인들을
대조하는 것이다. 이 둘을 따로 떼어 생각하면, 타당성 있는 인과적 추론을
하기 위해서는 차이법을 사용하는 것이 더 도움이 된다. 그러나 때때로 서
로 다른 사례들을 대조하면서 유사한 사례들을 검토하는 경우와 같이 차이
법과 일치법을 결합시키는 것도 가능하다.

<그림 1> 거시인과분석의 두 가지 비교방법(J. S. Mill)

일치법			차이법	
사례 1	사례 2	사례 3	긍정적 사례(들)	부정적 사례(들)
a	d	g	a	a
b	e	h	b	b
c	f	i	c	c
x	x	x	x	not x
y	y	y	y	not y

➡전체적 차이   결정적 유사⬅   ➡전체적 유사   결정적 차이⬅

x=원인변인   y=설명되는 현상

   비교사의 기념비적 작품인 무어의 『사회적 기원』은 밀의 일치법을 주로
사용하면서 때때로 차이법도 원용한다. 『사회적 기원』에서는 근대세계를
향한 세 가지 정치적 진로가 언급된다. ① 부르주아 혁명을 통한 자유주의

---

26) J. S. Mill, "Two Methods of Comparison, A System of Logic," 1888,
   in A. Etzioni & F. L. Dubow(eds.), *Comparative Perspectives: The-
   ories and Methods*, Boston: Little, Brown, 1970, pp.206f.
27) Ibid., pp.207-210.

적 민주주의, ② 위로부터의 혁명을 통한 파시즘, ③ 농민혁명을 통한 공산주의가 그것이다. 지주에 대한 부르주아의 영향력, 농업적 상업화 양식, 농촌공동체와 농민-지주 관계 등의 원인변수를 가지고 무어는 왜 특정국가들이 다른 길이 아닌 한 가지 길을 걸어갔는가 하는 점을 설명하려 한다.[28] 같은 역사적 과정을 거친 국가들을 비교할 때 무어는 일치법을 사용한다. 무어에 따르면, 같은 역사적 과정을 겪은 국가들은 모두 같은 원인변수를 공유하고 있다. 물론 그들 사이의 차이점도 언급된다. 한편 세 가지 진로를 비교할 경우 무어는 차이법을 사용한다. 그들의 발전경로를 대조하면서 각각의 특성을 서술하기 때문이다. 실질적 연구범위로 보나 복합적인 설명틀로 볼 때 『사회적 기원』은 대단한 야망에서 태어난 작품임에 틀림없다.

무어의 『사회적 기원』에 비하면 스카치폴의 『국가와 사회혁명』은 훨씬 덜 야심적이다.[29] 그러나 1장 「프랑스, 러시아, 중국에서의 사회혁명의 원인」에서 스카치폴 역시 차이법을 더 강조하고 있지만, 차이법과 일치법을 함께 사용한다. 18세기 후반의 프랑스와 1911년 이후의 중국, 그리고 1911년 3월 이후의 러시아는 많은 혁명이론가들이 생각하는 것처럼 결정적 차이점이 존재하지만 유사한 이유들(분석적으로 해부할 수 있는) 때문에 사회혁명적 위기를 겪었다. 세 나라간의 중요한 차이점에도 불구하고 스카치폴은 그들간의 인과적 유사성을 강조함으로써 일치법을 사용한다. 하지만

---

28) 스카치폴은 논문 "A Critical Review of Barrington Moore's 'Social Origins of Dictatorship and Democracy'," *Politics and Society* 4 : 3, p.10의 <표>에서 무어가 채택한 변수를 알기 쉽게 요약한다. 무어가 『사회적 기원』에서 비교사를 사용하는 한 그는 거시인과분석을 이용한다. 그렇지만 무어가 『사회적 기원』의 많은 부분에서 각 국가의 특수한 인과적 연쇄에 대한 역사적 분석을 의도했다는 사실에 주목할 필요가 있다. 그는 서문에서 다음과 같이 말한다. "한 농업사회의 변천에 대한 역사적 분석은 적어도 일반화만큼의 가치가 있다. …어떤 나라를 연구할 때 우리는 일반적인 이론에 쉽게 포섭되지 않는 인과연쇄를 발견해야 한다(p.xii)."

29) T. Skocpol, *States and Social Revolutions: A Comparative Analysis of France, Russia, and China*, Cambridge and New York: Cambridge University Press, 1979.

그녀 또한 프랑스, 러시아, 중국의 분석적 차이점과 영국, 프러시아, 독일, 일본의 차이점을 제기함으로써 차이법을 사용하기도 한다. 스카치폴은 후자의 나라들을 통제해야 한다고 주장한다. 왜냐하면 이 나라들이 많은 점에서 (구조적·역사적으로) 프랑스, 러시아, 중국과 유사하다 할지라도 이들은 성공적인 사회혁명적 변혁을 겪지 않았기 때문이다. 그녀는 프랑스, 러시아, 중국에 대한 주장의 구체적인 부분을 입증하기 위해 다양한 국가군을 대조하는 방법을 사용한다. 국가 내부의 위기가 사회혁명적 위기를 초래한 이유의 하나임을 밝히기 위해 그녀는 일본의 메이지 유신과 프러시아의 개혁운동을 대조한다. 혁명 당시의 농업구조와 농민반란을 논의하기 위해 그녀는 영국의 의회운동과 1848~1850년의 실패한 독일혁명을 대조한다. 스카치폴의 『국가와 사회혁명』에서는 사회혁명의 긍정적 사례들만이 폭넓게 논의된다. 부정적 내지는 통제된 사례들은 조금씩 언급될 따름이다. 왜냐하면 통제사례들은 프랑스, 러시아, 중국에서 일어난 사회혁명의 원인을 추적하는 데 필요한 보조사례의 역할만을 수행하기 때문이다.

몰더의 『일본, 중국 그리고 세계경제』는 두 나라를 비교하기 때문에 차이법을 사용한 연구의 좋은 본보기가 된다. 그러나 차이법의 적용방식은 다소 다르다.[30] 그녀에 따르면, 중국이 계속적으로 정체한 것과 달리 19세기 중반부터 20세기 중반의 일본이 성공적으로 근대 산업사회에 진입한 것은 두 나라의 문화적 전통이나 내부경제의 차이 때문이 아니라, 서구 제국주의의 침입 정도의 차이 때문이라는 것이다.[31] 일본과 중국의 내적

---

30) F. V. Moulder, *Japan, China and the Modern World Economy: Toward a Reinterpretation of East Asian Development ca.1600 to ca.1918*, Cambridge and New York: Cambridge University Press, 1977.

31) 몰더는 그의 중심가설을 왈러스타인의 자본주의 세계체제이론에서 추출했다. 그 이론의 중심내용은 I. Wallerstein, "The Rise and Future Demise of the World-Capitalist System: Concepts for Comparative Analysis," *CSSH* 16 : 4, pp.387-415; *The Modern World-Economy in the Sixteenth Century*, New York: Academic Press, 1974를 참조. 자본주의 세계체계이론은 적어도 비교사의 두 가지 논리와 연관되면서 사용되어 왔다. 왈러스타인 자신은 세계체계모델이 중심, 반주변, 주변 및 기타 국가들의 역사를 설명할 수 있다는

차이를 강조하는 연구들에 반대하면서 몰더는 자신의 인과적 논의를 더욱 구체화시키기 위해서 일본의 도쿠가와 막부와 말기의 중국제국의 내적 구조가 동일하다고 주장한다. 그런 다음 그녀는 그 두 나라에서 외세의 침투가 방향, 시기, 정도에서 서로 달랐다는 것을 보여준다. 몰더의 이 책은 전체적 유사성과 단 하나의 결정적 차이점이라는 비교방법을 극명하게 보여준다. 그래서 그녀가 사용한 비교논리가 차이법의 전형이 된다고 할 수 있는 것이다.

스카치폴, 몰더와 마찬가지로 로버트 브레너와 해밀턴 역시 각기 설명적 논의를 전개하면서 차이법에 입각한 비교를 한다.[32] 더욱이 이들은 그들과 다른 입장의 연구들을 비판하기 위해 비교사적 방법을 스카치폴나 몰더보다 더 많이 사용한다. 브레너는 「농촌 계급구조와 경제발전」에서 중세 말기에서부터 근대 초기에 이르기까지 유럽에서의 경제변동을 특히, 서유럽에서와 정반대로 동유럽에서 농노제도가 심화된 현상과 프랑스에서와 달리 영국에서 농업자본주의가 성장하고 농업생산력이 증대된 것으로 설명한다.[33] 유럽 경제성장의 원인을 시장 팽창과 인구학적 추세에서 찾는 논의를 비판하면서 브레너는, 시장팽창과 인구학적 추세가 비슷했지만 경제적 결과는 달리 나타난 사례(동유럽과 서유럽의 경계지역)들을 보여준다. 그러면서 경제발전의 상이성을 더욱 잘 설명할 수 있는 변수들로서 계급관계, 농민 공동체 대 지주의 영향력 등을 제시한다.

것을 보여주기 위해 이론의 유사증명을 사용한다. 그러나 몰더의 이 저서는 왈러스타인 이론 또는 거시인과분석과 양립할 수 있음을 보여준다. 단 하나의 세계경제가 존재하는 것은 사실이다. 그러나 국가, 지역, 세계적 시간(world-time)의 교차영역의 발전에 대한 인과가설이 이론의 도움에 힙입어 만들어지는 한, 단 하나의 분석단위만 존재할 필요는 없다. 몰더가 일본과 중국을 대조할 때, 일종의 통제된 비교가 인과가설을 검증하기 위해 사용된다.

32) R. Brenner, "Agrarian Class Structure and Economic Development in Pre-Industrial Europe," *Past and Present* 70, pp.30-75; G. Hamilton, "Chinese Consumption of Foreign Commodities: A Comparative Perpective," *American Sociological Review* 42 : 6, pp.877-891.

33) R. Brenner, op. cit., p.47.

「중국인의 외국상품 소비」에서 게리 해밀턴은 서구상품의 비서구적 사용에 영향을 끼친 요소에 관심을 둔다. 19세기 중국인들이 서구의 면제품을 마지못해 구입한 사실은 흥미를 끌기에 충분하다. 중국인들은 왜 마지못해 하면서 서구의 면제품을 구입했는가? 논문의 앞부분에서 이 문제에 대한 세 가지 설명논리가 소개된다. ① 비정상적인 상품거래에 대한 논의, ② 문화주의적 설명, ③ 베버류의 지위경쟁가설 등이 그것이다. 해밀턴은 ①·②의 설명논리가 사실과 다름을 보여주기 위해 시공을 가로지르는 역사적 비교를 아주 솜씨좋은 방법으로 사용한다. 그에 따르면, 경제적 측면에 대한 논의로는 중국이 당시의 비서구국가들과 다른 이유를 밝힐 수가 없고, 유교문화에 중점을 둔 논의로도 그 이전에 중국인들이 외국 상품을 기꺼이 사용했다는 점을 설명할 수 없다. 결국 그는 지위경쟁가설을 제시하면서 다른 논리로는 설명 불가능한 국가간, 시대간의 차이점을 그것으로 설명할 수 있다고 주장한다. 대체적으로 해밀턴은 인과분석의 수단으로 비교사를 효과적으로 사용했다. 왜냐하면 그의 설명이 타당함을 입증하기 위해 문화 및 시대를 자유자재로 뛰어넘었기 때문이다.

4. 비교사의 삼각형과 비교방법을 결합시킨 몇몇 연구들

이론의 유사증명, 맥락의 대조 및 거시인과분석은 비교역사학자들이 실제로 사용해온 비교방법이다. 이제까지 우리는 세 가지 방법 중의 어느 한 가지에만 철저히 입각한 연구들을 고찰해보았다.

그러나 때때로 비교사적 연구들이 세 방법을 함께 (특히 두 가지를) 사용하기도 한다는 것을 깨닫는 것이 중요하다. 비교방법을 함께 사용한 최근에 주목할 만한 연구로는 앤더슨(P. Anderson)의 『절대국가의 계보』와 찰스, 루이스, 리처드 틸리의 『반란의 세기: 1830~1930』가 있다.[34] <그림 2>에

---

34) P. Anderson, *Lineages of Absolutist State*, London: New Left Books,

서 알 수 있듯이, 이 연구들은 비교사의 세 가지 논리 중의 두 가지 논리의 중간지점에 위치한다. <그림 2> 비교사의 삼각형에서 각 변을 살핌으로써 우리는 비교사적 논리의 특성을 좀 더 명확하게 포착할 수 있을 것이다.

<그림 2> 비교사의 삼각형

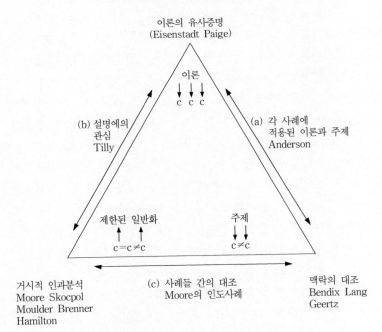

삼각형의 (a)변에서 시작해보자. 이론의 유사증명과 맥락의 대조는 다음 과 같은 특징을 공유한다. 그 두 경우에서 일반적인 생각들(이론의 유사증 명에서는 이론, 맥락의 대조에서는 주제 및 주요 질문)이 논의의 뼈대를 이 루며 각 개별사례가 선정될 때에는 그 사례가 일반적인 생각(이론 및 주

1974; C. Tilly, L. Tilly, and R. Tilly, *The Rebellious Century, 1830-1930*, Cambridge: Harvard University Press, 1975.

제)과 관계가 있다는 것을 전제로 한다. 앤더슨의『절대국가의 계보』는 이론의 유사증명과 맥락의 대조 사이의 중간 지점에 위치한다. 왜냐하면 여기서 몇몇 비교는 이론적 논의의 전개를 위해, 그리고 몇몇 비교는 사례들을 대조하기 위해 사용되기 때문이다.『계보』의 1, 2부는 왜 절대국가들이 서유럽과 동유럽에서 출현했는가에 대한 이론적 논의로 시작된다. 이론적 논의가 전개되고 난 다음 이론적으로 일반화된 과정이 개별국가에서 어떻게 나타나는가를 밝히기 위해 개별 사례들이 검토된다. 이와 같이 이론의 유사증명을 통해 이론적 논의가 전개되면서 동유럽과 서유럽간의, 그리고 개별국가간의 차이점도 대조된다. 더욱이『계보』3부와「두 가지 메모」라는 부록에서는 일본, 중국, 터키간의 차이점, 이들과 유럽의 차이점이 대조된다. 터키와 중국의 경우는 유럽의 봉건제와 다르며 봉건제적 요소를 간직했던 일본 또한 유럽의 봉건제와 차이가 있다. 왜냐하면 일본은 유럽의 고대노예제와 비교될 수 있는 봉건제 이전의 생산양식을 경험하지 못했기 때문이다. 앤더슨은 이론의 유사증명과 맥락의 대조를 복잡한 방식으로 대조시킨다. 그러나『계보』에서 거시인과분석(인과적 일반화를 추출하기 위해 통제된 비교를 사용함)이 나타나지 않는다는 사실에 주목할 필요가 있다. 이 점은 삼각형에서 그것이 차지하는 위치를 분명하게 보여준다.

삼각형의 (b)변을 보면 거시인과분석과 이론의 유사증명은 인과적 일반화든 혹은 연역적으로 확립된 이론이든 설명을 강조한다는 점에서 공통적 관심을 지닌다. 이런 관심은 맥락의 대조에서는 찾아볼 수 없는 것이다.『반란의 세기: 1830~1930』는 삼각형 (b)변의 중간에 위치한다. 왜냐하면 이 책에서 인과가설을 검증하기 위한 대조가 나타나며 또한 전체 이론틀을 위한 유사증명이 사용되기 때문이다. 틸리는 이 책에서 한 세기 이상에 걸쳐 근대 프랑스, 독일, 이탈리아 등에서 일어난 집합적 폭력의 유형들을 검토한다. 개별국가에 대한 검토가 이루어질 때 상업과 산업의 팽창 및 국민국가의 태동이 집합적 폭력과 맺고 있는 관계를 설명하기 위해 지역간, 시대간, 사회집단간 대조가 이루어진다. 이는『반란의 세기』에 내재한 거시인과분석의 측면이다. 하지만 국가간의 비교에서는 통제된 비교를 사용하지 않는다. 대신 틸리는 (각 국가에서마다 집합적 폭력의 유형이 변하고 있음을 지적하면서) 집합적 폭력의 연대성 이론이 세 국가에서 나타난 현상을 가장 잘 담아낼 수 있음을 주장한다. 이처럼 『반란의 세기』는 이론의 유사증명의 연역적 설명방식과 거시인과분석의 귀납적 추론방식을 모두 사용한다. 그리고 『반란의 세기』에서 지역이나 국가의 맥락적 특수성을 밝히려는 관심은 거의 보이지 않는다.

삼각형의 (c)변을 주목하면 맥락의 대조와 거시인과분석이 다음과 같은 특징을 공유하고 있음을 알 수 있다. 역사적 사례들을 직접 비교하는 것이 논의전개의 축을 이룬다는 점이다. 맥락의 대조에서는 사례들을 직접 비교함으로써 사례의 특수한 맥락을 밝히려 하고 거시인과분석에서는 사례를 직접 비교함으로써 인과적 추론을 하려 한다. 이 특징은 이론이 사례 하나하나마다에 적용되는 이론의 유사증명에서는 찾아볼 수 없다. 맥락의 대조와 거시인과분석을 성공적으로 결합시킨 실제적인 연구를 발견하기는 쉽지가 않다. 확실히, 사례들을 비교할 때 이 두 방법들을 한꺼번에 사용하는 것이 몹시 어렵기 때문이다.

무어는 『독재와 민주주의의 사회적 기원』에서 인도 사례를 연구할 때 이 두 방법을 모두 사용했다. 무어 자신도 알고 있었던 것처럼 많은 점에서 인도는 『사회적 기원』에서 언급된 세 가지 정치적 진로에 속하지 않는다(인도는 식민지 상태를 경험했고 독특한 민주주의의 제도를 간직했다). 인도가 민주주의의 길로 들어선 것은 사실이지만, 유럽과 서구에서 진행된 민주주의의 길과는 일치하지 않기 때문이다.35) 실제로 무어가 『사회적 기원』에서 제시된 인과적 일반화에 제한을 두기 위해 인도의 사례를 사용하였다는 것은 아주 의미가 있다. 그러나 또한 무어가 민주주의의 사회적 기원에 관한 그의 인과적 논의를 뒷받침하기 위해 인도 사례를 사용했다는 사실도 무시할 수 없다.36) 결국 인도 사례는 『사회적 기원』에서 아주 애매

---

35) B. Moore, op. cit., p.315.

36) Ibid., 특히 pp.430-432를 볼 것.

한 위치를 점하게 된다. 그것은 단적으로 무어가 두 가지 목적 모두를 충족시키기 위해 인도 사례를 사용했기 때문이다.

두 가지 이상의 비교방법을 함께 사용한 연구는 그것이 보여주고자 하는 점이 애매해지기 쉽다. 무어의 인도 연구에도 그런 애매성이 내재하고 있고 페리 앤더슨의 『절대국가의 계보』1, 2부도 역시 마찬가지다. 앤더슨은 서유럽 절대주의와 동유럽 절대주의의 기원과 변천에 관한 그의 이론이 서유럽의 서로 다른 각 **사회구성**에 적용됨을 보여주려는 동시에 사례 간의 차이점을 드러내려고 한다. 이 점에서 독자들은 앤더슨이 이론적 일반화를 추구했는지 혹은 각 사례의 특수성을 찾으려 했는지를 확실히 파악하기 어려울 것이다.

틸리의 『반란의 세기』는 비교방법의 결합에 상당히 성공한 연구라 할 수 있다. 그것은 아마 각 방법들이 서로 다른 수준에서, 그리고 서로 다른 대상들에 적용되었기 때문일 것이다. 여기서는 국가 내부의 집단간, 종교 간, 시대간의 비교에 거시인과분석이 사용되는 한편, 국가간의 비교에는 이론의 유사증명이 사용된다. 몇 가지 방법을 앞뒤 없이 사용할 때보다 분석대상과 분석수준에 따라 방법을 구분해서 사용할 때 연구의 전체적 흐름은 훨씬 덜 혼돈스럽다. 어쨌든 비교사의 세 가지 방법의 특징을 최대한 살리면서 애매성을 최대한 줄이기 위해서는 각각을 분리해서 고찰할 필요가 있음은 명백하다.

5. 세 가지 비교사적 방법의 장점과 한계

비교사의 세 가지 방법은 각기 특정한 목적, 사례 선정방식과 서술양식을 가지고 있을 뿐 아니라 각기 고유의 장점과 한계도 가진다. 여기서 이 점들을 차례로 검토할 필요가 있다.

이론의 유사증명에서 비교사적인 측면은 그다지 중요한 비중을 차지하지 않는다. 앞서 살펴보았듯이, 이론의 유사증명에서는 이론의 명백한 적용가능성이 가장 중요하다. 사례들이 이론의 함축성을 구체화시키고 이론의 적용가능성을 명백히 보여주는 경우에 한해서만 사례들이 선택되어 비교된다. 이론의 유사증명이라는 비교사적 방법이 잘 사용되면 우리는 일반적인 이론적 논의보다 훨씬 더, 이론에서 개념과 변수가 어떻게 조작화되며 이론이 사례에 어떻게 적용되는가를 이해할 수 있다. 그러나 얼마나 많은 사례들이 논의되든 역사적 분석 그 자체가 이론을 타당화시키지는 못한다. 단지 역사적 사례들은 이론을 더 명확하게 해주며 세련되게 해줄 뿐이다. 그것은 이론이 먼저 주어지고 그에 따라 사례들이 선정되기 때문이다. 그리고 예외적인 것을 드러내기 위해서가 아니라, 이론이 계속 들어맞는다는 것을 보여주기 위해서만 사례들이 비교되기 때문이기도 하다.

많은 사례를 비교하는 것이 이론의 타당성을 강화시키는 것은 아니므로 이론의 유사증명을 사용하는 사람들은 방법론적으로 아무런 소득도 없는 동어반복의 논리적 오류에 빠지기 쉽다. 반론의 여지가 있겠지만 『제국의 정치체계』의 아이젠스타트와 『반란의 세기』의 틸리도 이 함정에 빠진 것처럼 보인다. 동어반복은 『반란의 세기』에서 특징적으로 나타난다. 꼭같은 이론적 논의가 서론과 결론 그리고 영국, 독일, 이탈리아의 장에서 계속적으로 되풀이된다.

그러나 이론의 유사증명을 사용한 모든 연구가 단순한 동어반복으로 끝나는 것은 아니다. 페이지의 『농민혁명』은 이 논리적 오류를 현명하게 피하고 있다. 몇 가지 예측가능한 역사적 결과에 대한 그의 이론적 논의가 복잡하기 때문에 그는 전체 이론의 부분부분을 입증하기 위해 개별사례들을 분석한다. 그래서 이론의 유사증명에 내재한 논리적 선결요건들을 다 갖추면서도 조금 색다른 요소를 포함하고 있는 그의 연구에 독자들은 흥미를 갖게 된다.[37]

---

37) 동어반복을 피하면서 이론의 유사증명을 사용한 다른 연구는 클로워드(R. Cloward)의 *Poor People's Movement*가 있다. 이 저서의 목적은 미국의 비특권집단에 의해서 유발된 폭동에 대한 이론을 제시하는 것이다. 이론이 먼저 정립되고 난 다음 이론을 예증하기 위해 네 가지 사례가 취급된다. 사례들은 1930~70

맥락의 대조를 사용하는 사람들은 사회과학자와 역사학자의 중간지점에
서 있다. 그들은 사실 시간과 공간을 가로지르는 일반적 문제들에 관심을
가진다. 그들은 단 한 가지 사례를 서술하는 것보다 사례들을 비교하고 싶
어 한다. 그러나 맥락대조의 비교사학자는 사회과학이론들에 대해 몹시 회
의적이며 거시수준의 설명적 일반화를 발전시키는 데 아주 비판적이다. 그
래서 그들은 새로운 설명을 개발하기보다 설명에 대한 거부를 명백히 밝
히면서 비교사를 사용한다. 이 점은 맥락대조방법의 주요한 장점이자 약점
이다. 설명을 거부하기 때문에 사회의 특수한 역사를 총체적으로 파악할
수 있다는 것이 이 방법의 장점이다. 이 방법에서 기존 일반이론의 한계를
지적하기 위해 사례들이 사용되는 경우도 있지만 대개의 경우 이론과 가
설 혹은 설명문제에 논의의 초점이 맞추어지지는 않는다. 오히려 사례 자
체의 특수성과 사례들간의 대조에 초점이 주어지며 사례 자체의 특수성을
찾으려는 연구는 필연적으로 일종의 서술적 총체성(descriptive holism)
으로 나아가게 된다. 그래서 맥락대조의 방법을 사용하는 연구는 상이한
사회와 문화들을 총체적으로 검토하고, 각각의 내적인 상호관련성을 세밀
히 보여주려고 한다. 더 나아가서 맥락의 대조에서는 연대기(chronology)
를 아주 강조한다. 거의 대부분의 맥락대조의 연구들이 항상 논의가 방대
하고 사례에 대한 서술이 총체적이며 엄격한 연대기적 순서에 따르는 것
은 결코 우연이 아니다. 사실 유전론적 결정주의(genetic determinism:
먼저 발생한 사건이 다음에 오는 사건을 결정한다는 논리)가 맥락대조의
연구 속으로 들어오는 경우도 종종 있다. 연구 주체와 이론적 시각이 상이
함에도 불구하고, 기어츠의 『이슬람 연구』와 랑의 『정복과 교역』, 벤딕스
의 『왕 혹은 민중』, 그리고 앤더슨의 『절대국가의 계보』 등은 모두 유전론

년대 초반 미국역사에서 발생한 특정한 저항운동들이다. 저자들은 이 사례들을 통
해 저항운동에 대한 그들의 이론을 적용할 뿐 아니라, 1930년 이래 미국의 정치과
정을 아래로부터의 시각에 의해서 자세히 고찰해낸다. 이와 같이 피븐(Piven)과
클로워드는 이론의 유사증명의 특징과 함께 각 사례에 대한 깊이있는 총체적 서술
을 결합시킨다.

적 결정주의의 경향을 띠고 있다.

물론 맥락대조에서는 서술적 총체성을 강조하므로 설명은 처음부터 배제된다. 비교사적 연구대상 자체에 설명이 함축적으로 내재된 경우더라도 마찬가지다. 독립변수와 종속변수는 결코 명백히 구분되지 않는다. 또한 이야기를 전개하는 연대기적 서술도 무엇이 일어났고 왜 일어났는가에 대한 이해를 돕기 위해서만 진행된다. 그러나 전부 다는 아니라 할지라도 대부분의 맥락대조 연구들은 실제로 사례를 서술해나갈 때 명백하지는 않지만 이론적 설명들을 함축하는 경향이 있다. 사례에 대한 서술과 사례간 비교의 준거틀을 만들기 위해 공통된 주제와 질문들을 제기할 때 설명적 함축이 종종 일어난다. 가령 벤딕스의 책에서 정치적 권위구조의 근대적 이행에 대한 베버적인 이념형적 설명은 서론과 개별사례에 대한 장에서 계속 모습을 드러낸다. 벤딕스는 이처럼 준설명적 논의를 하고 있다. 결국 그는, 그가 함축하고 있는 이론적 시각에 적합한 방식으로 사례를 선정했다고 할 수 있는데, 이 점은 결코 놀랄 만한 일이 아니다. 왜냐하면 이론적인 논의 없이 수천 년의 역사를 볼 수 있다고는 생각할 수 없기 때문이다. 맥락대조를 강조하는 다른 사람들과 마찬가지로 벤딕스가 이론적 혹은 설명적 목적을 부정하는 것은 아이러니가 아닐 수 없다. 그가 그의 개념이나 주제의 중립성이나 자명성을 강조할 때조차도, 기실 그 속에는 타당성이 도전받을 수도 있는 설명적 가설이 함축되어 있는 것이다.

요약하면, 맥락대조의 방법은 총체적으로, 풍부한 연대기적 서술의 장점을 지닌다. 기존이론의 적용가능성의 한계가 극적으로 밝혀질 수 있는 것은 이 방법을 통해서이다. 그러나 맥락대조의 방법은 이론적으로 아주 그릇된 방향으로 나갈 수 있는 위험을 내포한다. 왜냐하면 특정한 이론을 알게 모르게 함축하는 가운데 비교연구를 위한 주제를 선정하는 경우가 있기 때문이다.

거시인과분석은 사례수가 한정된 거시현상에 대한 인과가설에 타당성을 부여하는(혹은 인과가설을 폐기시키는) 유일한 방법으로 여겨진다. 하지만 완벽하게 통제된 비교는 불가능하다는 데에 문제가 있다. 이 사회는 분석

적으로 통제가능한 변수들로 쪼개질 수 없다. 설령 그렇게 된다고 하더라
도, 역사는 통제된 비교에 꼭 적합한 사례들을 거의 배출하지 않는다. 밀
은 자신이 착안한 분석방법을 사회역사적 현상에 적용시키는 데 회의적이
었고[38] 앞서 보았듯이 벤딕스 같은 학자들은 거시적 수준에서 인과분석은
무척 어렵기 때문에 그런 시도를 포기하는 것이 낫다고 결론지었다.

그러나 실패할 가능성이 많다고 해서 쉽게 포기하는 것은 아무런 도움
이 되지 않는다. 거시 수준의 인과가설이 완벽하게 입증되지는 못하더라
도, 잘만하면 성공적 연구를 수행할 수도 있다. 더구나 거시인과분석은 잘
못 정립된 이론들을 비판하고 배제하는 훌륭한 도구가 될 수 있다. 브레
너와 해밀턴의 논문처럼, 시공간을 가로지르는 변화를 기존이론으로는 설
명할 수 없음을 거시인과분석에서 보여줄 수 있는 것이다. 이와 같이 비
교사적 분석을 비판적으로 사용함으로써 사회과학자들로 하여금 더 설득
력이 있는 설명가설을 추구하게 만드는 효과도 있다. 주의깊게 묘사된 설
명을 요하는 문제들이 하나씩 밝혀지는 한 인과가설을 검증하기 위한 비
교방법에 상당한 진보가 이룩될 것이다.

위대한 비교역사가 블로흐는 이렇게 말했다. "장소의 통합은 무질서일
뿐이며, 문제의 통합만이 중심을 이룬다."[39] 이 말은 맥락대조의 방법에 반
대되는 것이며, 거시인과분석을 위한 격언으로 여겨진다. 거시분석적 비교
역사학자들은 이 격언을 아주 진지하게 받아들인다. 인과가설의 논리에 따
라 사례가 선정되고 통제된다. 사건의 자초지종을 처음부터 끝까지 다루고
싶은 유혹은 그것이 인과가설과 무관한 경우 포기되어야 한다. 사실 거시
인과분석이 아무리 잘 되었을지라도 맥락대조의 관점에서는 가치있는 연구
가 될 수 없다. 왜냐하면 그 곳에서 사례의 내적 통합성이 여지 없이 깨져
버리기 때문이다. 그러나 설명적 문제에 대한 인과가설을 위해서는 시간과
공간의 통합성을 깨뜨리는 작업이 필요하다. 맥락의 대조와는 달리 거시인

38) Mill, op. cit., pp.210-213.
39) M. Bloch, "Une Etude Regionale: Geographie ou Histoire?," *Annales
d'Histoire Economique et Sociale* 6, 1934, p.81.

과분석은 책의 형식보다 논문의 형식으로 진행되는 것이 더 낫다라는 말에 주목할 필요가 있다. 왜냐하면 장황한 연대기적 서술에의 유혹을 피하면서 인과적 논의를 거듭하고, 시공간을 자유롭게 왕래할 수 있는 것은 책이 아닌 논문을 쓸 때이기 때문이다.40) 거시인과분석자들이 책을 집필할 때, 그들은 확실히 인과적 논의와 함께 서술적 묘사를 사용하고 싶은 유혹에 직면한다. 하지만 역사적 추이들은 단순히 비교되어서는 안된다. 그에 대한 통제된 비교가 명백히 시도되어야 한다.

거시인과분석의 비교연구는 여태껏 잘 진행되었으며 앞으로도 그럴 것이다. 그러나 그렇더라도, 이 방법이 거시사회적 문제를 자동적으로 혹은 완전히 설명해주는 것은 아니다. 레비(M. Levy)의 「중국과 일본의 근대화에서 대조요인들」41)과 몰더의 『일본, 중국 그리고 세계경제』를 비교하면 알 수 있듯이, 상이한 이론적 관점을 지닌 연구자들이 똑같은 비교사적 논리를 사용하는 것도 가능하다. 그러나 같은 사례를 같은 방법으로 비교한 연구에서 결과는 정반대로 나타난다. 같은 사례들에서 발생한 같은 현상들의 원인을 탐구하기 위해 차이법을 사용하지만 결론은 정반대이다. 이 점에서 방법 자체로는 이론을 대체할 수 없으며 방법 자체가 믿을 수 있을 만큼 타당한 결론을 담지 않는다는 사실을 우리는 알 수 있다.

더욱이 거시인과분석의 연구들이 그럴 듯하게 보일 때조차도 취급된 사례들을 넘어서는 설명적 일반화를 어떻게 수행하느냐 하는, 여전히 피할 수 없는 어려움이 남는다. 『사회적 기원』에서 취급된 8가지 사례가 아닌 다른 사례의 정치적 발전에 무어의 논의가 그대로 적용될 수 있을까? 프랑스, 중국, 러시아에 대한 스카치폴의 논의가 사회혁명적 변혁을 거친(혹은 실패한) 다른 사회에까지 확장 적용될 수 있을까? 대답은 다음과 같다.

40) 주 32)와 T. Skocpol, "France, Russia, China: A Structural Analysis of Social Revolutions," *CSSH* 18 : 2, 1976, pp.175-210을 참조.
41) M. J. Levy, Jr., "Contrasting Factors in the Modernization of China and Japan," in S. Kuznets, W. E. Moore, and J. J. Spengler(eds.), *Economic Growth: Brazil, India, and Japan*, Durham, N.C.: Duke University Press, 1955, pp.496-536.

이들 연구들이 귀납적으로 이루어졌기 때문에 실제 취급된 사례를 넘어서 비교사적 인과론을 일반화시킬 수는 없다. 『사회적 기원』 서문에서 무어는 거시인과분석에서 도출된 일반화를 비행조종사가 대륙을 횡단할 때 사용하는 대형축적지도에 비유한다.[42] 아무리 좋은 북미대륙지도가 있다 하더라도, 조종사가 다른 대륙을 횡단할 때는 그 지도를 사용하지 못할 것이라는 비유는 우리에게 귀중한 의미를 던져준다.

진정한 일반이론의 이상적인 역할은 일반화들 사이의 연결고리를 제공하는 것이다. 거시인과분석이 일반이론을 완벽하게 대체할 수 없음은 물론이다. 그럼에도 불구하고 사회의 변천과 획기적 변혁에 대한 일반이론이 잘 정립되려면 거시인과분석에서 발견된 사실들에 힘입어야 한다. 보편적인 이론들이 비교사를 사용하지 않고 고도의 추상적인 수준에서 맴돈다면 역사 속에 복잡하게 얽힌 인과망을 밝히지 못한 채 끝나고 말 것이다. 그러나 일반이론들이 거시인과분석과 연관되면서 진행되면 사회구조와 역사적 변혁에 대한 설명의 폭과 깊이가 점점 더해질 것이다.

6. 결론

요약하면, 비교사는 거시사회연구에 유일한, 그리고 동질적인 논리가 아니다. 비교사에는 각기 목적, 특성, 장단점이 다른 적어도 세 가지의 주요 논리가 포함되어 있다. 비교사적 연구를 추구하는 사람들은 이들 중 한 가지 논리, 혹은 주의깊게 결합된 두 가지 논리를 사용하고자 할 것이다. 주로 한 가지 논리에 따른 비교사적 연구들이 좋은 결과를 낳는 것 같다.

그러나 이론의 유사증명, 맥락의 대조 및 거시인과분석은 거시사회에 대한 모든 연구에서(사회질서와 사회변동을 이해하기 위한 모든 연구에서) 각기 부분적인 역할을 수행한다. 하나의 방법에 내재한 한계는 다른

---

42) Moore, op. cit., p.xiv.

방법에 대한 연구의 필요성을 제기한다. 이러한 점은 <그림 3>에 잘 나타나 있다.

<그림 3> 세 가지 비교방법간의 관계

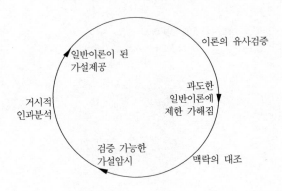

사회과학이론이 과도하게 일반화되는 경향을 제한하기 위해 이론의 유사증명은 맥락의 대조로부터 도움을 받을 수 있다. 우리는 맥락의 대조를 통해 얻은 역사적 추이에 대한 지식을 토대로 검증가능한 인과가설을 추구하는 거시인과분석으로 나아갈 수 있다. 또한 우리는 거시인과분석을 통하여 이론의 유사증명을 특징짓는 이론의 일반화를 기대할 수도 있다. 이것은 인과가설을, 취급된 사례뿐 아니라 그와 유사한 현상이 나타나는 모든 사례에 이르기까지 일반화시키고자 하는 관심 위에서 이루어진다.

이 논문에서 언급된 비교사의 세 가지 논리들이 역사지향적 거시사회연구에 여러 면에서 도움이 되기를 우리는 바란다. 우선 방법론적 비법이 가능하지도 바람직하지도 않다 할지라도 장래의 비교사 연구는 유용성 증명도 방법론적 대안들의 토대 위에서 진행된다는 이점을 지닐 것이다. 게다가 세 가지 비교논리의 목적과 방법을 이해하면, 앞으로 비교사의 지평을 더욱 확장시킬 수 있을 것이다. 마지막으로, 가장 중요한 것이겠지만 이론과 역사적 증거를 매개하는 방법(역사사회학자들과 사회역사가들이 주로 사용한)에 대한 논의가 풍부히 이루어질 것이다. 사회분석에서 이론적 패러다임에 대한 논쟁과 양적 자료의 분석기술에 대한 논쟁은 이런 방법론적 성찰에 비하면 아무 것도 아니다. 비교사의 유용성을 다룬 이 논문이 아무런 소득 없이 관심어린 회의와 사례깊은 반박만을 불러일으킨다 할지라도 그 자체만으로 이 논문은 역사지향적 거시사회연구를 진행시키거나 관심이 있는 모든 사람들에게 방법론적 성찰의 기회를 제공한다는 가장 중요한 목적을 달성하게 되는 셈이다.

제2부

비교정치연구의
패러다임

■□ 서론과 해제

박찬욱

　제2부에서는 1950년대 중반 이후 최근에 이르기까지 비교정치분야의 연구동향이 어떻게 변화되어 왔는가를 다룬 네 편의 논문이 소개된다. 우선 알먼드(G. Almond)와 젠코(S. Genco)의 논문은 비교정치론을 포함한 정치학 일반의 맥락에서 2차대전 후부터 1960년대까지 중추적인 학자들이 추구했던 목표와 이상을 개관하고 이에 대한 재검토를 촉구한다. 위아다(H. Wiarda)와 버바(S. Verba)의 논문은 상이한 시각에서 주로 1950년대 중반 이후의 비교정치론의 업적을 평가하며 마지막으로 시겔먼(L. Sigelman)과 갯보이스(G. Gadbois)의 논문은 비교정치론분야의 주요 학술지 2개에 발표되었던 논문들에 관한 조사를 토대로 '새로운 비교정치론'을 표방했던 지적인 노력이 어느 정도 결실을 맺었는가를 살펴본다.

　2차대전 이후 정치현상에 대한 과학적 연구가 부단히 강조되었는데, 이런 움직임은 행태주의로 불리었고 주로 논리실증주의의 인식론적·방법론적 전제에 기초한 것이었다. 즉 정치현상에 대한 과학적 탐구를 위해 연역-가설적 모형의 설명양식을 목표로 삼았다. 알먼드와 젠코는 행태주의적인 연구전통의 핵심신조로서 ① 정치현상에 내재한 규칙성을 발견하고 궁극적으로 통칙을 정립하여, ② 개별적·구체적 사상(事象)을 이 통칙에 연역적으로 포섭하며, ③ 인과관계를 명확하게 규명하는 것을 들었다. 정치학이 논리실증주의의 가르침을 그대로 수용함으로써 세련된 통계기법의 구사나 수학적 모형의 구성이 수단이 아니라 목적 자체로 전도되어버렸다는 점과 현실의 과도한 단순화를 지향하는 환원론적 설명이 제시되었다는 점, 뿐만 아니라 도덕적 문제를 해결하려는 노력이 경시되고 있다는 점을 지적한다. 그들은 목적·의도·가치를 수반하고 시행착오를 거듭하면서 진화하는 인간행위를 설명하기 위해서 정밀과학적 설명양식에만 집착하는 것이 적절하지 않다는 포퍼(K. Popper)의 입장을 받아들인다. 그리고 정치현상의 연구는 정치가 갖는 존재론적 속성을 올바르게 파악하는 것에서 출발해야 한다고 역설한다.

정치의 핵심적 요소는 사회의 집단적 목표를 모색하고 실현하는 것과 관련하여 인간이 여러 가지 제약조건하에서 내리는 선택인데, 이런 인간행위에서 물체의 작용과 반작용에서 발견되는 것과 같은 인과관계를 규정하기는 어렵다. 인간행위에는 기억과 학습이라는 요소가 개입하며 때로는 인간이 창조력과 적응력을 통해 주어진 제약조건을 극복하기도 한다. 요컨대 정치현상에 내재된 역사적 구속성 때문에 포괄적인 법칙을 정립하려는 자연과학의 설명전략은 제한적으로만 유용하다.

알먼드도 행태주의운동을 주도한 학자의 한 사람이었던 만큼, 정치연구의 방향정립에 관한 위의 입장은 많은 관심을 끈다. 이것은 행태주의운동의 신조를 일목요연하게 천명한 바 있는 이스튼(D. Easton)이 또 다시 후기행태주의의 흐름을 정리하여 많은 주목을 받았던 것을 상기시킨다. 그런데 알먼드와 젠코의 논문은 정치현상에 대한 과학적 탐구의 노력을 평가절하하는 것은 아니다. 즉 정치현상은 개별 인간의 자유의지에 의한 선택의 결과로서 일회적이고 불규칙하므로 일반화가 불가능하다는 반(反)과학적 입장으로 복귀하자는 것이 아니다.

정치연구에서의 연역-가설적 설명양식의 필요성을 지속적으로 주창하고, 이것을 연구프로그램으로 실행에 옮긴 전형적인 학자로는 라이커(W. Riker)를 들 수 있는데, 그는 주지하다시피 경제학과 밀접한 관계를 갖는

합리적 선택이론 전통을 확고히 구축했다. 한편 알먼드의 구조기능주의는
연역-가설적 모형과는 애당초부터 거리가 있는 것으로서, 인류학이나 사
회학과 친화력을 갖는 것이다. 이 점에서 이 논문에 드러난 알먼드의 입
장은 그가 1950년대에 견지하던 바와 본질적으로 다르지 않다. 어쨌든 알
먼드와 젠코는 과학이 논리의 단순한 산물이 아니고 지속적인 축적과 진
화의 결과임을 강조한다. 정치현상을 과학적으로 연구하는 것은 규칙성을
발견하려는 측면뿐만 아니라 문제해결의 모색과 그 해결책에 대한 평가의
측면도 함께 포함하는 것으로 보고 있다.

2차대전 후 그 어느 나라에서보다 세계최강국으로 부상한 미국에서 정치
학이 독자적 학문체계로서 눈부신 발전을 이룩했음은 부인할 수 없는 사실
이다. 미국에서 비교정치론은 2차대전 직후부터 각광을 받기 시작하여 19
60년대에는 지적으로 가장 활발한 분과가 되었는데, 그 배경을 살펴보면,
신생독립국의 급격한 증가에 따라 연구의 지평이 확대되었고, 미국의 적극
적 대외개입정책과 막대한 연구비 지원에 힘입어 여러 국가에 대한 관심이
현저하게 커졌다는 점을 발견할 수 있다. 한편 당시의 비교정치론자들, 특
히 사회과학연구협의회 비교정치분과위원회를 주도했던 알먼드와 매크리디
스(R. Macridis), 이스튼, 도이치(K. Deutsch), 러스토우(D. Rustow),
립셋(S. M. Lipset), 파이(L. Pye) 등은 종래의 비교정부론에 대해 방법
론적으로 비판을 가하는 한편, 인접 사회과학의 방법론을 원용하여 활발한
연구활동을 전개했다. 매크리디스에 의하면, 기존의 비교정부론은 서부유럽
편중이었고, 서술적이며 법적·제도적 측면에 치중했으며, 단일사례 중심으
로 전개되어 진정으로 비교적인 연구를 산출하지 못하였다. 그런데 알먼드
는 당시에 사회학을 풍미하던 파슨즈의 기능주의를 받아들여 개발도상국의
정치연구에도 확대 적용하기 위한 분석의 틀을 개발하였다.

위아다와 버바의 논문은 1950년대와 60년대의 비교정치론을 조망한 것
인데, 상반된 평가를 보여주기도 하며, 현재 비교정치론이 처한 상황의 본
질적 의미를 파악하는 데서도 사뭇 대조적이다. 이 두 논문은 1980년 봄
하버드대학 부설 국제문제연구소가 주관한 비교정치론의 과거, 현재 및 미

래에 관한 세미나에서 발표되었던 것이다.

위아다에 의하면, 1950년대와 60년대 비교정치론의 반(反)맑스주의적인 정향은 미국과 소련을 양축으로 한 동서 냉전상황에 기인한다. 당시 비교정치연구는 발전이론으로 집약되는데, 이러한 연구경향은 이념적으로뿐만 아니라 경험적 준거에서도 서방편향적인 것으로 평가된다. 발전이론이 근대성과 전통성의 이분법에 입각해 있고 개발도상국이 발전의 결과 도달하게 될 상태는 서구식 번영과 민주정치로 간주되어 단선적 발전경로를 상정했다고 비판받고 있다. 1970년대 이후 전개된 비교정치연구의 새로운 흐름은 대체로 발전이론에 대한 이와 같은 평가에 동조하고 있다고 판단된다.

『시민문화론(Civic Culture)』에서처럼 알먼드와 오랫동안 공동연구를 했던 버바는 1950년대와 60년대의 비교정치론에 대해 다분히 옹호적이다. 그에 의하면 연구의 대상이 되는 국가의 수가 급격히 증가하였고, 정치과정의 비공식적 측면이나 정치에 영향을 미치는 경제사회적 변수에 대한 관심이 고조되었으며, 방법론의 세련화와 인접과학으로부터 개념과 이론의 수용이 이루어졌고, 더불어 비교연구의 논리에 대한 자의식도 첨예화되어 결국 긍정적 측면이 크게 부각된다는 것이다. 이런 업적에 대한 이해 없이 당시의 연구성과를 일거에 매도할 수 없다는 것이 버바의 입장이다.

1970년대 이래 최근까지 비교정치분야에서 알먼드와 같은 두드러진 지적 지도자나 구조기능적 접근방법과 같은 포괄적 분석의 틀이 두각을 나타내지는 못하고 있다. 위아다와 버바는 오늘날의 비교정치론에서 드러나는 학문적 분절성, 이질감 및 원심성을 지적하는 데에는 공감하고 있지만 이 상황이 비교정치론의 미래를 위해서 갖는 의미에 대해서는 상이한 시각을 가지고 있다. 위아다는 현재 비교정치론이 과거의 영광과는 대조적으로 쇠퇴 위기에 함몰된 것으로 보며, 새로운 여러 경향의 대두에도 불구하고 그들간의 통합을 통해서 다시 활력을 찾아야 한다고 주장한다. 그러나 버바는 크게 우려하지는 않는다. 많은 사람들이 현재의 비교정치론에 대해서 불만을 토로하고 있지만 버바가 보기에 단일의 종합적인 연구모형이 부재한 것은 오히려 새로운 시각과 접근방법을 수용할 수 있는 가능성이 된다. 그는 이러한 다양성은 오히려 건전한 것이라고까지 말한다.

이처럼 현재 비교정치론에는 다양한 연구프로그램이 병존하고 있다. 미국의 월남전 개입과 패배, 워터게이트사건, 미국을 비롯하여 유럽 등 세계 각지를 휩쓸었던 학생운동이나 기성권위에 대한 도전 등이 1970년대 이후 대두된 비교정치론의 성격과 관련하여 많이 논의되고 있는데, 기존 비교정치론의 정통 주류를 형성했던 자유주의적 범형이 급진주의적 범형과 보수주의적 범형의 도전을 받고 있는 것이다. 이러한 새 경향의 골자만 지적하자면 ① 국가개념의 복원, ② 맑스주의 정치경제학에 대한 강조, ③ 종속이론의 대두, ④ 조합주의, 관료적 권위주의연구의 활성화 및 ⑤ 공공정책에 대한 관심의 고조 등이다.

매크리디스가 신랄하게 비판한 바 있었던 비교정부론과 1950년대 중반 이후 최근까지의 비교정치론을 비교하면, 어떤 차이점을 발견할 수 있는가? 비교정부론에 대한 비판은 새로운 비교정치론을 확립시키자는 "혁명"을 촉구하기도 하였다. 과연 이러한 혁명은 그것이 주창된 이후 성공적으로 수행되었는가? 시겔만과 갯보이스의 분석에 따르면 그 혁명은 여전히 미완성이다.

시겔만과 갯보이스는 비교정치론분야에서 가장 전형적인 두 개의 정기간행물, 즉 1968~1981년까지의 ≪비교정치론(Comparative Politics)≫과 ≪비교정치연구(Comparative Political Studies)≫에 게재된 논문들을 분석했다. 무엇이 정치에 대한 비교연구인가에 대한 합의가 없기 때문에 이들은 몇 가지 기준을 설정하여 이 논문들 가운데 비교연구의 구성비율이 어느 정도인가를 살펴보았다. 하나 이상의 국가를 다룬 논문 가운데 두 개 이상의 국가간 비교를 시도한 것이 약 40%였고, 단일국가연구라 할지라도 이론적·개념적 시각을 적용하거나 가설을 제시하고 검증함으로써 잠재적으로 비교의 가능성을 갖고 있는 논문까지 비교의 범위에 포함시키면 그 비율이 60%를 약간 상회했다. 이것은 비교분석방법이 아직 철저하게 관철되고 있지 못함을 말해준다. 또한 서부유럽국가들을 많이 다루던 지역적 편중성은 여전히 남아 있는 것으로 확인되었고, 한편 연구주제에서 정부의 제도와 운영절차에 대한 관심은 종래보다 희박해졌음이 밝혀졌다. 이 점은 비교정부론의 핵심이었던 법적·제도적 연구경향이 약화된 것이다. 그런데 과연 비교정치론자들이 헌법, 법원, 의회, 및 행정부를 연구대상에서 배제하고 있는 것이 바람직한가 하는 의문이 제기되었다. 개념의 세련화, 경험적 자료의 수집과 활용, 법적·제도적 측면에 대한 희박한 관심 등, 비교정치론은 과거의 비교정부론과 차이점을 보이고 있지만 비교정치연구의 혁명적 변화는 기대했던 바와는 달리 아직 도래하지 않았다. 이제 이상과 같은 주제와 관련하여 몇 가지 주요한 문헌을 추가로 소개하면 다음과 같다. 특히 가장 최근에 출판된 것으로서 비교정치론 동향을 개관하고 있는 위아다의 저서를 읽도록 권한다.

Chilcote, R. H. 1982, *Theories of Comparative Politics: The Search for a Paradigm*, Boulder, Colo.: Westview Press, pp.55-80.

Eckstein, H. 1963, "A Perspective on Comparative Politics, Past and Present," in H. Eckstein & D. E. Apter(eds.), *Comparative Politics: A Reader*, New York: Free Press, pp.3-32.

Loewenberg, G. 1971, "New Directions in Comparative Political Research: A Review Essay," *Midwest Journal of Political Science* 15(Nov.), pp.741-756.

Looker, R. 1978, "Comparative Politics: Methods or Theories?," in P. G. Lewis, D. C. Potter, and F. G. Castles(eds.), *The Practice of Comparative Politics*, London: The Open University Press, pp.305-334.

Macridis, R. C. 1968, "Comparative Politics and the Study of Government: The Search for Focus," *Comparative Politics* 1 (Oct.), pp.79-90.

Mayer, L. 1983, "Practicing What We Preach: Comparative Politics in the 1980s," *Comparative Political Studies* 16(July), pp.173-194.

Neumann, S. 1957, "Comparative Politics: A Half-Century Appraisal," *Journal of Politics* 19(Aug.), pp.369-390.

Popper, K. R. 1972, *Objective Knowledge: An Evolutionary Approach*, Oxford: Clarendon Press.

Wiarda, H. J. 1993, *Introduction to Comparative Politics: Concepts and processes*, Belmont, CA.: Wadsworth.

제6장
구름, 시계와 정치학연구*

가브리엘 알먼드·스티븐 젠코**

    정치학은 지난 수십년에 걸쳐서 보다 큰 과학성을 얻으려 노력한 결과, 나름대로의 존재론적 기반과 점차 멀어지게 되었다. 즉 정치학은 물리학 혹은 다른 자연과학으로부터 설명의 논리를 빌어와 정치적 사건이나 현상을 마치 자연현상처럼 다루는 경향을 띠어온 것이다. 이런 경향은 눈부신 성공을 거둔 자연과학의 존재론적·방법론적 가정들이 두 단계에 걸쳐 확산됨으로써 비롯된 과학혁명의 한 국면으로 생각할 수 있다. 즉 자연과학의 분석논리는 처음에는 심리학·경제학으로, 그 다음에는 그런 선도적 학문으로부터 사회학, 인류학, 정치학 심지어 역사학에까지 유입된 것이다. 사회과학, 특히 정치학이 이처럼 자연과학의 분석논리를 받아들이게 된 것은 사회과학과 자연과학은 존재론적·메타방법론적으로 다를 바 없다는 신실증주의적 과학철학자들의 가정에 영향을 받았기 때문이다. 그러나 최

---

  * G. A. Almond & S. Genco, "Clouds, Clocks, and the Study of Politics," *World Politics* 29, 1977, pp.489–521(김웅진 역). 원문에서 "Second Thoughts in Psychology and Economics," pp.511–518은 편집상 제외되었음.
  ** 본 논문의 초고는 1976년 9월 에딘버러에서 개최된 세계정치학회(IPSA) 연차 총회에서 발표되었다.

근 일부 과학철학자와 심리학자, 경제학자들이 자연과학의 연구방법을 주
관적 인간현상의 분석에 적용하는 것이 타당한가라는 회의를 제기하고 있
다. 그 주장이 정치학의 발전에 도움을 줄 수도 있으리라 여겨지므로 이
제부터 논의해보자.

1. 포퍼의 은유

브레이스웨이트(B. B. Braithwaite), 헴펠(C. Hempel), 네이글(E.
Nagel) 등과 함께 메타방법론적 동질성(meta-methodological homo-
geneity)의 명제를 발전시켜온 포퍼(K. Popper)는 최근의 실존현상은
상호 이질적이므로 하나의 모형만으로는 과학적으로 설명할 수 없다고 주
장하고 있다. 그는 자연계가 나타내는 결정성과 비결정성이라는 통상적
관념을 표현하기 위해 구름과 시계의 은유를 사용하면서, 좌단에는 지극
히 불규칙적이자 무질서하고 예측불가능한 구름이 있고 우단에는 규칙적
이고 질서정연한, 그리고 예측가능한 시계가 있는 연장선을 상상해보라고
제안한다. 포퍼는 시계가 있는 극단에 가까운 결정론적 체계의 전형적인
예로 태양계를 들고 있다. 즉 연장선의 우측끝으로 갈수록 진자(振子)나
정확한 시계, 그리고 자동차와 같은 현상을 발견할 수 있다. 그리고 연속
선의 반대쪽 끝에 가까이 놓여진 현상으로는 무리에서 멀리 떨어졌을 때
되돌아오는 것을 제외하고는 제멋대로 움직이는 모기나 파리떼를 예로 들
수 있다. 이 좌측 극단에는 운층(雲層), 기상, 물고기떼, 인간사회가 있고
거기서 중심으로 조금만 이동하면 개별적 인간과 동물을 찾을 수 있다.
물리학에서의 뉴튼 혁명은 약 250년동안이나 지속되어온 이런 관념이
잘못된 것이라는 사실을 깨닫게 했다. 운동의 법칙에 의거하여 우주와 지
구상에서 나타나는 수많은 현상을 설명하는 데 성공한 뉴튼의 이론은 (비
록 뉴튼 자신은 아니지만) 대부분의 학자들로 하여금 우주와 그 구성인자
들은 본질적으로 시계와 같으며, 따라서 적어도 이론적으로는 완전히 예

측가능하다는 생각을 갖도록 만들었던 것이다. 이에 따라 겉으로 봐서 불규칙적인 현상은 단지 완전히 이해되지 못했기 때문에 그렇게 보이는 것으로 여겨졌으며, 조만간 그 현상들 역시 규칙적이자 예측가능한 것으로 판명되리라고 기대되었다. 그리하여 뉴튼 이후 과학을 주도해온 분석모형은 자연계의 모든 현상이 결정론적인 법칙에 따라 나타난다는 생각을 뒷받침하는 것이었다. 즉 포퍼의 은유에 따르면 비록 잔뜩 흐린 구름일지라도 모든 구름은 시계라는 것이다.[1]

그러나 1920년대에 이르러 양자물리학이 발전하면서 이러한 시계모형은 도전을 받게 되었으며, 모든 자연현상에는 비결정성과 우연성이 근본적으로 내재되어 있다는 견해가 이를 대신하기에 이르렀다. 양자이론에 따라 새로운 사실들이 밝혀지자 포퍼의 은유가 뒤집어져버린 셈이다. 즉 "어느 정도까지 모든 시계는 구름이다. 혹은 바꾸어 말하면 두꺼운 구름도 있고 얇은 구름도 있지만, 어쨌든 구름만이 존재한다"는 생각이 지배적인 시각으로 변한 것이다.[2] 많은 과학자와 철학자들이 이런 모델의 변형을 환영했다. 왜냐하면 이처럼 새로운 비결정론적 모형이 그들을 인간의 고유한 선택과 목표의 효율성을 부정한 결정론의 악몽으로부터 해방시켜줄 수 있으리라 믿었기 때문이었다.

그러나 포퍼의 핵심은 자연계에서의 인간사고의 명백한 자율성을 설명하려 할 때, "비결정론만으로는 부족하다"는 것이다. "만일 결정론이 옳다면 세계는 모든 구름, 모든 생체, 모든 인간을 포함하는 완벽하게 움직이는 시계다. 반면 피어스(Pierce)나 하이젠베르크(Heisenberg), 혹은 또 다른 류의 비결정론이 옳다면 단순한 우연이 자연현상을 조성하는 데에 아주 중요한 역할을 행사하게 될 것이다. 그러나 우연론이 정말로 결정론보다 만족스러운가?"[3]

---

1) K. R. Popper, "Of Clouds and Clocks: An Approach to the Problem of Rationality and the Freedom of Man," in *Objective Knowledge: An Evolutionary Approach*, Oxford: Clarendon Press, 1972, p.210. 강조는 저자.
2) Ibid., p.213. 강조는 저자.

포퍼는 이에 대해 부정적인 견해를 표명한다. 물리학자들이나 철학자들은 양자도약(量子跳躍, quantum-jump)현상의 예측불가능성에 기초하여 인간의 선택행위에 관한 모델을 만들려 했지만[4] 그는 이 모형들이 너무 큰 한계를 지닌 것으로 여겨 받아들이기를 거부하였다. 즉 그는 우선 "양자도약모델이 … 순간적인 결정행위를 설명할 수는 있다. …그러나 순간적 결정이 정말로 흥미로운가? 그것이 인간행위, 특히 합리적인 인간행위의 특징인가?"라는 의문을 던진다. 그런 다음 "나는 그렇게 생각하지 않는다. 우리가 합리적 인간행위(기실 동물의 행위)를 이해하기 위해 필요로 하는 것은 성격상 중간적인 것, 즉 완벽한 우연성과 완벽한 결정성 사이에 존재하는 것, 완벽한 구름과 완벽한 시계 사이에 있는 중간적인 것이다. …왜냐하면 분명 우리가 원하는 바는 목적, 숙고(熟考), 계획, 결정, 이론, 의도, 가치 등과 같이 비물질적인 것들이 자연계에서 물질적 변화를 일으키는 데 어떤 역할을 담당하느냐를 이해하는 것이기 때문이다"라고 잘라 말한다.[5]

이런 문제를 해결하는 포퍼의 방식은 그 문제 자체만큼이나 정치 또는 정치학연구에 적합한 것 같다. 포퍼에 따르면, "이 문제는 본질적으로 통제의 문제, 즉 인간의 사고나 추상작용이 행위 및 자연계의 다른 측면을 어떻게 통제하는가를 밝히는 문제"이다. 그래서 그는 "해결책은 반드시 자유의지를 설명할 수 있는 것이어야 하며, 인간이 지닌 고유한 목표나 선택기준과 같은 자유의지가 어떻게 단순한 우연의 결과가 아니라, 우연(임의성)과 필연(엄격하고도 선별적인 통제)간의 미묘한 상호작용의 결과로 나타나는가를 설명할 수 있는 것이어야 한다"고 주장한다. 이에 따라서 포퍼는 받아들일 수 있는 해결책의 범주를 "자유의지와 통제를 조화롭게 결합시킬 수 있는 방식, 그리고 엄격한 통제(cast-iron control)와 상치되는 탄력적 통제(plastic control)를 가능케 하는 방식"으로 제한한다.[6]

---

3) Ibid., p.226. 강조는 저자.
4) A. H. Compton, *The Freedom of Man*, New Haven: Yale University Press, 1975.
5) K. Popper, op. cit.(fn.1), p.228, 229. 강조는 저자.

포퍼는 결국 이 문제가 "시행착오에 의한 제거 혹은 변이(變異, var-iation)와 선택적 보유(selective retention)"를 강조하는 진화론적 해결방식에 의해 풀릴 수 있다는 결론에 도달했다.7) 즉 이런 해결방식에 기초한 이론만이 탄력있는 통제를 가능케 하며, 따라서 인간의 자유의지를 수용할 수 있다. 그에 따르면, "어떤 이론과 목적에 따라 우리 자신과 행위를 통제하는 것은 탄력적 통제에 해당된다. 우리는 우리를 이론에 의해 통제되도록 내맡길 필요가 없으며 또한 그런 이론들이 우리의 통제기준에 미치지 못한다고 생각할 때 얼마든지 자유롭게 내버릴 수 있는 것이다. 이론이 우리를 통제하는 것처럼, 우리도 이론(그리고 통제기준까지도)을 통제할 수 있다. 다시 말해서 여기에는 일종의 환류현상이 존재한다."8) 이렇게 본다면 관념과 행위의 관계에 대한 문제는 풀릴 수 있다.

포퍼는 다음과 같이 논의를 마무리짓고 있다. "우리는 세계를 폐쇄된 자연계-완전히 결정론적인 체계이든, 혹은 정확하게 결정되지 않는 것들은 모두 우연히 나타난 것으로 여겨지는 체계이든 간에-로 간주하는 것이 만족스럽지 않다는 것을 알았다. 이런 세계관에 입각해서 보면 인간의 창조성과 자유의지는 한낱 환영에 불과할 뿐이다. …따라서 나는 다른 세계관, 즉 자연계는 개방된 체계라는 견해를 제시하려 한다. 이와 같은 세계관은 삶의 진화양상을 시행착오를 통한 제거의 과정으로 보는 견해와 합치하는 것이며 또한 새로운 생명체의 출현과 인간의 지식 및 자유의지의 성장을 완전하지는 못하지만 적어도 합리적으로 이해할 수 있게 해준다."9)

그리하여 포퍼는 자연현상을 설명하는 데 적합한 분석모델은 인간현상과 문화현상을 이해하는 데에는 도움을 줄 수 없다고 주장한다. 또한 우리는 인간현상에 관한 이해의 폭을 넓힐 수는 있으나, 그러한 현상이 지

---

6) Ibid., pp.231-232. 강조는 저자.

7) D. T. Campbell, "Variation and Selective Retention in Sociocultural Evolution," *General Systems Yearbook* 14, 1960 참조.

8) K. Popper, op. cit.(fn.1), pp.240-241. 강조는 저자.

9) Ibid., pp.254-255.

닌 창조성과 임의성 때문에 그들을 완전히 설명할 수는 없다는 것이다.

2. 정치현상의 존재론적 속성

앞서 살펴본 포퍼의 글은 사회적 실재를 개념화하는 방식으로 시계로 보는 방식, 구름으로 보는 방식, 그리고 탄력적인 통제체계로 보는 방식 등 세 가지를 제시하고 있다. 정치학의 설명대상인 정치적 실재는 분명 세번째 방식에 의해 가장 잘 파악될 수 있는데, 왜냐하면 정치적 실재는 관념의 구성체이기 때문이다. 즉 정치현상은 결정·목표·의도와 같은 인간의 관념들이 끊임없이 그리고 강하게 다른 관념, 인간행위, 그리고 물질계와 상호 작용함으로써 생성된다고 할 수가 있다. 이처럼 복잡한 체계의 핵심에는 선택과 결정, 즉 명령·복종·투표·요구 등에 관한 결정이 있다. 정치적 세계는 조직화된 틀을 가지고 있다. 정치 엘리트는 명령을 내릴 것인지 아닌지의 여부와, 어떤 명령을 내리고 어떻게 그 명령을 수행시킬 것인지에 관한 결정을 한다. 시민들과 피지배자들 역시 그 명령에 복종할 것인지 아닌지, 복종한다면 어떻게 할 것인지를 결정해야 하며, 또한 요구를 표출할 것인지 아닌지, 표출하려 한다면 어떻게 할 것인지를 결정해야 한다. 이 결정들이 바로 정치의 핵심이자, 정치학이 탐구하고 이해하려 하는 연구주제이다.

이 정치현상들간의 관계는 자연현상의 경우처럼 작용-반작용적인 것이 아니다. 즉 이들을 인과론적 "시계"모형으로 집어넣기란 결코 쉽지 않다. 정치 엘리트와 시민들의 행위 레퍼토리는 고정된 것이 아니기 때문이다. 정치적 행위자들은 기억을 가지며 경험을 통해서 학습한다. 또한 그들은 나름대로의 목적과 열망, 그리고 계산된 전략을 지니고 있다. 이런 기억, 학습, 목표추구, 문제해결은 원인과 결과, 독립변인과 종속변인간에 개입하는 매개변인들인 것이다.

정치적 결정은 진공상태에서 이루어지거나 수행되는 것이 아니라 제약과 기회(constraints and opportunities)의 복잡한 배열양태에 따라 이루어진다. 정치의 필수조건이 되는 이 제약은 환경적·생태적 제약처럼 비교적 강력한 것에서 일시적 선풍이나 유행처럼 비교적 약한 것까지 종류가 매우 다양하다. 제약조건은 정치적 행위자의 행동영역(operating milieu)을 규정하고, [그 내역과 심도에 따라] 조작이 어느 정도 가능한지를 가늠할 수 있게 해준다.10) 예를 들어, 지리적 위치나 기술수준 같은 것은 장기적으로 바꾸기 어려울 뿐만 아니라 단기적으로도 쉽게 조작될 수 없는 반면, 문화적 가치나 여론은 경우에 따라 조작하기가 비교적 쉽다. 그러나 제약조건의 조작이 원칙적으로 불가능한 것은 아니다. 자원보유량과 인구의 불균형으로 비롯된 제약처럼 상대적으로 심도가 높은 제약조건이더라도 인간의 창조적 능력과 적응능력에 따라 그 압력을 시시때때로 약화시킬 수 있다. 이는 약 만년 전에 일어난 농업혁명이 일정한 공간에 살 수 있는 사람의 수를 여러 배로 늘렸고, 지난 두 세기에 걸쳐 진행된 산업혁명이 이를 다시 엄청나게 증가시켰던 사실로 미루어보아도 알 수 있다.

이러한 정치현상의 존재론적 속성은 누가 보아도 명백하다. 즉 의견을 달리할 수 있는 문제가 아니다. 철학적·방법론적 근거가 무엇이든, 이와 같은 존재론적 속성을 부인하는 가운데 인간의 행위를 단순히 반사적인 것으로 간주하여 "시계와 같은" 자연현상의 분석논리를 통해 설명하는 사회과학자는 과학을 이미 경험적으로 논박된 전제에 기초하여 정립하고 있는 셈이다. 이는 실제로 그들이 연구를 수행하면서 과학적 설명을 어떻게 내리고 있는가를 살펴보면 명백해진다. 다시 말해서 이들이 연구과정에 있어서 과학적 기억, 창조성, 계산된 전략, 목표추구, 문제해결의 중요성을 인정하는 한, 자신이 설명하고 분석하는 인간현상과 사회현상이 앞서 말한 속성들을 어느 정도 가지고 있다는 것을 받아들여야만 한다.

인간현상과 사회현상의 복잡성은 자연과학의 설명전략이 사회과학연구에 액면 그대로 적용될 수 없다는 점을 시사한다. 시계나 구름처럼 극단

10) H. Sprout & M. Sprout, *The Ecological Perspective on Human Affairs*, Princeton: Princeton University Press, 1965.

적인 속성이 지배하는 세계를 탐구하기 위해 고안된 분석모형 및 절차와 방법으로는 복잡다단한 사회적·정치적 상호작용의 세계를 단지 부분적으로만 파악할 수 있을 뿐이다. 그러므로 단순히 규칙성을 추적하거나, 변인 사이의 법칙적 관계만을 발견하려는 시도는 자연과학에서는 상당한 성공을 거둘지 몰라도 사회현상을 설명해줄 수는 없으며, 단지 그 현상에 영향을 주는 조건의 일부를 규명해줄 뿐이다.

정치적 실재의 속성은 물리적 세계의 속성과 다르기 때문에 정치행태의 규칙성 역시 자연현상의 규칙성과는 다르다. 우리가 발견한 정치행태의 규칙성은 엄격한 통제의 결과라기보다는 탄력적 통제의 소산이기 때문에 유연한[가변적인] 것이라고 할 수 있다. 이 규칙성은 역사 속에 깊이 내재되어 있으며, 수많은 인간의 기억, 학습과정, 목표를 추구하려는 충동 혹은 여러 가지 대안의 선택과정 등을 반복적으로 거쳐나온 것이다. 또한 우리가 찾아낸 규칙성은 수명이 짧은 것으로 여겨진다. 즉 이 규칙성들은 그것을 뒷받침하는 기억, 창조적 탐구, 학습 때문에 빨리 소멸된다. 그리고 사회과학 자체가 이 규칙성의 소멸을 조장할 수도 있는데, 인간의 학습은 경험뿐만 아니라 과학적 탐구를 통해서도 이루어지기 때문이다.

정치이론이 유연성[가변성]과 역사적 한계성을 지니고 있다는 사실은 몇 가지 예를 통해 알 수 있다. 한 예로 정치학자들은 투표행태론이 과학적 이론에 가장 접근한 이론이라 자랑하고 있는데, 실제로 투표행태론은 마치 포괄법칙처럼 보이는 일단의 법칙, 즉 투표행태와 인구통계학적 변인 및 태도변인의 상관관계에 관한 귀납적 법칙들을 도출해내는 데 성공하였다. 더구나 유권자의 색다른 태도분포가 정당체계에 미치는 결과에 관한 다운즈(Downsian)류의 연역적 모델은 정치의 기본법칙인 양 보이기조차 한다. 그러나 지난 30년간의 투표결과만을 대강 훑어보아도 이런 규칙성들이란 지극히 불안정하며 또한 그런 불안정성을 없애려 애써 봤자 자연과학적 규칙성에는 미치지 못한다는 것을 알 수 있다. 현대의 투표행태연구는 급속한 경제성장과 저강도(低强度)정치로 특징지어지는 1950년대와 60년대의 미국선거연구를 통해 큰 진전을 이룩하였다. 이 기간동안 투표행태를 연구한 학자들은 "정당 소속감"과 "후보자의 이미지"를 통해서 투표행태를 설명하고 예측할 수 있다고 주장했으며 선거이슈는 단지 부차적 역할을 하는 것으로 간주하였다.11) 이런 맥락에서 엄정한 인과론적 설명을 가능케 하는 이론을 정립하려는 시도가 이루어졌으며, 그 결과 정당 소속감과 후보자의 이미지에 기반을 둔 심리학적 투표행태이론이 나타났다. 그러나 이 이론은 곧 1930년대와 60년대 말의 자료에 기초한 1970년대 초의 연구에 의해 반박을 받게 되었다. 왜냐하면 미국 유권자들이 30년대와 60년대 말에는 50년대와 60년대 초와는 달리, 특정사안에 대한 후보자의 입장을 고려하여 표를 던졌다는 사실이 밝혀졌기 때문이다. 또한 최근에 이르러 학자들은 정당제도의 해체, 투표행태의 개별화 및 미국정치의 이데올로기화를 주요 변인으로 거론하고 있다.12) 그리고 애당초 정당소속감이론을 창안한 미시간 그룹의 주요 멤버 중 한 사람은 인구통계학적 변인이나 태도변인과 투표행태 사이에는 느슨한 상관관계가 있을 뿐이며, 따라서 우리가 만들어낼 수 있는 이론은 "이 상관관계의 변화조건을 체계적으로 명시하는 것"에 불과하다고 시인한 바 있다.13)

정치사회화이론은 아직도 가족, 학교, 직장, 커뮤니케이션 수단, 성인경험 따위의 사회화매체에 상대적으로 고정된 가치와 중요성을 부여하려는 무익한 시도를 계속하고 있고,14) 사회화연구 역시 투표연구처럼 엄격한 과

---

11) A. Campbell and others, *The Voter Decides*, Evanston, Ill.: Row Peterson, 1954; A. Campbell and others, *The American Voter*, New York: Wiley, 1960.

12) N. Nie, S. Verba, and J. R. Petrocik, *The Changing American Voter*, Cambridge: Harvard University Press, 1976, p.345ff; W. D. Burnham, *Critical Elections and the Mainsprings of American Politics*, New York: Norton, 1970.

13) P. E. Converse, "Public Opinion and Voting Behavior," in F. I. Greenstein & N. W. Polsby(eds.), *Handbook of Political Science* 4, Boston: Addison Wesley, 1975, p.126.

14) 최근의 문헌으로는 D. O. Sears, "Political Socialization," in Greenstein & Polsby, op. cit.(fn.13), p.93 참조.

학적 설명만을 지향하는 가운데 커다란 역사적 맥락과 변인들의 내재적 불
안정성을 경시해왔다. 예를 들어 제닝즈(Jennings)와 니미(Niemi)15)는
지금까지의 정치사회화연구 가운데 가장 세련된 연구를 통해, 고등학교 3
학년 학생들의 정치적 태도형성에 있어서 부모와 선생의 영향력이 놀랄 정
도로 미약하다는 사실을 밝혀냈다. 그러나 그들은 표본으로 추출해낸 1965
년도 고등학교 3학년생들이 2차 세계대전 후 베이비 붐으로 태어난 집단에
속한다는 것을 깨닫지 못했다. 이들은 상당한 정도로 스스로 사회화된 세
대이며, 1960년대 말에 이르러 젊은이의 반항을 주도한 문화적 혁신집단으
로 나타나 기존의 사회화이론을 뒤엎어버렸던 것이다. 이런 사회화이론도
오늘날에 이르러서는 투표행태이론처럼 변인의 불안정성을 점차 인정하게
되었다. 따라서 사회화 매체의 영향력은 인구통계학적 구조나 사회구조, 테
크놀러지, 정치적 사건과 사안 등의 변화에 따라 다르게 나타난다는 것을
알게 되었으며, 따라서 우리가 얻을 수 있는 것은 이러한 영향력의 변화조
건만을 밝혀주는 일단의 명제일 뿐이라는 사실을 받아들이게 되었다.

　엄격한 과학을 지향함으로써 가장 큰 피해를 입은 분야는 1960년대 초
에 정치와 공공정책의 관계를 규명한 미국정치학자들의 연구였다. 이 문
제는 정당간의 경쟁양태, 유권자의 참여, 선거구 획정 등 정치체계의 특징
이 공공지출의 규모, 특히 복지예산의 규모라는 측면에서 공공정책형성에
중요한 영향을 미친다고 주장했던 초기의 연구논문들에 의해 그 틀이 규
정되었다. 그러나 1950년대와 60년대 초 미국 여러 주의 정치, 경제 및
공공정책의 특징을 비교하려는 일련의 정량적 연구가 진행되어 정치적 변
인들이 정책변인에 별다른 영향을 주지 않음을 보여주었다. 즉 경제발전
의 수준을 통제했을 때, 정치적 특성의 차이가 영향력을 상실한다는 것이
밝혀진 것이다. 이 발견은 경제적 변인이나 다른 환경적 변인들이 정치적
변인보다 공공정책을 더 잘 설명해준다는 결론을 내리게 하였다.16)

15) M. K. Jennings & R. G. Niemi, *The Political Character of Adoles-
　　cence*, Princeton: Princeton University Press, 1974.
16) 관계 문헌에 관한 전반적 검토와 이런 발견의 보다 상세한 내용에 관해서는

여태껏 진행한 논의의 맥락에서 공공정책연구를 살펴볼 때 두 가지 면에 주목할 필요가 있다. 첫째, 경제와 공공정책, 그리고 정치와 공공정책의 관계에 관한 보편명제를 검증하는 과정에서 시간적·공간적 범주가 비정상적으로 축소되었다는 점이다. 이 문제를 연구한 학자들은 1930년대라기보다는 정치적 안정을 구가했던 1950년대의 상황에 놓여 있던 주들만을 연구대상으로 선정하는 것이 추론의 내역을 크게 제한하리라는 사실을 미처 깨닫지 못했다. 즉 이들은 전쟁, 혁명, 대공황 등에 대한 기억이 정치 및 공공정책에 커다란 영향을 미쳤다는 이미 잘 알려진 사실을 도외시함으로써 역사적 시각을 상실했던 것이다. 둘째, 이 학자들은 환경변인이 공공정책의 형성에 직접적인 영향을 미치지 않는다는 점, 그리고 정치적 선택이 본질적으로 환경변인과 공공정책의 관계에 지대한 영향을 주는 개입변인이라는 점을 인식하지 못했다고 할 수 있다.

한편 사회유동화이론은 도시화, 산업화, 커뮤니케이션 그리고 교육수준을 이용하여 정치화, 민주화, 탈이데올로기화의 경향을 설명·예측하려 했다. 그러나 이 변인들간의 관계를 역사적으로 검토해볼 때 인간의 끈질김과 창의성, 그리고 우연이 그러한 관계를 엄청나게 복잡하게 만든다는 것을 알게 되었을 뿐이다.[17] 그리하여 이데올로기의 종언을 예언했던 학자가[18] 다시 후기산업사회의 도래를 예언하게 되었으며,[19] 오늘날에는 또 다시 사회분열과 문화고갈을 예언하고 있는 것이다.[20] 결국 사회과학자들은 규칙적인 변동경로와 제한조건을 도출해낼 수 있는 고도의 연구방법을 통해 역사의

T. R. Dye, *Understanding Public Policy*, Englewood Cliffs, N.J.: Prentice- Hall, 1972, pp.243-248 참조.

17) 관계 문헌의 검토는 G. A. Almond, S. C. Flanagan, and R. J. Mundt(eds.), *Crisis, Choice and Change*, Boston: Little, Brown, 1973, p.8ff 참조.

18) D. Bell, *The End of Ideology*, New York: Free Press, 1960.

19) D. Bell, *The Coming of Post-Industrial Society*, New York: Free Press, 1973.

20) D. Bell, *The Cultural Contradictions of Capitalism*, New York: Basic Books, 1976.

흐름을 따라갈 뿐만 아니라, 사회현상의 생성과정에서 우연성과 인간의 창의성이 중요한 역할을 수행한다는 점을 항상 의식함으로써 그들이 설명하려는 현상을 보다 정확히 파악할 수 있다는 사실을 깨닫게 된 것이다.

인과적 필연성이나 높은 확률성을 지니는 강력한 규칙성·제일성(齊一性)에 매료된 나머지, 사회과학자들은 대부분의 사회·정치적 변화는 강하거나 약한 규칙성이 아니라 낮은 발생확률을 지닌 사건들의 우연한 결합에 의해 설명되어야 한다는 사실을 경시해왔다. 특별한 지도자가 특수한 역사적 상황에서 나타나는 것은 필연이라기보다는 우연 또는 행운의 결과이다. 학자들은 왜 1917년 러시아에 혁명의 조건이 성숙했는가를 설명할 수 있고, 또한 레닌의 개성과 행동강령을 설명할 수도 있다. 그러나 이 두 가지가 어떻게 결합되어 볼셰비키혁명을 초래했는지는 설명할 수 없으며, 단지 우연히 그렇게 되었다는 것을 알 수 있을 뿐이다. 이 문제는 새로운 종(種)의 출현을 설명하려는 생물학자의 문제와 비슷하다. 즉 어떤 종이 출현하기에 적합한 생태학적 적소(適所)를 제약과 기회라는 맥락에서 설명할 수 있으나, 실제로 이러한 적소를 채우는 새로운 종이 나타나기 위해서는 전혀 설명할 수 없는 일단의 돌연변이가 우연히 이루어져야 하는 것이다.

어떻게 보면 정치사회적 우연의 문제는 이와 같이 생물학자의 문제와 유사하지만, 둘 사이에는 근본적으로 다른 점이 있다. 생태학적 적소라는 제약조건과 무질서한 돌연변이현상의 상호작용은 분명 시행착오의 과정이며, 따라서 임의적이자 대개 유전학적 성격을 지닌다. 그러나 인간현상은 의식적이고 계획적인 측면을 가지고 있다는 점을 간과해서는 안된다. 러시아 혁명의 예로 되돌아가보면, 그 과정은 혁명의 정치적 적소와 레닌의 우연한 결합일 뿐 아니라, 그가 차지하려는 적소에 어떤 제한조건과 기회가 있는가를 계속 탐구하고 시험하며 학습하는 가운데 계획하고 고안하며 의지를 굳게 다지면서 임기응변하는 레닌과의 결합도 포함한다. 레닌은 일단 혁명의 적소[러시아]를 차지하자 곧 러시아와 러시아 국민을 미래에 적응할 수 있도록 변화시켰다. 정치적 실재를 이해하려면 그 속에 결정론적 성향뿐만 아니라 인간의 창조성, 적응성, 문제해결 의도와 같은 비결정론적 성향이 역시 내재되어 있다는 사실을 잊어서는 안된다. 바로 이런 창조적 특성이 사회과학연구의 고유한 메커니즘을 규정하며, 또한 사회과학이 설명해야 하는 인간의 본질적 속성이기 때문이다.

3. 정치학에 있어서 시계모형

오늘날 정치학연구의 주류를 이루고 있는 **행태주의적** 입장은 자연과학에서 빌어온 다음의 세 가지 인식론적·방법론적 가정에 기초하고 있다. ① 과학의 목적은 사회-정치과정의 규칙성을 도출하고, 궁극적으로는 그 생성법칙을 발견하는 것이다. ② 과학적 설명은 개별사건을 **포괄법칙**에 연역하는 작업을 의미한다. ③ 자연과학적 인과관계의 양상을 지닌 것만이 과학적으로 의미있는 관계이다. 이와 같은 가정들은 서로 긴밀히 연결되어 있으며, 정치학연구에서 각기 나름대로의 실질적인 의미를 갖고 있다.

(1) 왜 정치학이 일반화를 강조하게 되었는지를 이해하려면 우선 역사적 맥락을 파악해야 한다. 1953년 이스튼(D. Easton)은 "지식은 일반성과 일관된 내적 조직성이 증대될 때, 간단히 말해서 많은 사례에 적용될 수 있는 체계적이고 일반화된 진술의 형태를 취했을 때 비로소 가치 있고 믿을 만한 것이 된다"21)고 주장하면서, 지난 수십년 동안 정치이론을 거의 지배해온 표의적, 서술적, 비누적적, 제도적 사례연구의 전통을 비판했다. 1950년대 초에는 유사한 맥락에서 트루만(D. Truman)을 위시한 여러 학자들의 행태주의 논쟁이 활기차게 진행되었다.22) 그러나 이처럼 분석의 초점을 서술로부터 설명으로 전환하려는 시도는 장기적으로 일반화를 과학화의 필수

---

21) D. Easton, *The Political System*, New York: Knopf, 1953, p.55.
22) D. B. Truman, "The Impact on Political Science of the Revolution in the Behavioral Sciences," in H. Eulau(ed.), *Behavioralism in Political Science*, New York: Atherton, 1969.

조건으로 여기게 하는 결과를 초래하였다고 볼 수 있다. 이는 요즈음 쏟아져나오고 있는 "범위와 방법" 책자들을 살펴보아도 쉽사리 알 수 있다. 예를 들어 스캐로우(H. Scarrow)는 『비교정치분석(*Comparative Political Analysis*)』에서 "일반화는 모든 과학적 탐구의 보증서"라 주장했으며,[23] 콘웨이(M. Conway)와 파이거트(F. Feigert) 역시 『정치학 개론(*Political Analysis: An Introduction*)』에서 "과학의 기능은 특정 학문분야가 연구대상으로 삼고 있는 행위를 설명해주는 일반법칙이나 이론을 정립하는 것"이라 천명하고 있다.[24] 또한 셰보르스키(A. Prezworski)와 튜니(H. Teune)의 『비교사회분석의 논리(*The Logic of Comparative Social Inquiry*)』처럼 세련된 저서에서도 다음과 같은 독단에 가까운 견해가 나타나고 있다. "우리의 주된 가정은, 비교분석을 포함한 모든 사회과학연구는 사회현상에 관한 일반적 진술을 이끌어낼 수 있고, 또 이끌어내야 한다는 것이다. 이는 인간행위나 사회적 행위가 관측을 통해 정립된 일반법칙에 따라 설명될 수 있음을 의미한다. 물론 이 가정은 선호의 표현일 뿐이며 논리적으로 정당화될 수는 없다."[25]

이러한 일반화에 대한 강조가 초래한 실질적 결과는, 발생할 확률이 낮은 독특한 정치적 사건이나 현상을 도외시하면서 규칙성과 제일성, 그리고 안정성을 나타내는 정치과정의 제관계에만 연구의 관심을 집중하게 되었다는 점이다. 예를 들어, 프러호크(F. Frohock)는 『정치분석의 본질(*The Nature of Political Inquiry*)』에서 "과학은 인과관계와 일반법칙의 정립을 목적으로 한다. 이것을 위해서는 인간행위의 체계적 양상에 관심을 기울여야 한다. 어떤 사건은, 그것이 어떤 보편적 부류가 반복적으로 표출되는 양태일 경우에 한해서만 과학적으로 연구될 수 있다"고 말하고 있다.[26]

---

23) H. A. Scarrow, *Comparative Political Analysis: An Introduction*, New York: Harper & Row, 1969, p.33.

24) M. Conway & F. B. Feigert, *Political Analysis: An Introduction*, Boston: Allyn and Bacon, 1972, p.17.

25) A. Przeworski & H. Teune, *The Logic of Comparative Social Inquiry*, New York: Wiley, 1970, p.4.

여기서 정치과정이 규칙성을 전혀 갖고 있지 않다거나 또는 유효한 통칙이 절대로 만들어질 수 없다고 주장하는 것은 아니다. 앞서 살펴본 바와 같이, 정치적 규칙성은 비록 유연한 것이기는 하지만 분명히 존재하며, 따라서 정치학의 주요한 연구대상이 될 수밖에 없다. 우리는 단지 규칙성과 일반화만을 과학적 정치학연구의 유일한 대상으로 간주하는 입장을 비판할 뿐이다. 우리가 볼 때 이 입장은 정치학의 연구대상을 쓸데 없이 축소시키고 있다. 정치적 실재를 선택과 제한의 조합으로서, 또한 규칙성뿐만 아니라 혁신의 근원으로 보는 것이 가장 타당한 시각이라면 정치학연구를 규칙적인 현상의 연구에만 제한할 필요는 없다. 따라서 "과학적 탐구의 보증서"로서의 일반화만을 강조하는 것은 정치학에 족쇄를 채우는 것이다.

(2) 일반화와 규칙성에 관한 관심은(동시에 연구범위를 일반화가 가능한 측면으로만 제한하려는 시도는) 정치학연구에서 설명이라는 특정한 개념과 밀접히 연관되어 있다. 이 입장 역시 "범위와 방법" 책자들에 반영되고 있다. 예를 들어 아이작(A. Isaak)은 『정치학의 범위와 방법(The Scope and Method of Political Science)』이라는 저서에서 정치학자는 "과학적 사실"이 존재함을 인정해야 하며 "제대로 된 설명과 예측은 적어도 하나 이상의 통칙을 포함하고 있고, [따라서] 통칙 없이는 설명도 예측도 할 수 없다"는 사실을 받아들여야 한다고 천명하였다.27) 마찬가지로 콘웨이와 파이거트는 "과학적 설명은… 견고하게 정립된 법칙이나 이론을 필요로 하며… 설명은 피설명항이 법칙이나 이론… 이미 밝혀진 사실의 논리적 결과로 연역될 경우에 이루어진다"고 주장하고 있다.28)
이들이 내세우는 설명모델은 브레이스웨이트29)나 헴펠30) 등 일단의 과

26) F. M. Frohock, *The Nature of Political Inquiry*, Homewood, Ill.: Dorsey, 1967, p.141.
27) A. C.Isaak, *The Scope and Method of Political Science*, Homewood, Ill.: Dorsey, 1969, p.80.
28) Conway & Feigert, op. cit.(fn.24), p.27.
29) A. Braithwaite, *Scientific Explanation*, Cambridge: Cambridge Uni-

학철학자에 의해 발전된 소위 **포괄법칙모형** 혹은 연역-법칙적 모형(de-ductive-nomological model, 이하 D-N모델로 약칭)이다. 이 모형의 기저에 놓인 기본적 아이디어는, 어떤 현상이 그보다 더 일반적인 부류의 한 표출양태라는 것을 보여줌으로써 그 현상을 설명할 수 있다는 것이다. 즉 "뭔가를 설명하는 것은 그것이 보다 일반적인 것의 구체적 [표출] 사례라는 사실을 밝히는 작업이다."[31) D-N모델에 따르면 설명은 설명대상으로 주어진 구체적 사례가 그것뿐만 아니라 다른 모든 유사한 사례를 포괄하는 보다 일반적인 법칙(또는 일단의 법칙)으로부터 연역될 때 이루어진다. 이것이 바로 일반화[혹은 통칙]가 연역적 설명에서 그처럼 중대한 역할을 하는 이유이다.

D-N모델의 설명력은 피설명항으로 주어진 개별사건이 포괄법칙의 필연적·논리적 귀결이 된다는 사실에서 비롯된다. 연역적 설명은 이미 알려진 사실(일반화된 통칙)에 근거하여 피설명항[구체적인 설명대상현상]이 나타나리라 기대하는 추론을 통해 이루어진다. 즉 예전에 그랬던 것처럼 이번에도 그러한 현상이 나타날 수밖에 없다는 것이다.[32) 바로 이런 "나타날 것이 기대된다"는 논리가 연역적 설명의 핵심이 되며, 왜 설명과 예측이 밀접한 관계를 갖는가를 말해준다.[33) D-N모델을 따르는 사람들에게 예측을 할 수 없는 설명은 진정한 의미의 설명이 아니다.[34) 따라서 폐

---

versity Press, 1953.

30) C. Hempel, *Aspects of Scientific Explanation*, New York: Free Press, 1965; E. Nagel, *The Structure of Science*, New York: Harcourt, Brace and World, 1961 참조.

31) A. Kaplan, *The Conduct of Inquiry*, San Francisco: Chandler, 1964, p.339.

32) Ibid.

33) P. Diesing, *Patterns of Discovery in the Social Sciences*, Chicago: Aldine Atherton, 1971, p.164.

34) 이 논리의 역논리, 즉 유효한 예측은 곧 설명이라는 논리를 거부한 헴펠의 입장에 관해서는 Hempel, op. cit.(fn.30), p.367 참조. 한편 이와 같은 소위 "설명-예측의 대칭성 명제"가 항상 정치학자들에 의해 받아들여진 것은 아니다. 예로서 O. Young, "The Perils of Odysseus: On Constructing Theories in In-

쇄되어 있는 결정론적 체계, 즉 포퍼의 말을 빌리자면 "시계모형"이 D-N
형 설명에 가장 적합하다는 것은 놀라운 사실이 아니다. 이에 대해 헴펠
은 다음과 같이 말하고 있다. "결정론적 속성을 지닌 자연과학이론이야말
로 D-N형 설명에 가장 잘 들어맞는 설명을 할 수 있다. …즉 이 이론에
의해 규정된 법칙들은 어떤 현상의 양태를 현재의 것이든 혹은 과거나 미
래의 것이든, 언제든지 결정한다는 의미에서 단정적 성격을 지닌다."35)

D-N모델은 피설명항을 설명해주는 법칙 혹은 일단의 법칙들로부터 벗
어나는 예외가 나타날 경우 그만큼 유용성을 상실하게 된다는 것이 명백하
다. 즉 "모든 A는 모든 B이다"라는 결정론적 법칙이 아니라 "몇몇 A는 B
이다"라는 확률적 법칙만을 얻을 수 있다면, 설명항과 피설명항간의 연역
적 연계는 와해되어버리고 B의 발생에 관한 설명은 여전히 해결되지 못한
문제로 남는다. 바로 이 상황이 탄력적 통제의 범주에 포함되는 상황이다.
탄력성을 지녔다는 것은 원칙적으로 통칙[일반화]에는 예외가 있을 수 있
다는 것을 의미한다. 따라서 우리가 분석하는 현상이 탄력적 통제의 속성
을 드러내면 낼수록 단순한 D-N모델로는 설명할 수 없다고 할 수 있다.

(3) 인과관계의 개념은 정치학자와 과학철학자 양자 모두에게 포괄법칙
적 설명이라는 아이디어와 밀접하게 연관되어 있다. 가령 브레이스웨이트
는 인과성을 다음과 같이 엄격한 포괄법칙이라는 맥락에서 규정하고 있다.
즉 "어떤 특정사건이 일단의 상황적 요인으로부터 비롯되었다는 진술은
일반법칙을 내세우는 것이다. 다시 말해서, 어떤 사건의 원인을 찾는다는
것은 항상 그러한 사건에 적용될 수 있는 일반법칙을 찾는 것이 된다."36)
정치학자들 역시 이 논리를 받아들였다. 예로서 로버트 달(R. Dahl)에

ternational Relations," in R. Tanter & R. Ullman(eds.), *Theory and
Policy in International Relations*, Princeton: Princeton University
Press, 1972, p.183 참조.

35) Hempel, op. cit.(fn.30), p.351; Nagel, op. cit.(fn.30), p.323 참조.
36) Braithwaite, op. cit.(fn.29), p.2; Hempel, op. cit.(fn. 30), pp.348-349.

의하면, "만일 우리가 어떤 사건 E를 엄격한 인과관계의 맥락에서 설명하려 한다면, E를 결과로 간주하여 이를 '모든 사건 C는 사건 E를 수반한다'는 형태의 통칙에 연역시키게 된다. …즉 C를 원인으로, 그리고 E를 결과로 간주하게 된다"는 것이다.[37] 마찬가지로 아이작은 "만일 'A가 B를 초래한다'는 말이 'B는 항상 A를 뒤따른다'는 말과 같다면, 이들은 모두 'A이면 B이다'라는 말로 축약될 수 있다. 바꾸어 말하면 굳이 원인이라는 용어를 사용하지 않고서도 흔히 인과관계라 알려져 있는 관계양상을 표현할 수 있다"고 주장한다.[38]

인과관계의 특징을 이처럼 규정하는 이유는 이를 설명의 도구로 간주하기 때문이다. 그렇다면 이런 설명[도구]의 위상은 어떻게 얻어지는가? 인과관계를 다룬 문헌들을 대강만 훑어 보아도 원인 혹은 결과라는 개념이 매우 광범위하고 또한 모호하게 규정되어 있다는 것을 알 수 있으나[39] "동일한 원인은 동일한 결과를 낳는다"는 원리만은 항상 나타난다.[40] 헴펠에 따르면 "'동일한 원인-동일한 결과'라는 원리가 보여주듯이 어떤 일단의 주어진 조건들이 합쳐져서 특정한 현상[피설명항]을 발생시킨다는 주장은 언제 어떠한 상황에서든 이와 같은 조건이 부여된다면 역시 같은 현상이 나타나리라는 것을 시사해준다."[41] 그리고 캐플란(A. Kaplan)은 "인과적 연계는 대개 어떤 의미를 지닌 관계라는 맥락에서 분석된다. 즉

---

37) R. Dahl, "Cause and Effect in the Study of Politics," D. Lerner(ed.), *Cause and Effect*, New York: Free Press, 1965, p.87.

38) Isaak, op. cit.(fn.27), p.95.

39) 예로서 E. Sosa, *Causation and Conditionals*, Oxford: Oxford University Press, 1975; M. Brand(ed.), *The Nature of Causation*, Urbana: University of Illinois Press, 1976 참조.

40) 물론 이처럼 합의된 원리 이외에도 인과성의 철학적 위상에 관한 여러 가지 다른 문제, 예로서 인과관계가 항상적 연계, 논리적 필연성과 결과를 내포하느냐와 같은 문제에 대한 논쟁이 활발하게 진행된 바 있다. 특히 정치학연구와 관련해서 이 문제를 논의한 책으로는 G. H. von Wright, *Explanation and Understanding*, Ithaca, N.Y.: Cornell University Press, 1971 참조.

41) Hempel, op. cit.(fn.30), pp.348-349.

'~이라면 ~게 된다'는 연계도식이 출발점이 된다. 다시 말해서, 어떤 원인이 발생하면 그 결과도 발생하게 마련이다"라고 다소 신중한 논리를 펴고 있다.42) 인과관계에 설명능력을 부여하는 것은 이러한 "동일한 원인-동일한 결과"라는 논리이다. 이런 원리가 없다면, '인과성'이라는 문제는 본질적으로 설명이 불가능한 개체, 사건, 혹은 과정들간의 관계에 관한 골치아픈 문제가 될 것이다.

원인과 결과 사이의 관계를 이렇게 철학적으로 규정하는 것은 포퍼의 엄격한 통제라는 관념과 밀접하게 연관되어 있다. 즉 원인은 결과를 산출하고 결과의 존재는 원인을 설명한다. 이처럼 인과관계와 포괄법칙적 설명을 동일시함으로써 좁게 규정된 순수한 원인과 결과의 세계는 예외가 전혀 없는 세계이며, 현존하고 있는 것 이외의 다른 것은 전혀 없는 세계인 것이다. 우리가 생각하기에 그러한 세계는 경이(驚異)와 혁신의 잠재성이 내재되어 있는 정치학의 세계와는 완전히 동떨어진 세계이다.

설명도구로서의 인과율의 의미가 이처럼 융통성이 없고 빈약함에도 불구하고 수많은 정치학자들이 정치현상을 원인-결과의 맥락에서 분석하려 시도해왔다. 그 결과, 형식화된 정의와 이와는 관련이 없는 경험적 자료의 기묘한 혼합이 자주 나타났다. 이렇게 잘못된 혼합의 예는 인과분석논리를 상당히 많이 이용한 분야인 권력개념에 관한 연구에서 찾을 수 있다. 이러한 연구에서는 원인과 결과 사이의 관계가 마치 필수적·종속적인 관계인 양 제시되고 있다는 사실은 누가 보아도 알 수 있다. 가령 사이먼(H. Simon)은 "'C가 R에 대한 권력을 가지고 있다'는 진술은 'C의 행위가 R의 행위를 유발시킨다'는 진술로 대체될 수 있다. 인과관계를 정의할 수 있다면 영향력이나, 힘, 권위 등을 정의할 수 있고 또한 그 역도 가능하다"고 말한다.43) 또한 비슷한 맥락에서 맥팔런드(A. McFarland)는 "힘, 유인이나 효용, 혹은 최소규모승자연합(minimum winning coalition) 등의 개념에 기초하

---

42) Kaplan, "Noncausal Explanation," in Lerner, op. cit.(fn.37), p.146.
43) H. Simon, *Models of Man*, New York: Wiley, 1957, p.5.

여 이루어진 권력이나 권위의 정의는… 인과적 용어로 환원될 수 있다"고 주장한다.[44] 최근의 예로서는 권력에 관한 네이글의 정의를 들 수 있다. 즉 그에 따르면 "권력관계란 현시적인 것이든 잠재적인 것이든, 어떤 결과를 기대하는 행위자의 선호 사이에 나타나는 현시적·잠재적 인과관계"이다.[45] 한편 로버트 달은 최신판 『현대 정치분석(*Modern Political Analysis*)』에서 (비록 몇 가지 단서를 달기는 하였지만) 그가 오랫동안 견지해온 견해, 즉 인과관계는 힘의 관계나 영향력의 관계를 이해하는 데 필수적이라는 견해를 다음과 같이 피력하고 있다. "인간의 상호작용이 나타내는 모든 측면 중에서 영향력만을 떼놓고 볼 때, 우리의 관심을 끄는 것은 이러한 상호관계에서 한 명 혹은 그 이상의 사람들이 다른 사람들로 하여금 특정한 방식으로 행동하게 함으로써 그들이 원하는 바, 혹은 원하는 바에 가까운 것을 얻게 된다는 점이다. 우리는 A라는 사람이 무엇을 원하는가와 B가 무엇을 하는가 사이에 놓여 있는 인과관계에 주목해야 한다."[46]

이러한 정의에서 원인이라는 용어는 어떻게 사용되는가? 이 용어가 과학철학자들이 생각하는 것과 같이 설명적인 개념으로는 사용되지 않고 있다는 것은 명백하다. 앞에서 살펴본 바와 같이, 설명이 진정 인과적인 것이 되기 위해서는 피설명항으로 주어진 관계가 ① 규칙적·결정적이어야 하며, ② 일반화될 수 있어야 하고, ③ 포괄법칙적 설명을 받아들일 수 있어야 한다. 그러나 이런 세 가지 속성들 가운데 어느 것도 힘의 관계에는 적용될 수 없는 것 같다. 권력관계에는 두 개의 물질적 개체의 인과관계처럼 필연성이 내재되어 있지 않다. 권력행사의 대상이 되는 사람은 여러 가지 이유로 말미암아 권력을 행사하는 사람이 원하는 바대로만 행동하지는 않는다. 왜냐하면 권력관계는 엄격한 통제의 관계가 아니며 각기 고유

---

44) A. McFarland, *Power and Leadership in Pluralist Systems*, Stanford: Stanford University Press, 1969, p.29.
45) J. Nagel, *The Descriptive Analysis of Power*, New Haven: Yale University Press, 1975, p.29.
46) R. Dahl, *Modern Political Analysis*, 3rd ed., Englewood Cliffs, N.J.: Prentice-Hall, 1976, p.30. 강조는 저자.

한 자원, 목적, 목표, 이익과 전략을 지니면서 나름대로 행동방향을 선택
하며, 서로 행동반경을 제한하는 두 사람 사이의 상호작용관계이기 때문
이다. 즉 어떤 한 사람이 지닌 의도나 자원이 상대방의 선택과 행동을 제
한하게 된다는 것은 분명하지만, 그런 선택과 행동이 엄격한 통제에 따라
이루어지는 것은 아니다.

권력행사과정에서 행위자의 의도와 행위 사이에 나타나는 이러한 "느슨
한 합치성"은 이들간의 관계가 쉽게 일반화될 수 없음을 의미하는 것일
뿐만 아니라, 엄격한 포괄법칙적 설명이 불가능하다는 것도 시사해준다.
하트(H. Hart)와 오노레(Honoré)가 지적한 것처럼 "어떤 사람이… 다른
사람으로부터 위협을 받았기 때문에… 어떤 일을 한다는 진술은, 같은 상
황이 반복될 때 같은 행동이 수반되리라는 견해를 함축하거나 시사하는
것이 결코 아니다. 또한 이러한 진술은 통상적인 인과적 진술이 그렇듯이
그 뒷받침이 되는 일반화를 필요로 하지도 않는다. …"47) 이렇게 본다면
권력관계는 적어도 설명이라는 맥락에서 볼 때 인과적인 것이 될 수 없다
는 결론에 이르게 된다.48)

어떻게 보면 달이나 다른 학자들도 이러한 결론에 공감하고 있다고 볼
수 있다. 이들이 현실 정치상황에서 나타나는 권력관계를 어떻게 경험적으
로 연구하였는가를 살펴보면, "동일한 원인-동일한 결론"이라는 지극히 단
순한 논리에 기초하지 않고서도 얼마든지 복잡한 상호관계의 양상을 정확
하게 분석할 수 있었다는 사실을 알 수 있다. 즉 이와 같은 실질적인 연구
분석에서는 정의를 내리는 경우와는 반대로 탄력성[가변성]이 인정되고 있
으며 불확정성은 통찰력과 세련된 논의를 통해 다루어지고 있는 것이다.

결국 여기서 우리는 인과분석용어들이 형식화작업이나 정의작업에서
(설명적이라기보다는) 수사적·은유적으로만 사용되고 있다는 사실을 보았

---

47) H. L. A. Hart & A. M. Honore, *Causation in the Law*, Oxford: Clarendon Press, 1959, p.52.
48) 유사한 맥락에서 이루어진 논의로는 T. Ball, "Power, Causation and Explanation," *Polity* 8, 1975(Winter), pp.189-214 참조.

다. 바로 그 때문에 실제연구과정에서 진정한 인과분석을 수행하려는 시도
가 나타나지 않았던 것이다. 이런 불일치현상은 정치학자들이 이론적 형식
화작업의 언저리에 후광효과(後光效果)를 만들어내려 했기 때문에 나타
난 것으로 보는 것이 옳을 것이다. 결국 완벽한 과학적 위상을 차지하려는
우리의 바람이 자연과학의 분석도구를 일단 마분지로 흉내내놓고 보면 언
젠가는 진짜가 되리라는 생각에서 일종의 "화물숭배(cargo cult)"를 낳게
된 셈이다.

　오늘날 정치학연구를 뒷받침하고 있는 이상과 같은 세 가지 논리는 정
치세계의 모형이 포퍼가 제시한 시계모형과 매우 흡사하다는 입장을 암시
하고 있다. 물론 이는, 모든 정치학자들이 실제로 정치적 세계를 이 방식
으로만 바라보고 있다는 뜻은 아니다. 적어도 정치세계가 매우 방만하고
불규칙적이며, 또한 예측불가능한 것처럼 보인다는 데에는 우리 모두 동의
할 것임에 틀림없기 때문이다. 여기서 말하고자 하는 바는 우리가 자연과
학, 보다 정확히는 자연과학의 특정한 철학적 입장으로부터 빌어온 메타
방법론적 원리와 분석절차들이 "모든 구름은 시계"라는 원리에 입각한 일
단의 실질적 가정들을 함께 가져왔다는 것이다. 만일 우리가 정치과정에
서 단순히 일반화와 규칙성만을 찾으려 한다면, 또한 포괄법칙적 모형의
맥락에서만 설명을 하려 한다면 그리고 정치적 관계를 궁극적으로 인과적
인 것으로만 본다면, 알고 그랬든 모르고 그랬든 정치적 실재의 "정말로"
시계와 같은 구조를 찾아내기 위해 구름과 같은 측면과 목적적인 측면을
모두 없애버리는 연구프로그램만을 수용하는 셈이 된다. 그러나 정치현상
이 그 기본구조에서 시계와 같지 않다면, 이런 연구프로그램은 모두 부적
절한 것으로 전락하게 마련이다. 오늘날의 정치학이 처한 곤경은 "시계모
형"의 가정이 정치현상의 본질을 다루는 데 적합치 못하다는 사실로서 대
부분 설명될 수 있다.

4. 시계모형이 정치학연구와 교육에 미친 영향

정치학연구에서 자연과학을 닮아가려는 움직임은 지난 수십년 동안 이루어진 과학혁명의 한 국면이라고 말할 수 있다. 즉 물리학과 생물학이 눈부신 발전을 거듭하고 과학이 국가자산으로 간주되면서 과학분야에 대한 연구지원기금이 대폭적으로 늘어나자 정치학도 과학이 될 수 있다는 낙관적인 기대가 점차 커지게 된 것이다. 따라서 정치학자들이 이처럼 열정적이고 유익한 과학화운동에 적극적으로 동참하게 되었다 해도 별로 놀라울 것이 없다.

정치학은 물리학이나 생물학연구에서 큰 효용성을 발휘한 강력한 방법을 통해 정치현상도 분석할 수 있다고 역설한 과학철학자의 주장에 힘입어 점차 자연과학을 닮게 되었다. 이런 주장은 과학철학, 특히 그 중에서도 논리실증주의적 입장이 고수하고 있는 기본신조의 하나로서,[49] 사회과학과 역사학이 어떻게 하면 "진정한" 과학으로서의 위상을 차지할 수 있는가를 보여주려는 수많은 책과 논문들의 출발점이 되었다.[50] 게다가 사회과학 자체내에서도 자연과학의 분석전략을 구사하여 성공적인 결과를 얻은 직접적 증거들이 나타났다. 즉 심리학과 경제학이 자연과학적 연구방법을 가장 먼저 수용하여 실험과 세련된 정량분석, 컴퓨터 시뮬레이션, 그리고 수리모형을 사회분석에도 적용할 수 있는 가능성을 보여주었다. 이처럼 과학화의 필요성에 대한 철학적 신념과 심리학, 경제학의 진보가

---

49) von Wright, op. cit.,(fn.40), Chap.I 참조.

50) 예를 들어 Nagel, op. cit.(fn.30); Hempel, op. cit.(fn.30), Chap.9; M. Brodbeck, "Explanation, Prediction, and 'Imperfect' Knowledge," in H. Feigl & G. Maxwell(eds.), *Minnesota Studies in the Philosophy of Science* 3, Minneapolis: University of Minnesota Press, 1962; R. S. Rudner, *Philosophy of Social Science*, Englewood Cliffs, N.J.: Prentice-Hall, 1966; Rudner, "Comment: On the Evolving Standard View in Philosophy of Science," *American Political Science Review* 66, 1972 (Sep.).

한 데 어우러져 나타남으로써 사회과학이 엄정한 과학을 지향하여 움직이는 것을 아무도 막을 수 없었던 것이다.

이상과 같은 철학적 정당화와 전시효과의 영향을 받아 정치학은 더욱더 자연과학적인 연구정향을 강조하게 되었다. 자연과학을 닮아야 한다는 압력이 얼마나 컸는지는 학자로서의 위신, 연구논문의 학술지 게재, 연구비 지원양상 등을 살펴보면 쉽게 알 수 있다. 국립과학재단(National Sci- ence Foundation)을 위시한 연구비나 대학원 장학금 지원기관들은 자연과학분야에 의해 완전히 주도되고 있었다. 따라서 사회과학분야는 이 가운데에서 열세를 면치 못하였으며, 특히 정치학의 위상은 그야말로 보잘 것 없었다. 연구프로젝트를 어떻게 자연과학적으로 만드느냐가 실질적인 연구지원금을 획득하는 지름길이 된 것이다.

이와 같이 자연과학을 모방하려는 시도가 빚어낸 가장 중대한 결과는 정치학연구의 질을 평가하는 제1차적 기준으로서 연구방법을 강조하게 되었다는 점이다. 그리하여 오늘날에는 무엇을 분석하는가보다는 어떤 방법을 사용했는가에 따라 연구의 주류-비주류가 결정되는 경향이 나타나고 있다. 즉 (물론 반드시 이런 경향 때문만은 아니지만) 어떤 연구의 가치를 판정할 때, 우선 얼마나 세련된 기법을 사용하였는가를 살펴본 후, 그 다음에야 비로소 다룬 문제가 얼마나 중요한 것인가를 따져보게 된 것이다.

지난 20년 동안 정치학연구에서 정량화를 지향한 엄청난 물결이 일어났다. 라이커(W. Riker)는 ≪미국정치학회보(*American Political Science Review*)≫에 기고한 글에서 근년 이 학술지에 게재된 논문의 약 2/3정도가 세련된 통계기법을 사용한 정량분석을 시도하였다고 지적하면서, 이러한 정량화의 경향을 높이 평가하고 있다.[51] 정량화가 정치학을 비롯한 여타 사회과학의 발전에 기여했다는 것은 의심할 여지가 없다. 그러나 정량화는 또 한편으로 자연과학연구의 본질이 아니라, 단지 형태만을 모방한

---

51) W. H. Riker, "Editorial Comment," *American Political Science Review* 68, 1974(June), pp.733-734에서 인용.

유사과학적 연구들을 상당히 많이 생산해냈다고 할 수 있다. 이런 사이비 연구들은 정량화가 실질적인 정치학적 문제들을 이해하기 위한 수단으로서가 아니라 목적 자체로 간주되는 한, 점점 늘어나게 마련이다. 실제로 적실성 없는 정량화에 대한 비판이 근래 국제관계,[52] 비교정치,[53] 정책분석[54]을 비롯한 여러 분야에서 활발히 이루어지고 있다.

정치학연구에서 정량분석은 더 세련된 통계적 기법을 사용하는 방향으로 진전되고 있다. 그러나 사회과학의 자료구조는 흔히 확증적 통계이론이 함축하고 있는 가정과 어긋나는 경우가 많다. 고도의 통계기법들을 비무작위적, 비선형적, 그리고 비누적적인 자료에 적용할 경우에 발생하는 문제를 과소평가해서는 안된다.[55] 이러한 정량분석기법이 지닌 추론능력은 자료구조가 통계이론의 엄격한 요건을 충족시키지 못할 때 대부분 상실되어버린다. 이런 어려움은 엄청난 것으로 밝혀졌기 때문에, 프린스턴 대학의 튜키(J. Tukey)와 같은 통계학자는 고도로 세련된 통계기법에는 미치지 못하지만, 특이한 성질을 갖는 사회적·정치적 자료분석에 적합한 대안기법을 고안했다.[56] 우리는 여기서 제3세계가 아직 발전의 초기단계에 머물러 있을 당시 빈곤한 농업국가에 "고도의 테크놀러지"를 어떤 파괴효과가 나타날는지를 전혀 고려하지 않고 무조건 제공한 것과 같은 덫

---

52) E. R. Tufte, "Improving Data Analysis in Political Science," *World Politics* 21, 1969(July).

53) A. Mack, "Numbers Are Not Enough," *Comparative Politics* 7, 1975 (July).

54) R. E. Strauch, "A Critical Look at Quantitative Methodology," *Policy Science* 2, 1976(Winter).

55) 예를 들어 H. R. Alker, "The Long Road to International Relations Theory: Problems of Statistical Nonadditivity," *World Politics* 18, 1966 (July); H. M. Blalock, "Correlated Independent Variables: The Problem of Multicollinearity," in E. R. Tufte(ed.), *The Quantitative Analysis of Social Problems*, Reading, Mass.: Addison-Wesley, 1970.

56) J. Tukey, *Exploratory Data Analysis*, Reading, Mass.: Addison-Wesley, 1977; D. C. Hoaglin, *A First Course in Data Analysis*, Reading, Mass.: Addison-Wesley.

에 빠져버린 셈이라고 할 수 있다. 결국 우리는 사회적 자료의 고유한 속성을 고려한 중간정도 수준의 통계기법이 오히려 고도로 정교한 방법보다 사회과학연구에 더 적합하다는 사실을 깨닫게 된 것이다.

통계분석을 강조하는 경향과 더불어 나타난 또 하나의 흐름은 정치학자들이 점차 수학에 관심을 기울이게 되었으며, 간결하고도 논리적으로 엄격한 분석모델을 구축하려 시도하게 되었다는 점이다. 이런 수리적 접근방식은 정치학이 과학적 진보를 이룩하려면 "수학에 눈을 돌려야 한다"고 역설하였던 비교정치학자 홀트(R. Holt)와 리차드슨(J. Richardson)이 주창했는데, 이들은 수리적 접근방법과 통계분석방법을 신중하게 구분하고 있다. 즉 그들은 "우리가 수학에 보다 큰 관심을 가지라고 호소한다해서 통계분석을 강조하는 것은 아니다. …통계분석은 과학적 연구에 엄격한 귀납적 추론의 기반을 제공한다. 그러나 우리가 말하려는 바는 비교정치연구에 절실히 요구되는 것은 보다 엄격한 연역적 추론이며, 연역적 추론에는 통계학이 아니라 수학이 관련되어 있다는 점이다"라고 주장한다.[57] 이 견해에 대해 그레거(A. J. Gregor)나 영(O. Young)[58]을 비롯한 많은 정치학자들이 공감을 표시하고 있다.

수리적 모델이 안고 있는 난점은 모형화하려는 현상의 복잡성을 정확히 표현할 수 없다는 점이다. 예로서 국제관계연구에 모형분석방법을 사용할 것을 강력히 주장하는 영조차 "이 방법은 무한한 변화가능성을 지니고 있는 국제관계의 실상을 파악하는 데 별 도움을 주지 못하는 연구결과를 산출할 위험성을 내포하고 있다"고 솔직히 고백했다.[59] 반면 홀트와 터너는 수리적 정치학연구는 정치적 실재에 관해 근본적으로 다른 견해를 지녀야

---

57) R. T. Holt & J. M.Richardson, Jr., "Competing Paradigms in Comparative Politics," in R. Holt & J. E. Turner(eds.), *The Methodology of Comparative Research*, New York: Free Press, 1970, p.70.

58) A. J. Gregor, "Political Science and the Uses of Functional Analysis," *American Political Science Review* 62, 1968(June), pp.425-439; O. Young, op. cit.(fn.34).

59) Ibid., p.196.

한다고 주장한다. 즉 이들은 정치학을 실제적 문제의 해결이라는 족쇄로부터 해방시킬 때만 수리적 분석이 가능해진다고 역설하고 있다. 다시 말해서, "사회적·도덕적 문제에 집착하는 과학에는 이러한 종류의 패러다임이나 수학에 대한 관심이 차지할 수 있는 공간이 없다. 정치학을 발전시키려면 사회적·도덕적 문제를 해결해야 한다는 직업적 강박관념을 떨쳐버려야 한다"는 것이다.[60]

또 한편, 수리적 접근법의 한 양태인 합리적 선택모형(rational-choice model)에 주목할 필요가 있다. 이 모형은 정치과정의 가장 다루기 어려운 단면인 정치적 행위자의 개인적, 집단적 선택이라는 문제를 결정론적 맥락에서 취급하므로 특히 흥미를 끈다. 어떤 학자는 정치학이 진정한 과학이 되려면 합리성을 핵심적 개념으로 간주해야만 한다고 주장한다. 예를 들어 라이커와 오드슈크(P. Ordeshook)는 합리성의 관념과 메커니즘이라는 관념간에 나타나는 명백한 유사성을 다음과 같이 지적하고 있다.

　　…합리성의 가정과 메커니즘의 가정이 제각기 사회현상과 자연현상을 설명하는 데에 같은 역할을 한다는 것은 명백하다. 기계론적 가정은 사물이 (대부분의 경우) 규칙적으로 움직인다고 주장하고 있으며, 합리성의 가정은 뭔가가 사람들로 하여금 (대부분의 경우) 규칙적으로 행위하게 만든다고 주장한다. 즉 이 가정들의 기능은 규칙성을 일반화하는 것이다.[61]

여기서 라이커·오드슈크가 거론하고 있는 규칙성은 특별한 유형의 규칙성, 즉 "관찰된(observed)" 규칙성이 아니라 "가정된(postulated)" 규칙성이다. 즉 이들은 실제상황에서 나타나는 선택행위는 대개 연역적 설명과 이론에 반드시 요구되는 높은 수준의 규칙성을 갖고 있지 않다는 것을 인정하

---

60) Holt & Richardson, op. cit.(fn.57), pp.70-71.
61) W. H. Riker & P. C. Ordeshook, *An Introduction to Positive Political Theory*, Englewood Cliffs, N.J.: Prentice-Hall, 1973, II. 연립구성행태를 설명하고 예측하는 데 합리적 선택모형이 어느 정도 효용성을 지니는가에 관해 균형있게 평가한 저서로는 A. De Swann, *Coalition Theories and Cabinet Formations*, San Francisco: Jossey-Bass, 1973이 있다.

는 가운데, 만약 인간이 합리적으로 효용을 극대화하려 한다면 어떻게 행동할 것인가라는 맥락에서 정치이론을 구축하려 한 것이다. 이런 이론은 물론 정치적 실재를 정확히 표현해줄 수 없다. 그러나 이러한 본질적인 손실은 방법론적인 이득을 고려할 때 받아들일 만한 것이다. 이들에 따르면, "규칙성을 가정하는 연구방법은 가설을 쉽게 만들 수 있도록 하며 또한 정치행태를 엄밀히 설명할 수 있게 해주기 때문에 보다 큰 효용성을 지닌다."62)

정치학에 최근 어떠한 방법론적, 본질적인 연구가 주류를 이루고 있는지를 잘 모르는 사람은 왜 이러한 합리적 선택모형이 유행하게 되었는지 의아해할지도 모른다. 그러나 일단 흐름에 익숙해지면 방법론적으로 아주 복잡한 연구도 어느 정도는 이해할 수 있다. 최근 간행된 『정치학 강요(Handbook of Political Science)』에 실린 문(D. Moon)의 논문 「정치분석의 논리(The Logic of Political Inquiry)」를 살펴보자.63) 이 논문은 우선, 서두에서 연역법칙적 설명모형뿐 아니라 그 대안으로서 동기, 의도, 규칙, 규범 등의 맥락에서 행위를 설명하는 해석적 모형을 소개하고 있다. 문은 이 모형들이 심각한 결점을 지니고 있다고 지적하면서 보다 포괄적인 설명의 틀을 정립하기 위해 두 모형을 통합하려 하였다. 그러나 이런 "통합"은 결코 진정한 통합이 아닌 것으로 판명되었다. 왜냐하면 이것은 단지 해석적 모델을 합리적 행위자로서의 "인간모형"으로 대체한 것에 불과했기 때문이다. 다시 말해서, 이러한 시도는 해석적 모델에 의해 밝혀진 실제 선택행위의 "산만성"과 불규칙성을 "…사회행태의 전반적 패턴을 규정하는 행위를 뒷받침하는 결정전제에 관한 일단의 가정들"64)로 대치하려는 것이었다.

---

62) Riker & Ordeshook, op. cit.(fn.61), pp.11-12. 우리는 라이커와 오드슈크가 "설명"과 "정의"를 같은 의미로 사용하고 있지 않은가 생각한다. 왜냐하면 여기서는 합리성의 가정이 (가설화된) 행위양식을 "정의"하는 것이지 절대로 "설명"하고 있지는 않기 때문이다.

63) J. D. Moon, "The Logic of Political Inquiry: A Synthesis of Opposed Perspectives," in Greenstein & Polsby, op. cit. 1(fn.13).

64) Ibid., p.194.

라이커·오드슈크가 관심을 두었던 규칙성처럼 이런 "전제"들 또한 선험적으로 규정된 것들이다. 즉 이 전제들은 선택과 행위가 임의적·불규칙적 성격을 지닌다는 가정을 인과적·법칙적 가정으로 대체했으며, 선택행위를 어떤 대안을 선택한다면 어느 정도의 효용[이득]을 얻을 수 있는가를 따지는 계산적인 행위로 한정시켜버렸다. 이런 본질적 측면의 축소는 선택을 원인-결과의 맥락에서만 정의하게 만들었다. 즉 선택의 존재를 부인하는 선택의 정의를 내리도록 한 셈이다. 만약 본질보다 방법을 중시하는 정치학의 흐름에 익숙하지 않은 사람이 보면 이런 결론은 확실히 이상한 것이다. 이처럼 우리는, 문이 정치적 선택행위의 본질과는 별 상관 없는 필연성의 방법론적 명제에 복잡한 연구대상을 억지로 꿰어 맞추려 했음을 알 수 있다.

환원주의적 설명과 정량화 및 형식화를 강조하는 경향은 또한 대학원의 교과과정을 필요 이상으로 부담스럽게 만들었다. 만일 정치학자가 통계학자, 심리학자, 그리고 사회학자가 되어야 한다면, 전통적 교과과정의 상당 부분이 이런 새 분야와 연구기법에게 자리를 물려주어야 할 것이다. 지난 20년간 주요 대학의 대학원 정치학과에서 강의를 했던 사람이라면 누구나 교과과정이 협소해졌고 기법중심이 되었다는 것을 알고 있을 것이다. 즉 필수외국어도 없어졌고 종합시험 과목도 다섯 과목에서 서너 과목으로, 나중에는 심지어 두 과목으로까지 축소되고 말았다. 그리하여 1960년대 중반에는 정치이론, 정치사, 외국의 정치체계, 국제관계, 심지어는 미국정치에 대한 지식 없이도 박사학위를 받을 수 있는 지경이 되었고, 결과적으로 최근 올카(H. Alker)의 지적처럼 "대학원생들에게 요인분석과 같은 다변인형 정량분석만을 집중적으로 훈련시켰기 때문에, 이들은 고전정치 사상을 이해할 수 있는 세련된 시각을 발전시킬 시간을 충분히 갖지 못했다. …결국 오늘날의 교과과정은 특히 체제개편에 관련된 수많은 문제들이 끊임없이 나타나고 있는 현대정치를 이해하기에는 턱없이 부적절한 것이 되고 말았다."[65]

대학원 교과과정의 협소화와 기법중심화에 수반된 현상은 사회과학과

정치학에서 오래된 지적 전통이 무너지게 되었다는 점이다. 즉 정치이론과 정치철학, 공법이나 행정학 등 서술적인 제도분석은 모두 변두리로 밀려나버렸으며, 따라서 정치학의 지적 유산 가운데 상당 부분이 젊은 세대에게 전승될 기회를 상실한 것이다.

여기서 말하려는 것은 '과학'이 신실증주의자들의 주장처럼 수리물리학에서 도출된 일단의 연구방법만을 의미하지 않는다는 것이다. 즉 과학은 주어진 경험적 실재를 이해하고 탐구하려는 노력이다. 따라서 이 목적을 달성하기 위한 수단은 단지 부차적인 것임을 명심해야 한다. 훌륭한 과학에서는 연구주제를 "과학적 방법"이 미리 상정하고 있는 전제들에 걸맞도록 변형하는 게 아니라 연구방법을 연구주제에 맞도록 고안한다. 바로 이것이 사회과학자들이 자연과학으로부터 배워야 할 교훈이다. 그럼에도 불구하고 사회과학자들은 이런 교훈을 무시했을 뿐만 아니라, 그 과정에서 캐플란이 말한 "탐구의 자율성"을 훼손시켰다고 할 수 있다.[66] 사회과학이 본연의 모습으로 되돌아오기를 원한다면 "사회과학자는 나름의 '훌륭한 과학'의 관념, 그리고 연구대상에 적합한 방법론적 접근법을 정립해야 한다. …이는 사회과학연구에 자연과학의 기초연구와 닮은 무엇인가가 있다는 관념을 버려야 한다는 의미이다."[67]

5. 결론

만약 총체적인 사회적 실재가 단순한 연역법칙적 모형에 따라 설명될 수 없는 고유한 속성을 가지고 있다면 이는 특히 집단적 목표추구와 적응

---

65) H. Alker, "Polimetrics: Its Descriptive Foundations," in Greenstein & Polsby, op. cit. 7(fn.13), p.157.

66) Kaplan, op. cit.(fn.31), p.3.

67) M. J. Roberts, "On the Nature and Condition of Social Science," *Daedalus* 103, 1974(Summer), p.61, 62.

과정에 직접적인 분석의 초점을 맞추는 정치학의 경우에 그렇다고 할 수 있다. 인간의 임의적 선택을 제한하는 규칙성과 법칙에만 관심을 기울이는 정치학은 정치적 실재의 독특성, 즉 제한조건을 벗어나고 또한 주어진 제한조건 속에서 문제를 해결할 수 있는 최적의 방식을 찾아내려는 인간의 노력이 빚어낸 고유한 속성을 놓쳐버리게 된다.

인류학자인 베네트(J. Bennett)는 적응의 개념을 중심으로 한 인류학이론과 연구접근법의 필요성을 다음과 같이 역설하고 있다.

> (적응)이론은 행태로부터 추론된 문화나 심리학적 혹은 유전학적 원리 대신에, 목적을 실현하려 애쓰고 욕구를 만족시키려 하며 주어진 조건에 적응하면서 평화를 찾으려는 인간행위자에게 분석의 초점을 맞춘다. 인간은 주어진 상황에 대처하는 가운데 새로운 문제들을 창출하고, 옛 것을 간직하며, 그 과정에서 생물학적 구조를 수정하면서까지 사회의 미래를 창조한다. …[상황대응] 전략의 선택을 좌우하는 요인들을 분석함으로써 우리는 변화의 가능성과 방향, 그리고 인간행동과 생활환경간의 관계에 대한 지식을 얻게 된다.[68]

"적응인류학의 주요 연구대상은 역동적인 인간의 목적, 요구와 욕구"라는 베네트의 견해는 정치학연구에도 수용되어야 할 것이다. 베네트는 "전략적인 대응, 즉 사회적, 물질적 자원을 동원함으로써 개인적이자 사회적인 목적을 구현하려는 시도"로 분석의 초점을 전환해야 한다고 강조하는데, 그 근거로서 "이런 부류의 인간행위는 자유로운 인간행동을 점차 제약하는 가운데 상호의존성이 증대되고 있는 오늘날의 세계에서 더욱 눈에 두드러지게 나타난다"는 사실을 제시하고 있다.[69]

한편 맥레이(D. MacRae)도 유사한 맥락에서 지난 수십 년에 걸쳐 이루어진 사회과학의 발전에 관해 다음과 같은 논지를 전개하였다.

---

68) J. W. Bennett, "Anticipation, Adaptation and the Concept of Culture in Anthropology," *Science* 192, 1976(May. 28), p.847.
69) Ibid., p.850, 851.

사회과학은 자연과학을 모방함으로써 세련되지 못하고 깊이도 없었던 초기의 사회분석으로부터 점차 진화해왔다. …많은 사회과학자들이 사회과학이 유용성을 얻는 가장 효과적인 길은 이념적이자 철학적인 논쟁으로부터 벗어나 객관적인 연구체계와 이론을 구축하는 데 있다고 확신하게 된 것이다. 그래서 그들은 독특한 기법적 용어와 연구방법, 전문학술지와 대학원 강의 등을 발전시켜왔다. 이 장치를 통해 그들은 전문적 논의와 일반적인 토론, 또한 전문가들간의 커뮤니케이션을 구별해왔다. 그리하여 과거 수십 년 동안 사회과학의 발전과정은 자연과학자들에게조차 낯설어 보이는 자연과학적 모형의 교도를 받아온 것이다.[70]

사회과학이 사회적인 당면과제의 해결을 도외시하는 문제에 대한 맥레이의 해결책은 대학교육과정에 사회이론이나 사회분석에 윤리적 논의를 결합시킨 "정책분석론"을 도입하는 것이다. 그는 오늘날 사회과학이 당면한 인지적·가치적 분열상황은 제도적인 해결방식, 즉 정책분석과 응용사회과학을 연구·강의하는 학과의 설치를 통해서만 해결될 수 있다고 믿고 있다.[71] 우리는 그런 제도적 차원의 해결책에 별로 공감하지 않으며, 정치학은 아직 공공정책의 연구와 평가에서 중심적 역할을 수행할 능력을 가지고 있다고 확신한다. 자연과학의 강력한 매력은 과학화를 지향한 우리의 노력이 기대에 미치지 못했기 때문에 이미 시들어가기 시작했다. 우리 방법론자들 사이에서, 권위있는 학술지에서, 그리고 일부 앞서가는 대학원에서 나타났던 강력한 과학화의 추세에도 불구하고, 미국과 해외의 학자들 가운데 압도적 다수가 이 추세가 너무도 압도적이었기 때문에 저항감이나 위축감을 느끼게 되었고 혹은 아예 무관심해진 것이다. 최근 발간된 정치학연구들은 대부분 법칙적 설명보다는 덜 야심적인 목표를 지니고 있다. 즉 이런 연구 저작들은 이론적 틀과 일반화를 제한적으로만 사용한 서술적·역사적 사례분석을 포함하고 있으며, 정치적인 실존현상과 맥레이가 정책분석의 핵심적 대상으로 간주한 정책대안들을 파악하고 해석하며 탐구하고 있다.

---

70) D. MacRae, *The Social Function of Social Science*, New Haven: Yale University Press, 1976, p.3.
71) Ibid., p.277ff.

보다 과학적인 정치학을 정립하려는 시도가 덜 극단적이고 덜 과장되었으며 또한 가변적인 정치적 실재의 본질을 보다 정확히 파악하려 했다면, 지금보다는 훨씬 더 좋은 결과를 얻을 수 있었으리라 생각할 수도 있다. 즉 인간현상과 사회적 실재의 독특성을 고려한 보다 신중한 과학적 접근법을 채택했더라면, 적절한 정량화와 수리적 형식원리의 교도적 가치가 보다 광범위하게 받아들여질 수 있었을 것이다.

2차대전이 끝난 직후, 그러니까 지금으로부터 약 사반 세기 전 사회과학 분야에서 과학화운동이 막 시작된 무렵에는 규칙성의 탐구와 가장 효용성이 높은 문제해결방식을 찾으려는 시도 사이의 관계가 보다 더 잘 이해되고 있었다는 사실이 흥미를 끈다. 이는 당시 출판된 "범위와 방법"에 관한 책자들과 앞서 인용된 오늘날의 책자들을 비교해보면 쉽사리 알 수 있다. 약 25년 전 행태주의운동의 선구자들 중 여러 학자들이 『정책과학: 연구범위와 방법의 발전현황(*The Policy Sciences: Recent Development in Scope and Method*)』이라는 책에 논문을 기고했는데 그 서문에서 라스웰(H. Lasswell)은 그가 무엇을 강조하고 있는지를 다음과 같이 밝혔다. "정책적 요구를 충족시키려면 어떤 연구주제를 선정해야 하는가? …자료를 수집하고 이 주제들의 정책적 효용성을 해석하는 데에 가장 좋은 방법은 무엇인가? 발견한 사실들과 해석결과를 어떻게 결정과정 자체에 반영시킬 수 있는가?" 그는 또한 같은 글에서, 통계학이나 수리모형과 같은 과학적 방법과 그에 관련된 접근방식을 사회과학에 도입하는 것이 바람직하다고 역설하였다. 그러나 이처럼 연구방법을 과학적으로 구축하는 작업은 문제해결과 가치발견, 또한 인간 생활조건의 개선이라는 맥락에서 추진되어야 한다는 것이었다. 즉 그는 방법론이 인류가 1930년대와 40년대의 전제정치와 재난으로부터 벗어나 건설적인 방향으로 움직일 수 있도록 하는 "창조적 구상"을 가능케 해야 한다고 보았던 것이다.[72]

---

72) D. Lerner & H. D. Lasswell(eds.), *The Policy Sciences: Recent Developments in Scope and Method*, Stanford: Stanford University Press, 1951, p.3, 12.

과학적 규칙성의 탐구와 창조적 시각의 조화는 워싱턴과 2차대전의 전장으로부터 돌아온 세대들이 보여주었듯이, 시간이 흐르자 점차 상실되었다. 라스웰의 설교에 나타난 "방법" 메시지는 이미 살펴본 것과 같이 찬·반양론을 불러일으켰으나 "정책과학" 메시지는 앞서 제시한 여러 가지 이유로 인해 전혀 받아들여지지 않았다.

여기서 비판하려는 것은 지난 수십 년 동안 정치학연구를 주도해온 연구주제의 계서와 연구자원의 배분양상이다. 이 연구주제의 계서와 자원배분정책은 정치적 실재를 성공적으로 설명했기 때문이라기보다는 자연과학 연구의 범례와 전시효과 때문에 정당화되었던 것이다. 수리화와 세련된 통계분석만을 "진정하고 강력한" 이론의 원천으로 간주하면서, 상상력과 귀납적 추론을 통해 구축된 이론들은 "교도적"이며 "허약한" 이론이라 매도하는 학문적 질서는 설사 정량분석이 강한 설명능력을 지녔다 해도 결코 정당화될 수 없다. 물리학 또는 경제학이나 심리학 이론을 닮았기 때문에 "강력해" 보이는 이론이건, 개별사례 혹은 역사적 경험으로부터 도출된 가설이기 때문에 "허약해" 보이는 이론이건 할 것 없이 인간과학의 이론이란 본질적으로 취약한 것이다.

여기서 또 한 가지 비판하려는 것은 순수한 정치학과 응용정치학을 구분하는 것이다. 자연과학에서도 소위 순수분야와 응용분야 중 어떤 것이 더 지식의 획득이라는 측면에서 효용성이 큰가를 명백하게 판정하기가 쉽지 않다. 물론 중요한 발견은 대개 응용연구에서 나온다. 그러나 정치학을 포함한 사회과학에서 이들간의 차이는 사회적 실재의 독특성이 인간의 적응행태에서 비롯되기 때문에 그 의미를 상실한다. 강력하고 지속적인 규칙성을 탐구하려는 순수 정치학분야는 연구대상의 본질을 놓쳐버렸다. 이런 분야는 고작해야 정치적 결정의 맥락을 규정할 뿐이며, 적응적인 탐구과정, 정책적 선택과 그 결과 등을 미답상태로 남겨두고 있다. 제약조건에 적응하고 대처하며 수정을 가하고 또한 극복하는 노력으로 간주되는 공공정책의 연구는 규칙성을 탐구하는 연구만큼이나 기초적이고 순수한 작업이라고 할 수 있다.

제7장
비교정치론의 과거와 현재*

하워드 위아다

1. 비교정치론의 대두와 쇠퇴

비교정치론은 전통적으로 정치학의 7개 주요 분야의 하나로 생각되어 왔다. 나머지 다른 분야들은 미국정치론, 정치이론, 공공행정론, 국제관계론, 공법 그리고 국가 및 지방정부론 등이다. 세계의 정치체계들에 관한 연구, 분석, 그리고 비교(여기서 비교정치론이란 이름이 유래)를 포함하는 비교정치론은 정치학분야에서 오랫동안 일종의 의붓자식으로 계속 남아 있었다. 아마 이 분야에 관한 관심의 결핍은 역사적으로 미국적 고립주의와 미국의 예외주의 및 우월성이라는 관념과 관련이 있으며, 또한 학자들의 제한된 여행기회, 미국인들의 다른 나라들에 대한 관심의 결여, 그밖의 다른 요인들과 관련이 있다고 여겨진다. 이유가 무엇이었든, 1950년대까지 비교정치학은 상대적으로 소수의 학생, 학자의 관심을 끌었을 뿐이다.

* H. J. Wiarda, "Comparative Politics Past and Present," in H. J. Wiarda (ed.), *New Directions in Comparative Politics*, Boulder and London: Westview Press, 1985, pp.3-25. 경희대학교 한국현대정치연구회에서 번역한 것을 서강대학교 정치외교학과 박사과정 김세걸이 수정·번역하였음.

그러나 이론적인 세련화의 수준, 세계사 및 미국사의 추세, 뉴스의 머리기사, 지적인 유행 및 풍조 등 환경의 변화에 따라 정치학분야의 특정 영역들이 부침했고, 1960년대에는 신생독립국들의 세계무대로의 급격한 쇄도와 케네디(J. F. Kennedy) 행정부의 국제주의적 태도, 발전에 대한 전세계적 몰두, 여러 사회과학분야에서 도출된 몇몇 매력적이고 자극적인 이론적 정식화들, 그리고 틀림없이 유용하게 사용될 연방보조금과 여행기회의 제공 등과 같은 부가적 요인들이 결합되어 비교정치론은 정치학분야의 선두주자로 부상했다.

그러나 최근 들어서, 여러 나라와 그 정치체계에 대한 체계적 비교연구로 정의할 수 있는 비교정치론은 60년대의 영화로운 시기 이래 다시 오랜 쇠퇴의 길로 접어들었다. 당시 몇몇 학자들이 주장했듯이, 비교정치론은 정치학분야에서 지배적 분야의 지위를 차지했다. 알먼드(G. A. Almond), 앱터(D. Apter), 도이치(K. Deutsch), 엑스타인(H. Eckstein), 립셋(S. M. Lipset), 파이(L. W. Pye), 그리고 그외 주도적 학자들[1]에 의해 뚜렷해진 비교정치이론은 정치학분야에서 몇 가지 가장 정교하고 흥미있는 통합적인 새로운 개념들과 이론들을 제공한 것으로 생각된다.

1960년대에는 케네디의 스타일과 열정, 진보를 위한 동맹(Alliance for Progress), 그리고 발전분석보다는 거기서 기대되는 혜택들을 제3세계에 가져다주려는 몇몇 활기찬(그러나 그렇게 활기차지는 못한) 이상주의에 자극받고, 한편 새로운 NDFL(National Defense Foreign Language) 및 다른 보조금들이 제공한 지원에 고무되어 많은 뛰어난 신진학자들이 비교

---

1) G. A. Almond & J. S. Coleman(eds.), *The Politics of the Developing Areas*, Princeton, N.J.: Princeton University Press, 1960; D. E. Apter, *The Politics of Modernization*, Chicago: University of Chicago Press, 1965; K. Deutsch & W. J. Foltz(eds.), *Nation-Building*, New York: Aldine, 1963; H. Eckstein & D. E. Apter(eds.), *Comparative Politics*, New York: Free Press, 1963; S. M. Lipset, *Political Man: The Social Bases of Politics*, New York: Doubleday Anchor, 1959; L. W. Pye, *Aspects of Political Development*, Boston: Little, Brown, 1966.

정치론분야에 뛰어들었다. 다음에 더 상세히 분석되겠지만, 이러한 추세는
이 분야에 대한 유럽의 전통적인 지배가 개발도상국들을 연구하는 사람들
에게 자리를 양보하기 시작하는 부차적인 결과를 초래했다.[2] 비교정치론
은 몇몇 가장 혁신적인 연구전략 및 접근방법을 제공했으며, 정치학의 다
른 분야들에도 영향을 미쳤다. 심지어 전통적으로 다른 분야들로부터 어느
정도 고립되어왔고, 때때로 우월감, 유일함, 그리고 자민족 중심주의라는
전통적인 미국인의 인식을 반영했던 미국 정치학도 차츰 비교라는 시각에
서 연구되었다. 이쯤되자 비교정치론이 곧 정치학이고, 모든 것들이 비교
적인 것이므로 하나의 영역으로서의 비교정치론은 정치학 자체를 포괄한
다는 몇 가지 고양된, 즉 거의 제국주의적인 주장들까지 대두했다.

　　이런 주장들이 아직까지도 간혹 표출되지만, 이 분야에 종사하는 많은 학
자들이 그것을 여전히 믿고 있는지는 의문이다. 버바(S. Verba)의 글에서
명확히 알 수 있듯이, 1950년대 이래 이 분야가 장족의 발전을 거듭했다고
해도 여타 영역들에 대한 우위, 심지어 식민화라는 다소 과장된 주장들이
아직 설득력이 있는지는 의문시된다. 실제로 20년 전에 차지했던 높은 위치
와 비교해볼 때 비교정치론은 오히려 더 어려운 시기에 처해 있다. 그리고
위풍보다는 위기가 비교정치론의 가장 두드러진 양상인 것처럼 보인다.

2. 비교정치론의 위기

　　불과 몇년 전까지만 해도 절정에 올랐던 비교정치론분야는 최근 쇠퇴와
위기의-심지어 어떤 사람은 종말에 이르렀다고 주장하는-시기에 접어들

---

　2) 적어도 두 세대의 비교학자들에 의해 유럽연구에서 벗어나서 개발도상지역의
　　연구를 지향하는 이러한 추세의 원인, 동태 그리고 결과들은 더 많은 주목을 받
　　을 만하다. 변화의 정도를 예를 들면, 라틴아메리카 전문가들의 모임인 라틴아메
　　리카연구협회(Latin American Sutdy Association)는 1980년에 2,500명 이상
　　의 성원이 있었지만 유럽연구회(Council of Europe Studies)의 성원은 500여
　　명 미만이었다.

었다. 그 이유는 명확하지는 않다. 그것은 아마도 이 분야를 초기에 주도했던 학자들의 과장된 주장들, 높기만 하고 충족되지 않았던 기대감과 그것이 결과한 실망, 비교정치론에 대한 이론적이고 방법론적인 강력한 비판들, 베트남과 거기서 시도된 발전모델들이 적용에 실패했다는 인식과 관련이 있는 것 같다. 정확한 원인―그 자체가 더 많은 탐구의 가치가 있는 주제가 되는―이 무엇이든 이 분야에 대한 실망과 환멸은 이미 시작되었고 더 이상 비교정치론은 정치학분야에서 과거에 향유했던 주도적 또는 중심적인 지위를 차지할 수 없게 되었다.

비교정치론은 여러 가지 난점들을 갖고 있다. 비교정치론의 정확한 경계를 설정하는 것은 고사하고, 현재 비교정치론이 무엇인가를 정의하는 데 자신을 갖고 있는 학자는 거의 없다고 할 수 있다. 그리고 비교정치론이 정치학분야에서 주도적인 분야라는 주장이나 비교정치론이 곧 정치학이라는 주장은 이제는 좀처럼 나오지 않는다. 국가간의 교차비교분석의 방법론, 특히 세계적 범주를 사용한 방법론은 윈치(P. Winch)[3] 등의 학자들로부터 강력한 공격을 받아왔다. 즉 그러한 방법론에 입각함으로써 사과와 오렌지를 섞어놓는 것처럼, 특정한 문화적인 배경에만 적합한 정치·사회적 기준을 그 유용성이 한정된 다른 지역들에까지 적용하려 한다고 지적되었다.

1960년대에 발전이라는 개념이 그랬던 것처럼 이 분야에서 조정, 통합된 이론 또는 심지어 일련의 합의된 개념조차 더 이상 나올 것 같지 않다. 어떤 기본적 정의들과 개념을 포함한 문헌, 즉 비교정치론의 중심핵을 추구하려는 대학원생들은 명확한 초점의 결핍으로 인해 혼란스러워 하고 환멸을 느끼고 있으며 이 분야에 대해 전처럼 강력한 매력을 느끼지 못하고 있다. 실제로 비교정치론은 하나의 분야로 간주하는 것이 적절한가 하는 의문을 불러일으킬 만큼 단편적으로 분산되어 있는 것처럼 보인다. 아이러니컬하게도 세계의 여러 나라의 다양한 정치체계들, 그 내적 역동성,

---

3) P. Winch, *The Idea of a Social Science and Its Relation to Philosophy*, Atlantic Highlands, N.J.: Humanities Press, 1970.

그것들이 기능하고 있는 정치·문화·사회적인 환경들, 그리고 각 국가들이 그들 자신과 세계를 인식하는 데 영향을 주는 가치체계와 이데올로기 등에 대해 더 잘 이해할 정책적 차원에서의 필요성이 특히 커진 시대에 비교정치론의 위기와 그것에 대한 불만이 동시에 일어난 것이다.

정도의 차이는 있지만, 하버드 세미나의 구성원들 모두가 인정한 비교정치론의 이런 위기를 전제로 해서 우리는 이 분야의 상태(즉 비교정치론의 과거, 현재 그리고 미래)를 검토해볼 것을 결정했다. 이 분야의 역사는 어떤 것이며, 현재 우리는 어디에 위치하고 있는가? 우리의 성공과 실패는 무엇이었는가? 어떤 가정들이 이 분야의 기초를 이루고 있으며, 그리고 그것들은 타당한 것인가? 이 분야의 미래는 어떻게 될까? 처음 세 가지 질문에 대해 이 세미나의 조직을 위한 협의규약은 아래와 같은 주요 주제들을 제시하였다.

① 발전문헌(development literature)이라 불리는 것과, 1950년대 말에서 70년대까지 거의 20년에 걸쳐 일련의 책을 발행함으로써 이 분야의 주류를 이룬 사회과학연구협의회의 비교정치분과위원회.[4] SSRC/CCP는

---

4) Social Science Research Council Series, "Studies in Political Development," in Almond & Coleman, *Politics of Developing Areas*; L. W. Pye (ed.), *Communication and Political Development*, Princeton, N.J.: Princeton University Press, 1963; Joseph LaPalombara(ed.), *Bureaucracy and Political Development*, Princeton, N.J.: Princeton University Press, 1963; R. E. Ward & D. A. Rustow(eds.), *Political Modernization in Japan and Turkey*, Princeton, N.J.: Princeton University Press, 1964; J. S. Coleman(ed.), *Education and Political Development*, Princeton, N.J.: Princeton University Press, 1965; J. LaPalombara & M. Weiner (eds.), *Political Development*, Princeton, N.J.: Princeton University Press, 1966; L. Binder, J. S. Coleman, J. LaPalombara, L. Pye, S. Verba, and M. Weiner(eds.), *Crisis and Sequences in Political Development*, Princeton, N.J.: Princeton University Press, 1971; C. Tilly(ed.), *The Formation of the National States in Western Europe*, Princeton, N.J.: Princeton University Press, 1975.

이 분야에서 가장 중요한 몇 가지 책들을 발간했고 그 구성원들은 주도적 인물로 부각되었다. 한 세대 혹은 그 이상의 세대에 걸쳐 대학원생들에 대한 이 위원회의 영향은 매우 컸다.[5]

그러나 최근 10년에 걸쳐 이 발전문헌들은 통렬한 비판을 받아왔으며, 이 위원회가 계획하거나 혹은 간행할 책은 이제 더 이상 없다. 원래 구성원들 대부분이 개인적으로는 활동적인 학자들로 남아 있지만 SSRC/CCP는 해체되었다. 따라서 어떤 평가가 요구된다. 이 그룹의 공헌뿐만 아니라 편견, 등한시한 점, 그리고 한계점은 어떤 것이었는가? 어째서 이 그룹의 저작들은 그토록 오랫동안 학생들이나 정책결정자들에게 그처럼 강력한 영향을 주었는가? 이들에게 가해졌던 비평들은 얼마나 타당한가? 그리고 이 위원회가 이 분야에 제공했던 통일성이 복원되기를 기대할 수 있겠는가?

② 이 분야에 관한 새롭고 통합적인 거대이론의 가능성 또는 바람직함이다. 편집자의 견해로는, 초기 접근방법들에 대해 대체적으로 비판적이었던 헌팅턴(Huntington)의 저서 『변화하는 사회의 정치질서』이래 비교정치론·발전분야에 대한 주요하고 세계적인, 그리고 포괄적인 지적 종합은 없었다고 본다.[6] 현재의 상황은 러스토우(W. W. Rostow), 블랙(C. E. Black), 오간스키(K. Organski), 위너(M. Weiner), 알먼드, 립셋, 도이치, 파이 및 앞서 언급한 나머지 학자들과 이 시기 말에 헌팅턴 등이 이 분야에 관한 거시이론과 이 분야의 지적 종합을 제공하던 1960년대와는 현저하게 대비된다.[7] 오늘날에는 그와 같은 거시이론은 존재하지 않는다.

5) 이 위원회가 출간을 도와주었던 출판물의 목록과 그 간략한 역사는 Committee on Comparative Politics, *A Report on the Activities of the Committee, 1954~70*, New York: SSRC, 1971, mimeo를 참조.
6) S. P. Huntington, *Political Order in Changing Societies*, New Haven, C.T.: Yale University Press, 1968.
7) 위의 주 1), 4) 및 6)에 인용된 책들 외에도 다음을 참조. W. W. Rostow, *The Stages of Economic Growth*, New York: Cambridge University Press, 1960; C. E. Black, *The Dynamics of Modernization: A Study in Comparative History*, New York: Harper & Row, 1968; K. Organski, *The Stages of Political Development*, New York: Alfred A. Knopf, 1965; M.

현재 학자들이 동의할 수 있는 유일하고 포괄적인 견해 및 이론의 부재
현상은 일시에 일어난 것이 아니다. 1960년대 이래 이 분야는 단편화되고
분열되어왔으며 베트남과 워터게이트 사건은 우리의 열정과 확신을 점차
로 약화시켰다. 그리하여 마침내 모든 혹은 대다수의 학자들이 동의할 수
있는 단일의 개념체계가 없어지고만 것이다. 그러므로 다음과 같은 의문
들이 제기된다. 이 분야에는 이제 더 이상 거대이론은 존재하지 않는가?
통합될 수 있는 합의된 이론은 남아 있지 않은가? 더 새롭고 포괄적이고
세계적인 시각의 결핍은 어느 정도로 이 분야의 분열상을 반영하고 있는
가? 초기의 세계적 시각은 얼마나 현실적이고 유용한 것이었는가? 그리고
이런 보편적인 관점은 지금도 가능한가, 혹은 심지어 바람직한 것인가?

③ 중간범위 혹은 문화권역(文化圈域, culture-area) 수준에서의 이론
모색. 비교정치론의 이론화작업이 있게 된다면, 그것은 어떤 거시적이고 일
반적인 기초 위에서보다는 더 낮은 차원, 즉 중간범위이론(middle-range
theory)의 수준이나 문화권역의 수준에서 이루어져야 한다고 많은 학자들
이 주장한다. 초기 발전문헌에서 제시된 세계적인 모델들의 토대였던 거시
적인 종합과 합의가 더 이상 존재하지 않을 뿐만 아니라 이 분야가 분열되
어 있기 때문에 우리는 이 사실에 현실적으로 대처해야 한다는 것이다. 그
런데 중간범위이론은 우리로 하여금 중요하고 유용한, 그러나 반드시 전세
계에 걸쳐 모든 것을 망라하는 것은 아닌 이론에 대해 초점을 맞추게 한다.
문화권역 수준에서의 이론도 마찬가지로 전세계의 모든 나라들을 포괄하기
보다는 유사한, 혹은 비교가능한 나라들의 단일 문화지역에 관심을 집중시
키는 보다 조심성 있는 접근이다.

예를 들어 편집자의 초기 연구분야였던 라틴아메리카에서 종속이론, 신
조합주의(neocorporatism), 중심-주변관계론, 대내적 식민주의론, 국가-
사회관계론 등과 같은 문화권역 수준에서 도출된, 이전에 비해 보다 새로

Weiner(ed.), *Modernization: The Dynamics of Growth*, New York:
Basic Books, 1966.

워진 개념들이 어떻게 개발되어왔으며 그 지역을 연구하는 학자들이 이런 개념을 채택하는 풍조가 어떻게 만연할 수 있었는가를 관찰하는 데 관심을 집중시키고 있다. 이 개념들 중 어떤 것은 현재 다른 지리적 혹은 문화적 권역으로 확대되고 있으며, 심지어 일반적인 문헌에까지 적용되고 있다. 사실 우리는 역사적으로 서유럽 중심부로부터 주변부 개발도상국들로 비교정치론의 구상과 개념의 흐름이 역류되고 있는 과정에 현재 처했는가에 대해서도 고찰해야 할지도 모른다.

우리는 유럽이 더 이상 국제정치와 권력의 중심이 될 수 없다는 브레진스키(Z. Brzezinski)의 주장을 상기해야 하며,[8] 더 이상 유럽이 우리의 모델과 지적 구성의 원천이 될 수 없다는 것을 인식해야 한다. 아주 유능한 학생들 가운데 일부를 제3세계, 발전 그리고 지역연구들에 충원시킨지 20여 년이 지난 지금, 몇몇 지역연구 교수협회들—라틴아메리카연구협회—는 원래의 모(母)조직보다—몇몇 학자들이 주장하는 것처럼 새롭고 흥미로운 구상들을 더 자극시키면서—구성원에 있어서 몇 배 더 확장되었다.

뒤에서 더 상세하게 논의되겠지만, 전통적 비교정치론의 유럽 중심적인 역사와 편견에 유념하는 사람이라면 이전에는 이 분야의 주변에 있는 것으로 생각되었던 지역에서 발전된 개념들과 이론이 현재 서유럽과 심지어 미국을 연구하는 데 채택되고 적용되고 있다는 사실에 다소 호기심을 느끼지 않을 수 없을 것이다. 적어도 개념상으로는, 제3세계 주변은 현재 중심을 재탈환하고 있고 이 지역에서 생성된 이론의 흐름들이 주된 추세의 일부가 되기 시작했으며 서유럽 혹은 미국을 연구하는 학자들은 라틴아메리카와 그밖의 제3세계 지역들이 언제나 우리(제1세계)의 경험으로부터 배웠던 대신에, 이들 지역에서 생성된 개념들로부터 배우기 시작하고 있다.

④ 전통, 근대성, 발전, 그리고 이 개념들이 내포하고 있는 의미들에 관한 재검토. 비교정치론의 일반적 문헌들의 대부분, 특히 발전관계문헌은

---

8) Z. Brzezinski, *Between Two Ages: America's Role in the Technetronic Era*, New York: Penguin Books, 1976.

서유럽과 미국의 과거 경험에 기초하고 있으며, 따라서 사람들은 그것들이 자기중심적이고 편견에 싸여 있으며, 개발도상국이 현재 경험하고 있는 사실들에는 어느 정도 부적절하다고 느낀다.9) 오늘날 개발도상국들이 처한 상황은 19세기의 서유럽과 미국의 상황과 근본적으로 다르다는 주장이 강력하게 전개되어왔다. 더욱이 개발도상에 있는 세계의 변화과정과 제도들은 선진국의 그것과는 많은 점에서 다르므로, 그들은 선진국의 경험을 되풀이하지 않을 것이며 그것을 기대할 수도 없다는 것이다. 그러나 이러한 주장이 타당하고 서유럽 혹은 미국의 발전 경험들에 기초한 모델들이 단지 제한된 유용성만을 갖는다면, 이제 전통, 근대화 그리고 발전에 대한 우리의 과거 이해를 재검토해야 할 필요가 있다.

그러므로 이제 우리에게는 토착적이고 비서구적인 제도들―인도의 카스트제도, 아프리카의 종족생활, 혹은 라틴아메리카의 유기체주의(organicism)와 조합주의 등―을 단지 전통적인, 그러므로 근대화가 진행됨에 따라 사라지거나, 혹은 역사의 쓰레기통으로 던져질 수밖에 없는 단명한 제도가 아니라, 그들 자신의 권리를 가지고 생명력 있게 기능하는 제도로 연구해야 하지 않겠는가 하는 의문이 제기되었다. 우리가 발견한 이런 전통적인 제도들은 발전이 진행됨에 따라 대체되거나 압살되기보다는 오히려 현저하게 오래 지속되었다는 것이 증명되었다. 이 제도들은 근대화의 충격에 의해 필연적으로 사라질 운명에 놓인 것도 혹은 서구적인 제도에 대해 열등한 것도 아니며, 오히려 서구의 것에 대한 대안으로서 근대화에 적합한, 심지어 근대화를 제공하는 수단을 대표하는 것인지도 모른다.

제3세계 지도자 및 지식인들이 발표한 이 주장을 어떻게 받아들일 것인가? 이 주장들은 우리로 하여금 어느 정도까지 서구 사회과학의 근본 가정

---

9) R. Bendix, "Tradition and Modernity Reconsidered," *Comparative Studies in Society and History* 9, 1967(April) pp.292-346; H. J. Wiarda, "The Ethnocentrism of the Social Sciences: Implications for Research and Policy," *Review of Politics* 43, 1981(April), pp.163-97; 그리고 이 책의 Chapter 7.

들을 재검토하도록 강요하고 있는가? 실제로 무엇이 일반적인 것이며 서구
적 경험에서 특수한 것은 무엇인가? 전통적·토착적인 제도들은 어느 정도
까지 근대화에 의해 침몰되지 않은 채 근대화과정을 조정·형성·조건지을
수 있는가? 많은 사람들이 느끼기에 이 점들은 비교정치학이 당장 착수해
야 할 문제점들이다.

⑤ 변화하는 세계 및 국제적 환경들의 반영으로서의 비교정치학. 서구
적인 발전모델의 수용력·매력의 하향추세와 그에 상응하는 토착적이고 민
족주의적인 모델들의 설득력 강화는 변화하는 세계세력관계와 현실을 적
절하게 반영하는 것이다. 이는 무엇보다도 미국식 발전모델을 포함하여 미
국과 미국적인 것에 대한 찬미 경향이 감소했음을 반영한다. 이 현상은 또
한 1960~70년대와 비교할 때, 1980년대에 변화한 국제적 정치지형을 반
영하는 것이다. 미국과 서구는 더 이상 유일한 혹은 반드시 지배적인 블록
으로 보이지 않는다. 어느 정도는 비교정치론의 중심적인 모델들은 지배의
모델을 더 크게 반영한다. 그리고 정치·군사적 영역에서 감지된 서구 헤게
모니의 쇠퇴와 함께 반드시 서구적인 것만은 아닌 다른 변동에 관한 모델
들이 사회과학과 발전연구분야에서 새로운 명성을 얻어가고 있다.

그러므로 우리는 다음과 같은 의문을 제기한다. 우리가 학자로서 사용
한 이 모델들은 어느 정도 윤리적·문화적·정치적으로 중립적인가? 이 모
델들이 우리 자신의 민족적인 혹은 블록의 위신, 권력, 그리고 우월감을
반영하는 정도는? 주로 미국인들이 많이 저술했던 발전문헌에 대한 초기
의 우세한 경향은 한 국가로서의 미국의 지배를 반영하는 것은 아닌가?
즉 제3세계에 대한 어느 정도의 생색과, 제3세계의 대변인들이 주장하는
것처럼 문화적 제국주의의 한 형태는 아니었는가? 이 점은 현재 변화 또
는 역전되고 있는가? 또 만약 그렇다면 그것은 어떠한 양상으로 전개되고
있으며 어느 정도인가? 요컨대, 종종 달러원조 뒤에 미국의 깃발이 뒤따
랐던 것처럼, 사회과학자들이 사용했던 모델들 뒤에도 이런 의미에서 미
국의 깃발이 뒤따르고 있지는 않은가?

⑥ 비교정치론의 몇몇 부문에서 새로운 정설의 수준에까지 고양된 바

있는 최근의 해석들은 어떤가? 예컨대 주변지역들에 대한 자본주의적 팽창과 그 영향에 관한 왈러스타인(I. Wallerstein)의 최근 저작들10)에 대한 수용력이나 종속론적 접근방법의 인기를 생각할 수 있다. 제3세계의 수많은 대학들과 사회·정치적 변동에 관한 최근 많은 저작들에서 초기 발전론적 접근방법을 대체하고 있는 맑시즘이 현재 사실상 모든 해석들에 인지도(認知圖: cognitive map)를 제공하고 있고, 다른 방면에서는 문화주의자(cul- turalist)의 해석들이 또 다른 유형의 결정론의 수준에 거의 도달해 있다. 이러한 논평들은 이 접근방법들을 비난하려는 의도가 아니라 다만 종종 통찰력 있고 유용한 것이긴 하나, 부분적인 설명에 지나지 않는 것을 완전하고 모든 것을 망라하는 것으로 격상시키는 경향에 대해 일차적인 주의를 상기시키려는 것이다. 따라서 이 책에서 우리는 다음의 것, 예컨대 이 새로운 접근방법들의 한계와 공헌, 이 접근방법들의 편견이나 가정들, 이 접근방법들이 기존의 방법들과 정반대되는 것인지 혹은 조화될 수 있는 것인지, 다원주의, 실용주의, 절충주의는 아직도 이 분야에서 가능한지 혹은 불가능한지 등에 대해서 탐구해야 할 것이다.

비교정치론이 과거의 경향에서 새로운 경향으로 옮겨가는 과정에서 주로 이전의 연구를 토대로 한 몇 가지 추가적 질문들이 제기되었다. 이것들은 이 세미나가 탐구하고자 했고 또한 이 책에서 검토된 것들이다.

① 1960년대의 저작과 같은 거시적·일반적·종합적 저작들이 담당할 역할이 아직 있는가, 아니면 이 분야는 이제 그렇게 되기에는 전혀 공통점이 없으며 분열되고 파편화되어버렸는가? 누가 이같은 책을 저술할 수 있

---

10) I. Wallerstein, *The Modern World System: Capitalist Agriculture and the Origins of the European World Economy in the 16th Century*, New York: Academic Press, 1974; I. Wallerstein, *The Modern World System I and The Modern World System II: Mercantilism and the Consolidation of the European World-Economy, 1600~1750*, New York: Academic Press, 1980.

을 것인가, 또 그것의 초점은 무엇이 될 수 있는가, 아니면 우리는 이제 어느 정도 하위의, 그리고 보다 적당한 수준에서의 이론형성에 집중해야만 하는가?

② 현재 충분히 수용할 수 있는 수준의 거시이론의 부재 속에서 중간범위와 문화권역 수준의 이론 개발이 갖는 함축적 의미는 무엇인가? 이 이론은 새로운 혹은 다시 정식화된 거대이론을 위한 기초로 역할할 수 있는가? 아니면 우리는 이제 훨씬 덜 거시적인 수준에 머무는 이론에 만족해야만 하는가?

③ 초기 접근방법들의 편견과 문제점이 있는 가정들을 생각할 때 발전에 관한 일반적이고 비(非)자민족중심적인 비교정치론이 아직 가능한가, 아니면 그런 목표는 모두 포기되어야 하는가? 그 대신에 우리는 발전에 관한 라틴아메리카, 사하라 이남 아프리카, 이슬람 지역 등의 사회과학을 취할 수 있을 것인가? 그렇다면 그것이 함축하는 의미는 무엇인가?

④ 새로운 계급적 기초에 선 해석들은 어떤가? 이런 해석은 전통적인 정치분석을 대체하거나, 정치적 설명을 종속변인의 위치로 떨어뜨릴 것인가? 아니면 양자는 아직도 국가-사회의 관계, 정치경제 또는 비교 공공정책에 초점을 맞춘 최근의 관점에서 조화될 수 있는 것인가? 그리고 그런 새로운 균형과 조합들은 어떻게 형성될 수 있는가?

⑤ 앞서 논의한 보다 특정적이고 협소한 몇몇 해석들과, 보다 광범위하고 세계적인 비교정치론을 결합시키는 것이 아직 가능한가? 어떤 종류의 혼합과 접합이 가능한가? 이론형성이 몇 가지 차원에서 동시에 이뤄질 수 있겠는가? 또는 보다 구체적인 시각들이 보다 일반적이긴 하나, 어쩔 수 없이 서구적 편견을 갖고 있는 견해들을 점차 대체해갈 것인가? 그런 역점의 재조정이 비교정치론과 제3세계에 대한 정책에 미치는 함축적 의미는 무엇인가?

분명히 이 점은 우리가 세미나에서 씨름하고자 했던 것으로서 비교정치론 분야가 현재 당면하고 있는 몇 가지 더 도발적 질문과 논쟁점들의 출

발점이며 예비적인 목록에 지나지 않는다. 그러나 이런 질문들은 비교정
치론분야에서의 위기를 지적해내고, 이 분야의 흥망성쇠에 대한 일차적인
이유들을 지적해내며, 이 분야에서 초기에 합의했던 부분들을 손상시켜온
몇 가지 주요 논쟁과 개념들을 제시해주며, 현재 탐구의 대상이 되고 있
는 새로운 경향들과 이 분야에서의 논의를 지적해내는 역할을 한다.

3. 비교정치론의 과거와 현재―조류의 변화

비교정치론은 한 분야로서 오래되고 뚜렷한 연혁을 갖고 있다.

아리스토텔레스는 이 분야를 연 최초의 학자로서, 당대의 알려진 세계
에서 발견된 서로 구별되는 헌법유형과 정치유형들, 그 유형을 형성시키
고 결속시키며 결정짓는 사회경제적·정치·문화적 조건들에 대해 해박한
검토와 연구를 수행했다. 또한 마키아벨리를 당시 이탈리아 도시국가 및
여타 지역에서의 권력과 정치의 비교적인 요소들을 고찰했다는 점에서 비
교학자라고 할 수 있듯이 플라톤과 키케로 역시 비교학자였다. 토마스 홉
즈, 장 보댕, 그리고 몽테스키외까지도 모두 비교학자로 간주될 수 있으며
맑스 역시 독일, 프랑스, 영국에서의 자신의 환경과 생활경험 및 연구로부
터 부분적으로 도출해낸 비교자료에 의존하였다.

토크빌[11]과 브라이스 경(Lord J. Brice)[12]과 같은 사람들이 저술한 미
국사회와 정치체에 대한 초기의 아주 훌륭한 몇몇 연구들은, 이들 저자들
이 유럽적인 배경으로부터 도출한 비교정보에 의존함으로써 미국에 대한
그들의 이해를 풍부히 했다는 점에서 훌륭했다. 이런 풍부한 역사를 검토
해볼 때, 정치학은 그것이 비교접근법을 채택하였을 때 언제나 가장 계몽

---

11) A. de Tocqueville, *Democracy in America*, 2 vols., B. Phillips(ed.),
    New York: Alfred A. Knopf, 1944.
12) Lord J. Bryce, *The American Commonwealth*, 2 vols., Folcroft:
    Folcroft Library Editions, 1978(Reprint of 1891 ed.).

적이었다는 점, 정치사상사에서 가장 훌륭했던 사상가들 또한 다소 일관
되게 비교정치연구자들이었다는 점, 미국정치연구를 포함한 정치학의 모
든 분야들은 일반적으로 비교의 시각을 사용했을 때 크게 보강되었다는
점에 대해 언급하고 싶은 충동을 느낄지도 모르겠다.

그렇지만 19세기 말부터 정치학이 사회과학에서 하나의 뚜렷한 학문분
야로―적어도 미국에서는13)―발전해온 것처럼 비교정치론은 정치학의 한
―상대적으로 소수인―분야로 대두되었다. 그것의 이유는 복잡하지만 대체
로 한 국가로서의 미국의 경험과 미국은 유럽과 여타 국가들과 다르고 우
월하다는 깊은 믿음, 세계의 여타 민족들은 미국인에게 배워야 한다는 그
들의 태도 등과 밀접한 관련이 있다. 따라서 미국의 정치학은 미국정치에
대한 연구가 주종을 이루었다. 왜냐하면 미국정치에 압도적인 주안점과 관
심이 주어졌기 때문이다. 비교정치론은 전통적으로 가장 중요한 분과의 한
위치를 부여받기는 했으나 학문분야에서 미국주의자들에게 가르칠 것이
거의 없는 이국적인 것으로 생각되었고 비교정치론을 전공한 사람들은 종
종 다른 영역의 학문분야에 지적으로 도움을 줄 만한 것을 거의 아무 것도
갖고 있지 못한 것으로 믿어졌다.

그러한 초기 단계의 비교정치론은 단지 서유럽의 몇몇 국가들(영국, 프
랑스, 독일, 소련은 후에 포함됨)에 관심을 집중하였으며 이 분야의 주요한
교수들과 학자들은 흔히 유럽적 배경을 가진 사람들이었다. 이 점은 가끔
정치학분야에서 지배적인 미국주의자들로부터 그들을 더욱 더 고립시키는
데 기여했다. 더욱이 유럽에서는 정치학이 아직 분리된 학문의 중심으로 등
장하지 못했고, 법률교육을 받은 사람들이 지배하고 있었기 때문에 비교정
치론은 종종 이 분야의 주요한 개설자의 배경을 반영하여 형식주의적이고
법률적인 경향을 띠었다. 미국정치학의 초점이 변화하고 있다는 사실과 대
비해볼 때 그것은 정치의 형식적·법률적인 측면, 헌법적 계율, 사법적 규칙,

---

13) 유럽에서의 정치학은 미국에서 시작된 것처럼 법학, 사회학 및 경제학과 엄격
하게 분리된 것은 아니었다. 이런 차이점은 정치는 사회, 계급, 그리고 다른 변수
들로부터 자율적인 것으로 생각될 수 있다는 미국의 오랜 생각과 관계가 있다.

그리고 정부의 정당한 입헌적 기구 등에 관심을 집중시켰다. 그에 비해 미국정치학은 비공식적 정치행위들, 이익집단들, 여론, 정책결정에 더 많은 관심을 쏟았다. 그리하여 법률교육을 받았지만 사회·정치적 세력을 분석했던 프리드리히(C. Friedrich)나 뢰벤스타인(K. Loewenstein)이 유럽에서 초기 저서를 출간했을 때 법을 전공하는 동료학자들로부터 너무 사회학적이라는 비판을 받았던 반면 후에 미국으로 이민 가서 연구저서들을 출판했을 때에는14) 미국정치학자들로부터 너무 법률적이라는 비판을 받았던 것이다.

제2차 세계대전은 아직도 적절하게 연구되어야 할 대상인 비교정치론 분야에 심대한 영향을 미쳤다. 첫째, 전쟁은 단번에 미국의 고립주의를 붕괴시켰고, 사실상 처음으로 미국을 완전히 그리고 영속적으로 세계의 각 축장으로 끌어들였으며 미국인들로 하여금 타국가들, 즉 동맹국들, 무역상 대국들, 그리고 지속적인 위협으로 생각되는 국가들에 대한 연구와 이해의 필요성을 인식하도록 했다. 둘째, 나치정권의 전쟁과 대량학살정책은 미국으로 수천 명의 지식인, 예술가, 여론지도자들이 몰려가게 만든 새로운 유럽인 이주의 물결을 촉진시켰는데, 이들 중의 대다수는 유럽의 정치체계들과 유럽적 분석방법(예를 들면 독일의 사회학)에 대해 고도의 전문적 지식을 갖춘 사람들로서, 대다수가 전후 몇 년 사이에 미국의 대학들과 학문적인 생활에서 일반적으로는 사회과학에, 특수하게는 비교정치론에 중요한 영향을 미치면서 탁월한 지위를 성취했다.15)

전쟁과 나치정권의 잔인성은 결코 잊을 수 없는 경험을 남겼다. 프리드리히, 뢰벤스타인, 프란츠 노이만(F. Neumann),16) 한나 아렌트(H. Arendt),17)

---

14) C. J. Friedrich, *Constitutional Government and Democracy*, Boston: Ginn, 1941; K. Loewenstein, *Political Power and the Governmental Process*, Chicago: University of Chicago Press, 1957.

15) H. S. Hughes, *The Sea Change: The Migration of Social Thought, 1930~65*, New York: McGraw-Hill, 1977; W. Metzger et al., *The Cultural Migration: The European Scholar in America*, New York: Arno Press, 1977.

16) F. Neumann, *Behemoth: The Structure Practice of National Social-*

허만 파이너(H. Finer)[18] 등과 같은 전후 제1세대의 주도적인 비교학자들에게 제2차 세계대전은 그들의 저작과 강의, 특히 나치체제를 평가하고 파시즘의 근본원인을 분석하며 전체주의를 비교 연구하고, 그리고 아마 가장 중요한 것으로는 파시즘이나 전체주의와 유사한 유형들이 다시는 권력을 잡지 못하도록 방지하려는 그들의 노력에 깊은 도덕적·정신적 영향을 끼쳤다. 따라서 2차 세계대전의 여파 속에서 비교정치론은 서로 다른 정치체계들에 대한 냉정한 분석에만 관심을 가졌던 것이 아니라, 한편으로는 나치시대의 공포에 의해 조성된 심오한 도덕적·정신적인 판단도 정당하게 고취하게 되었다.

2차대전과 나치정권의 잔학성은 전후 제2세대의 비교정치론자들, 즉 개발도상지역들에 관한 새로운 이론을 형성하는 데 도움이 됐던 사람들을 포함하여 1950년대 말에서 60년대 초에 걸쳐 이 분야에서 명성을 얻은 학자들에게 중요한 영향을 끼쳤다. 물론 그 동기들과 이면에 있는 영향력은 복잡한 것이었다. 어느 한 가지 설명만으로는 이 기간 동안에 비교정치론분야가 취했던 새로운 경향을 설명하는 데는 충분치 못하다. 그러나 개발도상국에 대한 비교정치학의 새로운 관심의 초점 역시 강한 윤리적·도덕적 판단에 입각해 있었다는 점은 의심의 여지가 없다. 근대 선진국가들은 온당하고 사회적으로 정의롭고 중도적이며 다원적이고, 그리고 민주적인 국가로 묘사되는 한편, 혹시 그들에게 강력한 맑스-레닌주의 운동 또는 파시스트적 반동을 초래할지도 모르는 급진적 해결책은 정치적으로나 지적으로 모든 희생을 무릅쓰고라도 저지해야 하는 것으로 강력하게 비난받은 것은 결코 우연이 아니다.

오늘날의 학자들은 개인적으로나 정치적으로 이런 가치들을 공유하고 있으나, 학자로서 비교정치론분야에서의 이런 잠재적 편견의 원인을 지적

---

ism, New York: Oxford University Press, 1944.

17) H. Arendt, *The Origins of Totalitarianism*, New York: Harcourt Brace Jovanovich, 1951.

18) H. Finer, *The Theory and Practice of Modern Government*, New York: Holt, 1949.

해 내는 것은 중요하다고 생각하고 있다.

또한 1950년대 말에서 60년대 초반에 걸쳐 비교정치론에서 탁월함을 보이며 등장한 세대는 전후시기에 대두한 냉전의 맥락에 강한 영향을 받았다. 많은 학자들이 스탈린시대의 공포, 극단적인 행위와 숙청, 그리고 1939년의 나치-스탈린협정으로 인해, 나아가 소련에서의 사회주의의 야만적 실천으로 인해 혁명적 사회주의에 철저하게 환멸을 느꼈다. 이들은 2차대전이 끝날 무렵 소련의 동구진주와 종전 직후 이탈리아와 그리이스에서의 공산주의자들의 권력장악을 위한 공세, 1948년 베를린봉쇄, 중국혁명, 그리고 50년대 초반 한국전쟁을 목격했다. 새로 대두한 냉전은 전적으로 소련에 의해 선동된 것으로 거의 보편적으로 여겨졌고 소련 전체주의는 따라서 파시스트 체제와 마찬가지로 저지되어야 했다. 광범한 영향력을 가졌던 러스토우의 『경제성장단계론(*The Stages of Economic Growth: Non-Communist Manifesto*)』에서 공산주의가 "과도기의 질병"으로 언급된 것은 우연의 일치가 아닌 것이다.

비교정치발전분야의 주요한 연구자들도 미국 대중들이 대체적으로 그랬던 것처럼 일반적으로 이러한 초기의 냉전 감정을 공유하였다. 예를 들어, 알먼드와 코울먼의 선도적인 저작 『개발도상지역의 정치학(*The Politics of Developing Areas*)』이 가진 편견과 반맑스주의적 정향을 이해하려는 사람은 그것을 이 시기의 맥락에서 이해해야만 한다. 비교정치론분야에서 상당한 영향력을 가진 수많은 저술을 지원했고, 그후 10여 년 동안 이 분야를 지배한 의견을 내놓은 SSRC의 비교정치분과위원회의 업적을 이해하려는 사람은 알먼드의 『공산주의의 호소』[19] 또는 루시안 파이의 『말레이반도에서의 게릴라공산주의: 그 사회·정치적 의미』[20]를 읽어야 할 것이다.

그동안 비교정치론분야는 또 다른 근본적 변화를 겪었다. 그 동요는

---

19) G. A. Almond, *The Appeals of Communism*, Princeton, N.J.: Princeton University Press, 1954.
20) L. W. Pye, *Guerrilla Communism in Malaya: Its Social and Political Meaning*, Princeton, N.J.: Princeton University Press, 1956.

1952년에 CCP의 선구격인 노스웨스턴 대학에서 개최된 SSRC의 대학간 비교정치연구세미나의 회합과 더불어 시작되었다. 이 세미나의 구성원은 하버드 대학의 비어(S. Beer)와 엑스타인, MIT의 칼 도이치, 시카고 대학의 톰슨(K. Thompson)과 리차드 콕스(R. Cox), 미시간 대학의 워드 (R. Ward), 그리고 노스웨스턴 대학의 블랭크스텐(G. Blanksten)과 매크리디스(R. Macridis)였는데, 그 중 매크리디스가 의장을 맡았다. 이 그룹을 주도했던 구성원들은 지난날 비교정치연구의 형식적·법률적 초점에 대해 강력하게 비판하기 시작했다. 이들은 당시 정치학을 강타했던 광범위한 혁명에 휩쓸렸고 이것은 이전에 역점을 두었던 조직적이고 형식적인 측면보다는 정치적 행위의 보다 비공식적인 측면과 이익집단들의 행태에 주안점을 둘 것을 요구하는 것이었다.[21] 정치학에서 행태주의혁명의 초기 추세는 막연한 것이었다. 또한 이 세미나그룹이나 적어도 몇몇 구성원들은 사회학에서의 파슨즈(Parsonian)혁명에 강력한 영향을 받았다. 다시 말해 막스 베버 저작들에 대한 파슨즈의 해석과 재생에 의해서뿐만 아니라 그의 구조기능주의, 발전에 관한 보편적 사회과학의 가정들, 사회적·정치적인 생활과 변화의 체계라는 그의 개념, 그리고 개발도상사회들과 선진사회들을 비교하는 데 한 가지 유용한 방법을 제공하는 것으로 보이는 그의 유형변수들(pattern variables)의 강력한 영향을 받았다.[22]

대학간 그룹은 1953년 「비교정치연구(Research in Comparative Politics)」라는 극적이지 못한 제목의 보고서를 간행한 바 있으나,[23] 2년 후 매크리디스가 동료들 앞에서 도발적이고 극적으로 그의 기치를 올리고 나

---

21) D. B. Truman, *The Governmental Process: Political Interests and Public Opinion*, New York: Alfred A. Knopf, 1951.

22) T. Parsons, *The Social System*, Glencoe, IL.: Free Press, 1951; T. Parsons & E. A. Shils(eds.), *Toward A General Theory of Action*, Cambridge, Ma.: Harvard University Press, 1951.

23) Social Science Research Council, Interuniversity Research Seminar on Comparative Politics, "Research in Comparative Politics," *American Political Science Review* 47, 1958(Sep.), pp.641-765.

서아[24] 비로소 이 그룹의 견해들이 수용되기 시작했다. 매크리디스는 과거의 비교정치론은 거의 배타적으로 서유럽 국가들에 초점을 맞춘 국지적인 것이었으며, 분석적이라기보다는 서술적이었고, 동태적인 과정들에 관심을 집중하기보다는 형식주의적·법률적이었으며 순수하게 비교적인 것이기보다는 정형화된 사례연구였다고 이의를 제기했다. 매크리디스의 비판은 강한 표현을 사용하여, 문자 그대로 이것이냐 저것이냐의 견지에서 문제를 제기했으며, 이 분야에 커다란 충격을 주었다. 그리하여 비교정치론이 비국지적·비형식주의적·비법률적이고 분석적이며 순수하게 비교적인 것이 되어야 한다는 견해는 학자들 사이에서 일반적인 입장이 되어갔다.

그러는 동안 알먼드는 비교정치분과위원회의 위원장직을 맡았고, 곧바로 정치발전론분야의 주도적인 이론가로 등장했다.

비록 다소 다른 시각에서였지만 알먼드도 이 기간 동안에 매크리디스와 그외 학자들이 안고 있던 여러 문제들과 씨름했다. 그는 파슨즈의 구조기능주의와 써튼(F. X. Sutton)의 고전적인 진술의 방법에 강력하게 영향을 받았다.[25] 또한 그는 파슨즈의 유형변수들-특수성과 보편성(particular vs. universalistic), 귀속성과 업적성(ascriptive vs. achievement), 그리고 확산성과 구체성(diffuseness vs. specificity)-을 채용했으며, 이 변수들을 개발도상국과 선진국들의 차이에 관한 이념형모델로 구체화하려고 했다. 즉 알먼드는 개발도상국은 특수주의·귀속주의·확산성의 특성을 갖는 것으로, 선진국은 보편주의·업적주의·구체성의 특성을 갖는 것으로 보았다. 이 이분법은 전통적인 것에서 근대적인 것에 이르는 연속체 위에 다양한 국가들을 분류하기 위해 사용되었다.

또한 알먼드는, 후에 중요한 자서전적인 진술[26]에서 밝혔듯이 과학적

24) R. C. Macridis, *The Study of Comparative Government*, New York: Random House, 1955.
25) F. X. Sutton, "Social Theory and Comparative Politics," Prepared for the SSCR/CCP in 1955 and published in H. Eckstein & D. E. Apter (eds.), *Comparative Politics*, New York: Free Press, 1963, pp.67-81.
26) G. A. Almond, *Political Development: Essays in Heuristic Theory*,

정치학의 시카고학파와 메리암(C. Merriam)과 같은 훌륭한 지도자들의
정치행태주의의 강한 영향을 받았다. 알먼드는 발전을 과학적인 인식에서
분석되어야 할 현상으로뿐만 아니라, 그와 그의 동료들이 개발도상국들에
줄 수 있는 도덕적, 정신적, 정치적인 선(good)으로 보았다. 매크리디스와
마찬가지로 그는 정치의 비공식적인 측면, 즉 정치문화, 이익집단의 활동,
그리고 과정변수들(process variables)로 불리우게 된 것 등에 초점을 맞
추기를 원했다. 1950년대 중반에서 후반에 이르는 동안 발표된 일련의 논
문들에서 알먼드는 이런 생각들을 강력하게 제시하였으며, 다른 한편으로
는 비교정치론분야를 위한 새로운 유형론(typology)을 제시했다.[27] 이 글
들은 1960년에 출간되어 크게 영향을 미친 『개발도상지역의 정치학(*The
Politics of the Developing Areas*)』(알먼드와 코울먼 공저)의 전주곡
역할을 했다.

또한 1950년대 말과 60년대 초에 일어난 지적이면서도 정치적인 그밖의
사건들 역시 이 분야에서 대두하던 합의를 형성하는 데 도움이 되었다. 이
스튼(D. Easton)은 정치체계에 관한 일반이론 저서를 출간했는데 그것은
흐름이나 과정, 비공식적 행위자, 투입-산출분석 등에 대한 연구와 같이 비
교정치학에 역시 통합되었던 연구들을 촉진했다.[28] 러스토우도 그 무렵 『
경제성장단계들』을 출간했는데, 이는 선진국들과 개발도상국들에 동일한
경제적 범주를 적용한 것이었다. 이 저서는 서유럽과 미국이 겪은 근대화
과정이 미국의 원조로 개발도상국에서도 되풀이될 수 있다는 점을 강하게

Boston: Little, Brown, 1970, Introduction.

27) G. A. Almond, "Comparative Political Systems," *Journal of Politics*
18, 1956(Aug.), pp.391-409; "A Comparative Sutdy of Interest Groups
and the Political Process," *American Political Science Review* 52,
1958(March), pp.270-282; Almond's comments in H. W. Ehrmann(ed.),
Interest Groups on Four Continents, Pittsburgh: Univ. of Pittsburgh
Press, 1958을 참조.

28) D. Easton, *The Political System: An Inquiry into the State of Pol-
itical Science*, New York: Alfred A. Knopf, 1953; "An Approach to the
Study to Political Systems," *World Politics* 9, 1957(April), pp.383-400.

암시했으며 공산주의와 파시즘은 건너뛸 수 있는 발전의 한 특정단계의 산물이었다는 점을 밝히고, 미국을 모델로 한 것으로 보이는 사회, 정치체, 그리고 경제를 발전의 최종단계로서 제시하였다. 같은 시기에 도이치는 발전과 국가형성에 관해 같은 경향의 연구를 하고 있었다.29) 도이치와 립셋은 일련의 논문들을 발표했는데,30) 그는 영향력 있는 저작『정치적 인간 (Political Man)』에서 사회적 근대화와 정치적 민주주의의 상호연관성을 보여주면서 양자가 서로 함께 간다는 것을 암시하였다. 즉 국가들은 보다 높은 문자해득률을 성취하고, 보다 강력하게 동원되고, 그리고 보다 많은 라디오와 TV 수상기를 획득함에 따라, 예컨대 미국과 같이 자유주의적이고 민주주의적인 정치적으로 발전된 국가로 가는 경향이 있다는 것이다.

1950년대 말과 60년대 초의 정치적 변화는 가히 극적이었다. 첫째, 1960년에 이르러 아프리카와 아시아의 일단의 신생국들이 비교정치론의 대상영역을 의미깊게 확대시킬 뿐 아니라, 정치발전분석을 위한 신선하고 자극적인 새로운 실험실을 제공하면서 국제무대로 대거 진출했다. 둘째, 케네디 대통령의 당선과 알먼드가 지적한 당대의 평화봉사단 풍조는 근대화과정의 궁극적인 목표들로 민주주의·다원주의·사회정의에 대한 발전문헌의 강조에 대해 정당성을 부여해준 것 같았고, 또한 그것은 외국원조계획을 통해 미국이 자국의 체제와 제도, 그리고 제반 성취의 이점들을 혜택을 덜 받고 있는 국가들에게 전해줄 수 있다는 생각에도 같은 영향을 미쳤다.31) 1960년의 선거와 케네디의 대통령 당선, 그를 계승한 존슨의 대통령 취임에 따

---

29) K. W. Deutsch, *The Nerves of Government: Models of Political Communications and Control*, London: Free Press, 1963; K. Deutsch & Foltz, op. cit.

30) S. M. Lipset, "Some Social Requisites of Democracy: Economic Development and Political Legitimacy," *American Political Science Review* 53, 1959(March), pp.69-105; K. W. Deutsch, "Social Mobilization and Political Development," *American Political Science Review* 55, 1961(Sep.), pp.493-514.

31) Almond, op. cit., Introduction.

른 결과로, 발전문헌과 모델을 유행시키는 데 도움을 준 많은 학자들과 그들의 친구, 동료들은 자신의 개념적인 구상들을 실천에 옮길 수 있는 예기치 못한 기회를 제공했던, 정부내에서 상당한 영향력을 행사하는 지위를 얻었다.32) 셋째, 라틴아메리카에서는 쿠바혁명이 일어나고 있었는데, 이는 서반구가 더 이상 공산주의로부터 안전한 곳으로 생각될 수 없다는 것을 보여주었고, 아주 능력있는 젊은 학자들을 라틴아메리카의 발전연구에 투입시키고자 마련된 기금들과 연구비의 쇄도를 불러 일으켰다.

　1960년대 초반에서 중반에 걸쳐 대학원에 진학한 학생들에게 발전문헌, 특히 알먼드와 코울먼의 저서 『개발도상지역의 정치학』은 아주 매력적인 것이었다. 혁신적인 이 책은 주요 개발도상지역들에 대해 주도급 인물들이 쓴 의미깊은 내용들을 포함하고 있었을 뿐만 아니라, 또한 공통적이고 세계적인 비교분석틀을 사용하여 이 지역을 검토하였다. 더욱이 분석의 공통과정들은 모든 국가들의 정치를 분석하는 데 도움이 되는 발전에 관한 보편적인 사회과학의 개념을 강화시키는 데 도움을 주었다. 이 문헌은 또 이러한 분석들을 통해 아마도 신생국들에게 발전과 민주주의를 가져다주는 데 도움을 줄 수 있을 것이라는 생각으로 미국학자들을 고무시켰다. 그러므로 발전이론은 체계이론과 파슨즈-알먼드의 발전모델과 조화되어 과학적으로 올바른 것이었고 윤리적으로도 그런 것이었다. 이 이론은 분명한 과학적 타당성과 보편성에, 도덕적으로 건전한 기여를 한다는 규범적인 확실성이 결합되어 그것은 발전에 관한 연구를 그토록 매력적인 것으로 만들었다.

　하지만 모든 비교정치학자들이 이 발전문헌에 매료된 것은 아니었다. 지역전문가들과 독특한 문화적 지역들 또는 국가들의 특정한 역사와 전통을 강조하는 학자들 중 많은 사람들은 세계의 모든 사회들을 하나의 단일한 모든 것을 망라하는 분석틀에 결합시키는 접근방법에 사로잡히지는 않

---

32) R. Packenham, *Liberal America and the Third World: Political Development Ideas in Foreign Aid and Social Science*, Princeton, N.J.: Princeton University Press, 1973.

았다.33) 또한 계량적 비교분석에 몰두해 있던 많은 유럽주의자들(이 시기
엔 수적 감소를 보임)과 학자들은 그들의 연구관심이 다른 곳에 있었기
때문에 정치발전에 대한 강조에 크게 영향을 받지는 않았다.34) 맑스주의
자들은 납득하지 않고 있었으며, 그 당시 이들은 소수 그룹에 지나지 않
았기 때문에 이들의 비판은 학자들의 주목을 받지 않았다. 실제로 그것은
정치발전 접근방법이 처음 출현했던 개발도상국들에 대한 맑스주의적 호
소를 부분적으로 반박하는 것이었다.35)

　그러나 1960년대 초반에서 중반까지 비교정치론을 전공한 대학원생들의
커다란 물결 속에서 정치발전 접근방법은 매우 크게 관심을 끌었다. 이 접
근방법은 치밀하고 일관성이 있으며 지적으로나 감정적으로도 만족스러운
것이었다. 이 접근방법은 근본적으로 서로 다른 국가와 정권, 대륙들 및 세
계에 적합한 질서와 통합된 분석틀을 제공했다. 이 접근방법은 학생들에게
확실성과 도덕적 목적에 대한 비전, 즉 불안해하며 의문을 품고 있는 이들
에게 종종 그들이 선호하는 방호복을 제공하는 한편, 변화지향의 동태적인
모델을 제공해야 한다는 일반적인 자유주의적 요구를 만족시켰다. 발전문
헌에 대한 지식과 가설들로 무장한 많은 대학원생들은 아시아, 아프리카,
그리고 라틴아메리카의 개발도상국들에 널리 관심을 갖게 되었다.

　그들의 목적은 발전을 탐색·연구·촉진하는 것이었으나, 발전을 측정할

---

33) 저자는 자신의 스승의 하나인 캔터(H. Kantor)를 상기하고 있으며 『개발도상
　　지역의 정치학』에 기고한 그의 글에서 라틴아메리카를 일반이론적 접근방법의 적
　　합치 않은 범주에 포함시키려 한 블랭크스텐(G. Blanksten)의 시도를 강력하게
　　반대하고 있다. 그리고 그것을 우리의 대학원 세미나 독서목록에 단 하나 마지못
　　해 첨가시켰다. 당대의 저명한 라틴아메리카 연구자들 중에서 R. Alexander, L.
　　Hanke, R. Potash, R. Morse, K. Silvert, A. Whitaker 등은 발전론적 준거
　　들에 마찬가지로 회의적이었다.

34) 이 관점은 우리의 하버드 세미나토론에서 힙스(D. Hibbs)가 제기했다.

35) 이것은 R. H. Chilcote, *Theories of Comparative Politics: The Search
　　for a Paradigm*, Boulder, Col.: Westview Press, 1981에서 강력한 이데올
　　로기적 관점에서 논의되었다. 이 점은 우리의 세미나에서 SSRC의 비교정치분
　　과위원회의 기존 성원 몇 명에 의해 자유롭게 인식되었다.

기준이 주로 미국과 서유럽의 경험, 즉 제3세계에 단지 제한된 타당성만을 갖는 경험들로부터 도출된 것이었기 때문에 곧 실망을 느끼게 될 탐구였다. 많은 학생들은 개발도상국들에서 등장한 중산계급과 같은 새로운 집단에 관심을 집중했다. 왜냐하면 그러한 요소들은 아마 이미 발전된 국가들에 전형적이었던 안정적이고 온건한 중도의 정치유형을 탄생시키는 데 도움이 될 것으로 생각했기 때문이었다. 또한 다원주의적 사회를 민주정체의 필요조건으로 생각했던 이 학생들은 제3세계에서 새로이 대두되고 있는 농민·노동자운동에 대해 많은 박사학위논문을 썼으며, 과두정이나 군부와 같이 이들 집단을 탄압하고 그들의 영향력을 제한시킨 집단들을 비판했다. 사실상 엄밀하게는 이 수백 편의 논문들의 내용은 보다 많은 참여, 다원주의와 민주주의로 이어질 모든 정치체계들의 기능으로 알먼드의 분석틀에서 제기된 개발도상국에서의 이익집약(interest aggregation)과 이익표출(inter-est articulation)의 대변자로 생각되는 새로운 정당들에 대한 것이었다. 지역사회개발, 농지개혁, 확대된 커뮤니케이션, 관료적 근대화, 그리고 다른 발전적 개혁도 비슷한 주목을 받았는데, 크게는 이런 촉진이 똑같은 유형의 바람직한 최종결과를 내포하고 있었기 때문이었다.[36]

　　현재 농지개혁, 지역공동체 개발, 확대된 커뮤니케이션이나 관료제 개혁 혹은 이런 과제를 위한 정당들, 농민조합들, 노동조합들이 있는 개발도상국가에서 잘못된 점은 없다. 문제는 정치발전 문헌이 이 제도들과 정책들은 개발도상국들에서 존재할 것이고 존재해야만 한다는 점을 가정하는 데 있다. 이 제도들과 정책들이 존재하지 않을 때 항상 문제가 있다고 생각한 것은 발전이론이 아니라 그 지역의 개발도상국들이었다. 정치적·도덕적 선호로 인해 학문적 분석이 왜곡되기 시작했다. 희망적 사고와 소망에 가득찬 정치학과 사회학은 많은 국가들에서의 실제상황에 대한 평가를 손상시켰다.

---

36) 발전연구들에서 이런 변화하는 강조점에 대한 연구와, 이 시기에 검토된 제도 유형에 대한 연구, 그리고 무시되었던 제도 및 철자들에 대한 연구를 위한 여지가 있다.

지식사회학의 한 흥미있는 연구는 이 기간 동안 개발도상국들에 갔다가 박사논문을 쓰기 위해서 돌아와 이런저런 국가 또는 그들의 제도를 역기능적(dysfunctional)인 것으로 공표한 많은 대학원생들을 다루고 있다. 그런데 당시 이들은 개발도상국들의 실제적인 운영면과 토착적인 역동성의 견지에서가 아니라, 주로 발전문헌이 확립해놓은 기준에서 볼 때 그것이 종종 역기능적이라는 사실은 거의 생각하지 못했다. 이 국가들은 극히 소수의 취약한 정당, 노동조합과 농민조합, 그리고 유사한 제도를 갖고 있다는 이유로 흔히 역기능적이라고 주장되어왔다. 그러나 그럼에도 불구하고 이런 지적 역시 그 정치체계들도 나름대로는 상당한 생명력을 갖고 있다는 사실을 무시했으며, 대다수의 발전문헌의 모델이 되어왔던 경험과 제도들을 가진 서방의 특정한 제도적 장치의 입장에서 볼 때만 역기능적인 것이었다. 물론 이 기준에 의하면 대부분의 제3세계 국가들은 상당히 결함이 많은 국가이다.

1960년대에 얼마나 많은 대학원생이 아시아, 아프리카 혹은 라틴아메리카의 현지연구에 낙담하고 돌아왔는가를 조사하는 것은 흥미있는 일일 것이다. 이들이 낙담해 돌아온 것은, 발전문헌에서 개발된 기준을 사용함으로써 그들의 연구대상이었던 국가들이 기대했던 표준에 도달하지 못했기 때문이었다. 이 기간 동안 개발도상국들에 관련된 박사학위논문을 쓴 친구 및 동료들에 대한 비공식적 조사에 기초를 둔 필자의 생각은 그 숫자가 상당히 많았다는 것이다. 그때 이런 박사학위논문이 쓰여졌으며 논문 속에서 비판하거나 실망했던 것은 연구대상이 된 국가들이 대개 기대했거나 희망했던 발전적인 제도들을 결여하고 있다는 점이었고, 이 이론의 가정들이 이들 국가들을 연구하는 데 사실상 거의 사용되지 않았다는 점이 다시 한 번 강조되어야 할 것이다.

그럼에도 불구하고 이미 몇 가지 중요한 수정주의적 사고가 진행중에 있었다. 초기에 발전 범주들을 사용해 논문들을 썼던 많은 사람들은, 몇년 간의 검토를 한 연후에 이 모델의 가정들과 개발도상국에 대한 그 타당성에 의문을 갖기 시작했다. 너무 많은 국가들과 제도들이 역기능적인 것으

로 공표되어 왔기 때문에, 궁극적으로 이 이론 자체가 결함을 갖고 있는
지에 대한 논란이 제기되기 시작하였다. 이 분야에서 최종적으로 종합된
책으로 불리는 1968년의 책에서 헌팅턴은 근대화 연구문헌에 대해 호되
게 비판하면서 대안적인 분석시각을 제안했다. 그는 사회적 동원과 근대
화는 개발도상국에서 민주주의와 제도적 발전을 지원하거나, 상호연관된
것이 아니라 오히려 그것을 해치는 역할을 했다고 주장했다. 정당 혹은
군대와 같은 질서정연하고 안정된 제도들을 발전의 핵심인자로 강조하는
그의 대안적 제안은 가끔 보수주의적 공식화로 비판받았지만 이 분야에서
일반적으로 타당한 것으로 받아들여지게 되었다.

　　1960년대 말과 70년대 초에 이르러, 비교정치론분야에서 지배적인 발
전주의 패러다임에 대한 비판은 널리 퍼져 있었다. 이 도전은 두 가지 방
향, 즉 지적인 측면과 사회적 혹은 정치·사회적인 측면에서 제기되었다.

　　지적인 면에서 발전론적 시각은 편견에 가득차 있고 자민족중심적이며,
보편적이지 못하다고 비판받았다.[37] 구조기능주의 접근법은 그 모체를 이
룬 인류학이 초기 몇년 동안에 겪었던 것과 똑같은 신랄한 비판을 받았다.
또한 이 접근법은 모호하고 정확하지 못하며, 이론적 세련화를 결여하고
있다고 비판받았다.[38] 발전론적 접근법은 계급과 계급갈등의 현상, 국제

---

37) R. Bendix, op. cit.; Wiarda, "Ethnocentrism"; L. I. Rudolph & S. Rudolph, *The Modernity of Tradition*, Chicago: University of Chicago Press, 1967; C. Geertz, *Negara: The Theatre-State in Nineteenth Century Bali*, Princeton, N.J.: Princeton University Press, 1980; S. N. Eisenstadt, *Post-Traditional Societies*, New York: Norton, 1974; C. H. Dodd, "Political Development: The End of an Era," *Government and Opposition* 8, 1973(Summer), pp.367-374.

38) R. S. Milne, "The Overdeveloped Study of Political Development," *Canadian Journal of Political Science* 5, 1972(Dec.), pp.560-568; R. T. Holt & J. E. Turner, "Crises and Sequences in Collective Theory Development," *American Political Science Review* 69, 1975(Sep.), pp. 979-995; P. Coulter, "Political Development and Political Theory: Methodological and Technological Problems in the Comparative Study of Political Development," *Policy* 5, 1972(Winter), pp.233-242; G. K.

시장과 경제세력의 작용, 종속을 무시했다는 비난을 받았다.[39] 발전론적 접근법의 냉전적 연원 및 그것에 함축된 내용들은 강력한 공격을 받았으며 발전주의는 개발도상국사회들이 소중히 간직해온 전통적 제도들의 철저히 파괴적인 것들에 대한 신화들과 전형을 영속화시킨다고 비판받았다. 발전론적 접근법은 미국학계에서 지배적인 자유주의와 결합돼 있었으며, 이로 인해 좌·우익 양쪽에서 공격을 받지 않을 수 없었다.[40]

지적 차원에서의 이 비판들은 세계에서 발생한, 특히 그 당시 미국사회에서 발생한 사건들과 밀접하게 연관되었다. 이는 곧 베트남전쟁과 치솟는 반전운동, 60년대 말의 학생소요와 반항이라는 일반적인 분위기, 닉슨과 워터게이트사건, 모든 제도와 권위의 형태에 대한 광범위한 회의 등을 포함한다. 모든 기존 진리들이 공격을 받고 있던 시기에 비교정치론에서 지배적인 지적 패러다임 역시 의문시되고 비판받았다는 것은 그리 놀랄 만한 일이 아니다. 이미 밝혀진 바와 같이 이것은 발전론적 시각을 표출시킨 책임이 있는 사람들이 제3세계, 특히 베트남에 관한 미국의 무분별한 외교정책들로 널리 인지된 정책들을 구상하고 수행하는 데 도움을 주었던 정부정책 자문위원들 가운데 상당수 있었다는 사실에서 특히 그렇다.

여기서 발전론적 접근법 혹은 그에 대해 비평가들이 제기했던 논의의 타당성을 평가하고 결정하는 것이 목적은 아니다. 타당한 점이 있음에도 불구하고 많은 비판들이 상당히 과장된 것으로 생각된다. 시드니 버바 역

Roberts, "Comparative Politics Today," *Government and Opposition* 7, 1972(Winter), pp.38-55; P. H. Melanson & L. R. King, "Theory in Comparative Politics: A Critical Appraisal," *Comparative Political Studies* 4, 1971(July), pp.205-231; I. Sachs, "The Logic of Development," *International Social Science Journal* 24 : 1, 1972, pp.37-43.

39) 특히 Chilcote, op. cit.; A. R. Dennon, "Political Science and Political Development," *Science and Society* 33, 1969(Summer-Fall), pp.285-298 을 참조.

40) Packenham, op. cit.; M. Kesselman, "Order or Movement? The Literature of Political Development as Ideology," *World Politics* 26, 1973(Oct.), pp.139-154.

시 다음 장에서 발전문헌은 그에 대한 비판들에서 종종 묘사된 것처럼 틀렸거나 잘못 시도된 것은 아니었고 이 분야의 주요 이론가들이 그들의 접근방법의 한계와 다른 방법들을 채택할 때의 효용성을 깨닫지 못했던 것은 아니라고 주장한다. 실제로 초기 발전주의 학자들의 상당수는 알먼드의 접근방법에 결코 전적으로 만족하지 않았으며, 알먼드도 자신의 견해를 계속해서 수정했다. 그리고 그 분야 자체도, 그 비판들이 인정하는 것보다 더 다양화되었다. 학문적 논쟁에서 흔히 일어나고 있는 것처럼 발전론적 시각의 약점은 자주 그리고 아주 즐겁게 지적되어온 반면, 이 분야의 공헌들(체계접근법, 변화와 동태성에 대한 관심, 비공식적 행위자들과 과정변수들에 대한 강조, 개발도상국들에 대한 주의집중)은 일반적으로 무시되어왔다. 이 분야의 연구문헌과 구상들의 기여와 한계 모두에 대한 균형있는 평가가 아직까지 이루어지고 있다.

이 문제에 대한 최종적인 결론이 무엇이든 발전주의 접근법은 더 이상 비교정치론에서 유일하고 지배적인 접근법이 아니라는 사실은 분명하다. 다양한 대안적 접근방법이 1960년대 말과 70년대 초에 나타나기 시작했고, 초기 문헌으로부터 다른 접근방법들이 소생했다. 우선 발전론에 대해 두 가지 대안이 제시되었다. 하나는 조합주의적 접근법으로서 라틴아메리카에 대한 필자의 몇몇 저작41)과 슈미터(P. Schmitter)가 제시한 보다 일반화된 공식화에서42) 제시되었으며 한동안 유행했다. 다른 하나는 다시 활기를 찾은 맑스주의적 접근법이다. 이 접근방법은 자유주의적·발전론적 접근법의 외관상의 실패에 의해 새로운 생명력을 얻었고, 종속론적 접근법으로 불리게 된 개발도상세계에 대한 일종의 네오맑스주의적 접근법의

---

41) H. J. Wiarda, "Toward a Framework for the Study of Political Change in the Iberic-Latin Tradition: The Corporative Model," *World Politics* 25, 1973(Jan.), pp.206-235; Wiarda, *Corporatism and National Development in Latin America*, Boulder, Co.: Westview Press, 1981.

42) P. C. Schmitter, "Still the Century of Corporatism?," in T. Stritch & F. Pike(eds.), *The New Corporatism*, Notre Dame, IN: University of Notre Dame Press, 1974.

첨가로 강화되었다.43)

이런 새로운 접근방법들은 서로, 혹은 발전론적 패러다임과 반드시 양
립불가능한 것은 아니다. 그것은 오히려 사용된 용어의 정확한 의미와 어
느 정도까지 엄격하게 다른 모든 것을 배재한 채 자신의 접근방법의 우월
성을 기꺼이 주장하는가에 달려 있다고 하겠다. 예컨대 필자는 그 사례를
더 뚜렷하게 하기 위해 아마 다소 과장하는 가운데 조합주의적 접근방법
을 강력하게 발표하려고 노력했다. 그러나 필자의 의도는 정확함에 대한
독점을 주장하거나 새로운 단일원인적 설명을 제시하고자 했던 것은 결코
아니었다. 오히려 나의 의도는, 잇따라 일어난 열띤 논쟁에서 때때로 물러
서긴 했지만, 조합주의적 접근법(종종 경시되어온)을 충분조건이 아닌 필
요조건적 설명으로 제시하는 것이었다. 즉 다른 패러다임들에 의해 적절
히 포섭되지도 못하고, 그렇다고 그것을 대체하기도 힘든 연구영역을 개
발하는 데 유용한 설명으로 제시하는 것이었다. 예컨대 조합주의적 접근
법은 발전주의 접근법과 맑스주의적 접근법, 양자를 보완하기 위해 그러
한 결합이 유용한 곳에 사용될 수 있다. 왜냐하면 종속이론도 적절하게
채용하면 발전론적 시각을 보강할 수 있기 때문이다. 여러 가지 수열이나
조합이 가능하겠지만, 이런 이론의 섬들(islands of theory)이 어떻게 연
결되는가를 제시하려는 노력이 결론에서 이루어질 것이다.

한편, 비교정치학분야에 대한 다른 접근방법들이 전면에 나타나거나 소생
하기도 했다. 일련의 체계이론에서 대부분 국가를 중립적 심판자 혹은 블랙
박스로 보아왔던 것과는 달리, 정치학자들은 국가를 주요변수로서 재발견했
다. 그리고 국가-사회관계라는 현상에 대해 관심이 고조되었다.44) 수학적인

---

43) B. Moore, Jr., *The Social Origins of Dictatorship and Democracy*,
Boston: Beacon Press, 1966; T. Sckocpol, *States and Social Rev-
olutions*, New York: Cambridge University Press, 1979; F. E. Cardoso
& E. Foletto, *Dependency and Development in Latin America*,
Berkeley: University of California Press, 1979. 물론 이밖에도 다양한 맑
스주의적, 그리고 종속적 접근방법들이 있으며, 모든 종속론자들이 맑스주의자인
것은 아니다. 이 책 제6장 T. Smith의 글을 참조.

비교정치체계 모델들이 한동안 다시 일어났으며,[45] 많은 정치적 분석에서 경제적 변수에 대한 일반적 무시는 새로 대두한 정치경제학에 자리를 넘겨 주었다.[46] 또한 유럽에 대한 연구들도 개발도상국들에 대해 비교정치론이 관심을 집중했던 거의 20년간의 기간이 지난 후 활력을 되찾고 있다.

서유럽과 미국 모두를 보는 새로운 방법들 역시 미국과 서유럽을 개발도상국들이 필연적으로 지향하여 진보해야 할 모델로 가정했던 초기의 시각들과는 상당히 구별되는 것이었다. 한 국가로서의 미국의 전망에 대한 보다 냉정한 평가로 인해 학자들은 미국이 갖는 특수한 발전경험의 보편성을 주장하는 데 더 겸손하게 되었다. 이와 유사한 경향 속에서 이란혁명, 인도의 카스트제도의 지속과 아프리카의 부족제도의 지속, 그리고 라틴아메리카의 유기체적 국가주의라는 새로운 형태에 대한 민족주의적인 주장과 같은 사건들로 인해 몇몇 사람들이 이전에 사회과학자들이 전통적이라고 쓰레기통에 던져버리려고 했던 제3세계의 토착적 제도들과 모델들의 가치, 지속성, 심지어 그 타당성까지 새로 평가하는 계기가 됐다.[47] 공공정책 분석 또한 이 분야의 새로운 영역으로 자리잡게 되었다.[48]

이런 새로운 혹은 새로와진 접근방법들은 과거에 이 분야가 결코 경험해보지 못한 다양성을 제공했다. 아마 이 분야에서의 이런 새로운 다양성과 분열상은 1980년대 미국사회에 만연된 분열과 불확실성을 반영하는 것일

---

44) A. Stepan, *The State and Society*, Princeton, N.J.: Princeton University Press, 1978; "국가"에 관한 *Daedalus* 특별호, 1979(Fall).

45) 예를 들어 H. R. Alker et al., *Mathematical Approaches to Politics*, New York: Elsevier, 1973; A. Downs, *An Economic Theory of Democracy*, New York: Harper & Row, 1965.

46) W. F. Ilchman & N. T. Uphoff, *The Political Economy of Change*, Berkeley: University of California Press, 1969; M. Best & W. H. Connolly, *The Politicized Economy*, New York: Heath, 1981.

47) 위의 주 37)의 참고문헌을 참조.

48) 예를 들면 A. J. Heidenheimer et al., *Comparative Public Policy: Policies of Social Choice in Europe and America*, New York: St. Martin's Press, 1975.

지도 모른다. 1960년대 초는 통일과 낙관주의의 시대로서 비교정치론에 반영되었으며 1970년대는 사회와 학계 모두에게 분열과 염려의 시대였다. 몇몇 학자들과 학생들은 과거의 지배적인 패러다임의 소멸 혹은 대체를 한탄하고 있지만, 대조적으로 여기서 우리는 새롭고 신선한 접근방법들의 대두를 비교정치학분야의 재검토 및 질서의 재확립 시기를 선도하는 것으로, 또한 이 분야를 건강하고 활력에 넘치게 하기 위한 것으로 보고자 한다.

제8장
비교정치론 — 어디까지 왔고 어디로 가는가?*

시드니 버바

　1979년 하버드 대학의 국제문제연구소에서 1980~81년까지 정기적으로 가진 교수 세미나의 목적－동시에 세미나에서 제기된 이 책의 목적－은 비교정치론의 과거와 현재, 그리고 미래를 검토해보는 것이었다. 개별적인 세미나에서는 대체로 비교정치론분야의 현 상황이 지니는 몇 가지 특이한 측면을 다루었는데, 이 책에 수록된 논문들은 이 분야의 몇 가지 새로운 경향에 초점을 맞춘 것이다. 내가 맡은 과제는 이 분야를 보다 일반적으로 다루고, 지난 20여 년 동안 비교정치론에서 무엇이 어느 정도나 이루어졌는지를 평가하고 우리가 어디에 있었으며, 어디로 갈 것인가를 판단해보는 것이다.

　이런 임무가 내 마음에 꼭 드는 것은 아니다. 일반적으로 정치학이란 무엇인가? 더 나아가서 구체적으로 비교정치론이란 무엇인가? 그리고 무

---

* S. Verba, "Comparative Politics: Where Have We Been, Where Are We Going," in H. J. Wiarda(ed.), *New Directions in Comparative Politics*, Boulder and London: Westview Press, 1985, pp.26-38. 경희대학교 한국현대정치연구회에서 번역한 것을 서강대학교 정치외교학과 박사과정 김세걸이 수정·번역하였음.

엇을 이룩해왔는가? 또 그것은 어디로 가고 있는가라고 더 이상 물을 필요가 없게 된다면 이는 그 학문분야의 성숙과 자신감의 표징으로 간주할 수 있을 것이다. 그러나 이런 질문들은 너무 일반적이고 애매한 것이어서 대답하기 매우 어렵다. 더구나 무엇이 성취되었으며 이 분야가 어떤 도덕적 또는 실용적인 척도에 의해서 가치가 있다고 논증해내는 데에는 응답자가 그 점을 입증해야 한다는 점이 내포되어 있다.[1]

자신의 가치를 입증해보이는 그러한 작업은 언제나 사람을 막연히 불안하게 만든다. 따라서 우선 구체적인 연구를 진행한 다음, 그러한 연구의 결과로부터 앞서 제기한 보다 일반적인 질문들에 관한 답을 찾아내는 것이 바람직하다.

그럼에도 불구하고, 가끔 비교정치론의 본질과 그 여러 하위분야에 대한 일반적인 질문들, 예컨대 그것은 무엇이며 어디에 있었으며 어떻게 변화하고 있으며 앞으로 나타날 듯한 모습은 어떤 것일까라는 질문을 던져보는 것은 유용한 것이다.[2] 첫째, 그 의문들을 심사숙고해봄으로써 초래되는 자기인식은 우리의 연구에 유익한 영향을 줄지도 모른다. 우리는 과거 비교정치론의 연구가 지녔던 가정과 선입견, 현재의 경험적·이론적인 연구노력들, 그리고 과거의 업적과 미래의 방향 모두에 대해 알 필요가 있다. 둘째, 우리가 무엇을 하고 있는가에 대한 자기인식적 고려는 비교정치론 관계학자들간의, 그리고 다른 분야와 가지는 유대의 성격에 영향을 미친다. 우리 계획의 본질에 대한 공통적 이해는 학자들간의 의사소통과 보다 많은 지식의 축적, 그리고 순수한 과학적 탐구로서의 학문의 누적적 발전을 촉진시키는 것이다.

---

1) 어떤 분야 또는 학문에서 그러한 자기정당화의 요구는 그 자체가 비교연구의 가치를 갖는 주제가 될 수 있다.

2) 나는 이미 이러한 문제들 중 몇 가지를 다루었다. "Some Dilemmas in Comparative Research," *World Politics* 20, 1967(Oct.), pp.111-127; 더 최근에는 다음에서 다루었다. "On Revisiting the Civil Culture: A Personal Postscript," in G. A. Almond & S. Verba(eds.), *The Civic Culture Revisited*, Boston: Little, Brown, 1980, pp.394-410.

셋째, 비록 이 분야의 종사자로서 우리는 종종 자신의 학문 방향과 포괄적인 철학의 문제를 무시할 수는 있지만−전문적인 연구영역에서 안전하게 자리잡고 있으면서−이 학문분야에 대한 어떠한 인식 없이는 장래의 학자들을 훈련시키거나 정치학도들을 교육시키기란 쉽지 않은 일이다. 대학원생들에게 부과된 통상적 연습은 이들이 교육과정에서 마주치는 이 학문의 특정 경우들로부터 간혹 신비하고 우회적인 과정을 통해서 이 학문의 성격을 추론해내도록 한다. 그러나 그것은 종종 애매하고 단편적인 학문을 다루기 위해 노력하는 학생이나 이 분야의 교육자 모두에게 만족스러운 것이 못된다. 그러나 선생에게서 보다 명쾌한 조언을 듣는다는 것이 항상 나쁜 것은 아니다.[3]

마지막으로, 비교정치론의 현재, 과거, 그리고 미래에 대한 보다 자의식적인 고찰은 이 분야의 분업이라는 복잡한 문제를 다루는 데 유용할 것이다. 나는 여기서 광범위한 정치학분야간의 분업−국제관계, 비교정치 등등−뿐만 아니라 이들 각 분야내에서의 분업까지도 언급하려 한다. 대부분의 전문가들은 비교정치론분야에서 출판된 많은 자료량에 압도당하고 있다. 우리는 다른 영역이나 이 분야 전반에 대해서는 고사하고라도, 자신의 전문연구영역에서조차 각종 문헌들에 뒤지지 않기란 무척 어렵다는 것을 알고 있다. 그처럼 어려운 이유 중의 하나는 비교정치론의 각종 문헌에서 관련범주(boundaries of relevance)를 알아내기가 어렵다는 점이다. 즉 원하는 종류의 연구작업과 집필을 위해서는 무엇을 알아야 하고 무엇을 읽어야 하는지를 알기 어렵다. 아무튼 이런 종류의 작업은 절대적인 것은 아니지만, 분업이 어떻게 되어야 할 것인지를 정확히 결정짓고 한계의 영역을 결정하는 데에는 도움이 된다. 따라서 비교정치학의 학문현황(state of art)에 대해 아래와 같은 일반적인 주석을 달고자 한다.

---

3) 역시 이 주제에 대한 제1장의 H. J. Wiarda의 comments를 참조.

1. 비교정치론-연구의 현황

지난 20년간 정치학에서의 가장 중요한 변화 중의 하나는 실제로 이 학문의 모든 분야에서 비교적인 시각이 성장했다는 것이다. 한 때는 분리취급되었던 문제와 주제들이 현재는 비교적인 접근방법이나 비교적 자료에 비추어 검토되고 있다. 이제 비교정치론에 대한 논의는 사실상 어느 것이든 모든 것들에 대한 논의가 되고 있는 듯하다. 그 논거는 이렇다. 즉 정치는 모든 곳에서 행해지는 것이며 모든 정치에 대한 이해는 비교를 필요로 하므로 비교정치론이라는 것이다. 심지어 미국의 정치체계에 대한 연구까지도 지금은 흔히 비교의 준거틀내에서 행해지고 있는데, 그것은 아마도 예외주의(exceptionism)라는 미국적 감각의 쇠퇴와 함께 미국도 얼마쯤은 다른 국가와 같은 혹은 비교할 수 있는 대상으로 보는 새로운 감각을 반영하기 때문일 것이다. 확실히 논의를 한 단계 더 발전시켜보면 모든 경험적 정치학은 비교정치론으로 생각할 수 있다. 그러나 여기서의 논의는 국가들을 비교하는 데 관심을 가지는 정치학의 한 분야로서의 비교정치론에 국한될 것이다. 이것은 이 책에서의 우리들의 목적상 손쉽고 편리한 정의가 된다. 이러한 점에서 비교정치론은 근본적으로는 거시적(巨視的)인 사회과학이라고 할 수 있다. 만약 어떠한 연구가 개인의 정치적 행태와 같은 미시적 현상을 다루는 것이더라도 그것이 국가별 변이(national variations)를 설명도식의 부분으로 삼는 한 비교정치론분야로 분류될 수 있다. 따라서 우리는 국가별 변이를 설명의 일환으로 사용하는 방식들을 통해, 관료·정당·군대·이익집단 등의 준국가적 실체들에 대해 일반화하거나 또는 국가에 대한 일반화를 시도하는 정치학분야에 관심을 갖는 것이다.

그렇다면 비교정치론의 현황은 어떤가? 여론조사를 토대로 하는 사람으로서 나는 이 분야의 관계자들이 이 분야를 어떻게 생각하는지에 대해 질문해보기로 했다. 나의 조사는 엄밀하지 못했고, 과학적인 객관성이라는 기준에도 거의 위배되는 것이었다. 그것은 비교정치론분야의 내 동료와 친구들을 대상으로 행해진 비공식적인 조사였으며 미국정치학회의 연례모임이나 그밖의 회합 때마다 복도와 같은 곳에서 행해진 것이었다.

그럼에도 불구하고 조사결과는 놀랍게도 거의 만장일치, 즉 이 학문의 상황은 세계의 상황과 거의 같다는 것이었다. 학자들과 관계자들은 거의 예외 없이 이 분야의 분화, 단편화, 원자화를 불평했다. 구체적 관심분야가 너무 많고, 연구관심사가 너무 협소하게 규정된 점 등으로 인해 지적인 중심이 없다는 것이다. 응답자들은 이 분야에는 명확한 방향, 지도력, 또는 공통적 주장이나 합의된 일단의 이론적 토대가 결여되어 있다는 점에 동의했고, 이 분야의 보다 큰 통일과 새로운 통합작업에 대한 요구를 광범위하게 표명했다.

이들은 또한 과거 약속들의 불이행이라는 면에서도 실망을 나타냈다. 과거의 거창한 사회과학적 계획, 모델들이 기대에 훨씬 못미치는 결과를 가져다준 것으로 평가되었다. 우리는 오랫동안 발전을 연구해왔으나 그것이 무엇인지, 또는 그것을 이해하기 위한 우리의 능력이 어느 정도인지에 대해서도 더 이상 자신을 갖고 있지 못하다. 우리는 민주주의를 오래도록 연구해왔으나, 그 역시-발전과의 관계는 고사하고-충분히 이해하지 못하고 있다. 우리는 현재까지 비교정치론에서 입증가능한 또는 입증된 지식을 상당히 축적해왔으나, 많은 주요 개념의 보편성이나 인과관계의 불가피성에 대해서 일찍이 우리가 가졌던 확신에 훨씬 못미친다. 최근의 사회과학계획이나 연구활동에 대해 우리가 갖는 일반적 느낌은 정부의 많은 계획에 대해 갖게 된 신념과 다소 유사한 것이다. 즉 우리는 돈을 투자하는 것만으로는 새로운 사회과학을 창조할 수 없다고 믿게 되었다.

비교정치론분야의 업적을 생각해볼 때, 그것에 대한 불만이 왜 그토록 큰가에 대해 의문을 가질 수 있다. 이에 대한 몇 가지 가능한 설명은 다음과 같다.

① 시대(The Age). 지금은 생의 여러 가지 측면, 즉 도덕적·종교적·정치적·경제적·지적·가족적 측면에 대한 불만의 시대이다. 우리는 왜 일반적인 불만이 비교정치론에서도 역시 파급되어오는 것에 당황해야 하는가?

② 나의 연령(My Age). 1960년대에 새로운 비교정치론에 참여했던 많

은 다른 학자들처럼 나 역시 분명히 중년에 이르렀다. 현재 우리는 상황이 악화될지도 모른다는 가능성과, 과거에 약속된 희망을 실현하지 못한 상태를 목도하고 있다. 응답자 대부분은 과거 나와 같은 세대였으며, 똑같은 상태에 직면해 있다. 괴로움, 환상 또는 단순히 자신의 한계와 자신의 직업의 한계에 대한 인식은 단지 인생주기의 한 부분일 수도 있으며 인생전개의 다른 부분과 같이 비교정치론의 한 단계일 수도 있다. 젊은 세대가 우리의 방어벽을 기어오르고 있는 반면, 20여 년 전에 유행하던 일단의 개념을 아직도 고수하고 있는 것은 아마도 우리 세대의 소극성(negativism)인 듯하다.

③ 진보의 문제(The Problem of Progress). 세번째 가능한 설명은 모든 것이 더 나아지고 있으며 실제로 사회과학, 특히 비교정치론에서도 발전이 이루어졌지만 풍요와 마찬가지로 그 누구에도 그런 발전이 결코 충분한 것은 못 되므로 진보는 새로운 문제와 좌절을 동반한다는 점이다.

이 세번째 대답이야말로 나는 우리의 현재 상황을 가장 정확하게 묘사하는 것이라고 생각한다. 비교정치론은 과거와 현재 모두 어느 정도의 실망을 주지만, 그것은 과거의 희망이나 기대와 비교할 때의 실망일 뿐 그 업적의 측면에서나 과거 25년 전의 상태와 비교한 실망은 아니다. 존슨(Lyndon B. Johnson)의 『위대한 사회(Great Society)』처럼, 요즈음의 사회과학 및 비교정치론의 발전은 새로운 유토피아나 새로운 인식의 지평을 개척하진 못했으나 몇 가지 실질적인 개선을 가져왔다. 이러한 변화와 업적들이 과소평가되어서는 안될 것이다.

오늘날 비교정치론의 상황은 아마 1950년대 중반의 상황과 잘 비교될 수 있다. 소위 새로운 비교정치론의 시작을 연 많은 주요 저작들이 쓰여진 것은 50년대 후반과 60년대 초반이었다. 이러한 저작들 중에는 러너의 『전통사회의 소멸』,4) 알먼드와 코울먼의 『개발도상지역의 정치학』,5) 립셋

---

4) D. Lerner, *The Passing of Traditional Society*, New York: Free Press, 1958.

5) G. A. Almond & J. Coleman(eds.), *The Politics of the Developing*

의 『정치적 인간』,[6] 앱터의 『이행기의 황금연안』,[7] 파이의 『말레이반도에
서의 게릴라공산주의』,[8] 경제사가인 러스토우의 『경제성장의 단계들』[9]이
있었으며, 이는 비교정치학에 주요한 영향을 미쳤다. 이러한 주요 저작들
이 출판되기 바로 전인 50년대 중반은 비교정치론의 본질과 관련된 혼란
과 의문의 시기였다. 비교정치분과위원회의 몇 가지 초기 저작[10]이라든지
이 분야에 대한 매크리디스의 비판적 검토[11]와 알먼드의 초기 논문들[12]
은 논란의 좋은 예가 된다. 이러한 비판서들은 당시의 비교정치론이 실제
로 외국정부에 대한 연구에 초점을 맞추고 있었으며, 그것도 특히 북서유
럽에 주로 치우쳐 있다는 점을 제기했다. 이들 연구는 비교적인 것이 거
의 없었고 분석적이라기보다는 서술적이었으며, 이들 정치체계를 실제로
움직이는 보다 비공식적인 방식보다는 공식적인 정부구조에 역점을 두었
다. 물론 파이너(H. Finer)[13]나 프리드리히(C. J. Friedrich),[14] 그리고

Areas, Princeton, N.J.: Princeton University Press, 1960.

6) S. M. Lipset, *Political Man: Essays on the Sociology of Democracy*, Garden City, N.Y.: Doubleday, 1959.

7) D. Apter, *The Gold Coast in Transition*, Princeton, N.J.: Princeton University Press, 1955.

8) L. Pye, *Guerrilla Communism in Malaya*, Princeton, N.J.: Princeton University Press, 1956.

9) W. W. Rostow, *The Stages of Economic Growth*, Cambridge: Cambridge University Press, 1960.

10) 매크리디스와 콕스에 의해 준비된 SSRC의 대학간 비교정치학 연구세미나의 토의사항 보고서인 "Research in Comparative Politics," *American Political Science Review* 47, 1953(Sep.), pp.641-675 참조.

11) R. Macridis, *The Study of Comparative Government*, New York: Random House, 1955.

12) G. A. Almond et al., "A Suggested Research Strategy in Western European Government and Politics," *American Political Science Review* 49, 1955(Dec.), pp.1042-1049; G. A. Almond, "Comparative Political Systems," *Journal of Politics* 18, 1956(Aug.), pp.391-409; 그리고 "A Comparative Study of Interest Groups and the Political Process," *American Political Science Review* 52, 1958(Mar.), pp.270-282.

13) H. Finer, *The Theory and Practice of Modern Government*, London:

뢰벤스타인(K. Loewenstein)[15]의 저작들처럼 다소 특이한 종합을 시도한 것도 어느 정도 있었다. 그렇지만 개별국가의 연구를 위한 기준은 일반적으로 비(非)이론적(atheoretical)인 상황이었다.

2. 비교정치론의 업적

약 25년 전 이래 발생했던 변화들을 더욱 더 잘 인식하기 위해서는 당시 비교정치론이 어떤 상황에 있었는지를 살펴보는 것이 유용할 것이다. 다음의 논의는 그러한 변화들 가운데 보다 중요한 일부분의 단편에 불과한 것들이다.

1) 비교정치론의 범위

현재 비교정치론은 초기에 관심의 초점이었던 서구국가뿐 아니라 세계 모든 지역의 국가 및 정치제도의 전영역을 포괄하고 있다. 이전에는 비교정치학의 주요한 내용이 4강(Big Four), 즉 영국, 프랑스, 독일, 소련에 한정되어 있었지만, 현재의 교과서들은 남부유럽뿐 아니라 스칸디나비아 국가들, 베네룩스 3국,[16] 동구 및 서구[17] 모두를 포괄하고 있다. 그리고 수많은 교과서가 한결같이 당연하게 기존국가뿐 아니라, 신생국, 그리고

Methuen, 1961.

14) C. J. Friedrich, *Constitutional Government and Democracy*, Boston: Ginn, 1950.

15) K. Loewenstein, *Political Power and the Governmental Process*, Chicago: University of Chicago Press, 1958.

16) R. Macridis(ed.), *Modern Political Systems: Europe*, Englewood Cliffs, N.J.: Prentice-Hall, 1978.

17) H. G. Skillings, *Communism National and International: Eastern Europe After Stalin*, Toronto: University of Toronto Press, 1964; A. J. Heidenheimer & D. P. Kommers, *Governments of Germany*, New York: Harper & Row, 1975.

선진공업국과 함께 발전도상국을 나란히 고려하는 것을 용인하고 있다.[18] 물론 이러한 범위확장은 1950년대 이래 신생국의 수적 팽창에 기인하며, 이들이 세계무대에서 중요 행위자로 등장함에 따라 촉진되었다.

한정된 국가들에 초점을 맞추었던 초기의 연구경향은 몇 가지 점에서 정당성을 갖고 있었던 것처럼 보인다. 첫째, 강대국으로 지칭되는 국가들의 정부제도를 이해하는 것이 특히 중요한 것으로 간주되었다는 점이다. 둘째, 이들 국가들은 유럽적 연원을 갖고 있었기 때문에 미국인들이 가장 훌륭한 것으로 이해하고 있던 국가들이었다는 점이다. 대체로 서구국가들이었던 이들 국가에 대해서는 이미 폭넓은 문헌이 간행되어 있었고, 유럽 언어는 일반적으로 미국인이 습득하기 보다 쉬운 것이었다. 보다 최근의 접근방법에 비추어볼 때, 이들 국가들이, 신생국이 본받아야 할 발전모델국가로 상정되어 있었다는 점 역시 강조되어야 할 것이다. 그러나 비교정치론이 보다 더 보편적인 적용성과 과학성을 가지려면 통일성(uniformity)에 대한 폭넓은 연구와 보다 많은 사례들이 뒷받침되어야 한다. 비교정치론의 영역 확대는 지적인 모험으로서 자체의 통합성(intergrity)에 아주 결정적인 것이 된다.

비교정치론의 범위와 영역은 이 분야 학자들의 시각, 역점, 분석의 초점이에 따라 변화했으며 덜 편협하고 덜 자민족중심적이면서도, 더욱 더 다양한 측면에 걸쳐 상대적인 것으로 변화했다. 이제는 더 이상 정치체(polity)들이 영·미모델, 영국 의회의 산실론, 독일 관료주의론, 프랑스 공화주의론(또는 보나파르티즘) 등에 의해서만 평가되지는 않게 되었다. 소련은 더 이상 20세기 혁명의 패러다임이 아니며, 중국, 유고슬라비아, 쿠바 그리고 여타 국가들도 고려의 대상이 되어야 한다. 현재 학자들은 광범위한 국가들로부터 비교가능한 정치적 사건들에 대한 증거와 실례를 이끌어내고 있고, 민주주의에 대한 영국모델은 부분적으로 네덜란드모델로 대체되었다.[19] 그

---

18) G. A. Almond et al.(ed.), *Comparative Politics Today: A World View*, Boston: Little, Brown, 1980; K. W. Deutsch et al., *Comparative Government: Politics of Industrialized and Developing Nations*, Boston: Houghton-Mifflin, 1981.

것을 자세히 검토해보면 영국적인 것과 별 차이 없이 잘 운용되는 것 같다. 관료적 행태에 대한 이해도 이제는 프랑스나 독일에서뿐만 아니라 남부아시아에서도 얻어지고 있다.20) 발전도상국가들에 대한 초기연구경향에서는 거의 배타적으로 서구의 모델 및 척도가 분석수단이 되었지만, 이제는 비(非)서구 및 반(半)서구 국가들을 그 지역 자체의 용어와 발전의 맥락에서 연구하려는 경향을 보일 뿐만 아니라, 최근 수년간에는 비서구사회로부터 도출된 모델들이 서구국가의 사례에도 점차 적용되고 있다.21)

2) 개별국가내의 연구심화

새로운 비교정치론은 다양한 많은 접근방법들을 도입했고 일련의 새로운 변인들을 고려했다. 정치적 결정에 대한 사회적 투입에 대해 보다 많은 관심이 집중되었고 정치사회학이라는 혼합학문이 탄생했다. 더욱 최근에는 비교정치학도들이 정치적 행위에 대한 경제적 제약에 관심을 돌림에 따라 정치경제학이 되살아나고 있다. 학자들은 정부의 공식적 제도만을 연구하는 대신, 그들의 관심을 비공식적 정부기관, 정당, 이익집단과 같은 비정부적 제도, 엘리트나 대중의 태도와 인식 등으로 돌리고 있다. 국민성이라는 시대에 뒤떨어진 단순한 개념은 더 세련되고 분별력 있는 비교정치문화연구에 길을 양보하였으며, 비교정치학도들은 발전 및 공공정책에 대한 정치문화적 제약을 재검토하기 시작하였다. 한편 족벌, 파벌, 신분계급, 종족 그리고 대가족

19) A. Lijphart, "Typologies of Democratic Systems," *Comparative Political Studies* 1, 1968(April), pp.3-44.
20) F. W. Riggs, *Administration in Developing Countries*, Boston: Houghton-Mifflin, 1964.
21) H. J. Wiarda, "The Ethnocentrism of the Social Sciences: Implications for Theory and Research," *Review of Politics* 43, 1981(April), pp.163-197, 그리고 이 책 제7장 참조. 제3세계 연구에서 개발되어 현재 서방세계에 적용되는 것으로는 종속, 중심-주변관계, 조합주의 등에 관한 문헌이 그 예이다. 실례들은 H. J. Wiarda, "The Latin Americanization of the United States," *New Scholar* 7, 1979, pp.51-85를 참조.

과 같은 비공식적 정치집단에 관심을 기울임으로써 또 하나의 혼합적 분야인 정치인류학(political anthropology)의 성장을 자극하였다.[22]

이러한 것들은 주요한 성취들이지만, 또한 많은 손실도 수반되었다. 예컨대 비공식적 행위자에 대한 초점을 맞추는 데 따른 중요한 대가의 하나는 국가 자체와 국가제도에 대한 비교연구로부터의 일시적인 관심의 후퇴를 들 수 있다. 돌이켜보면, 다소 모호한 몇 가지 이유로 해서 한동안 국가는 투입(영향력·압력·태도)이 흘러들어가고 그로부터 권위적 결정이 흘러나오는 블랙박스로, 그러나 그 자체는 하나의 중요한 영향력을 가진 신비롭고 중립적인 것으로 여겨졌다.[23] 그러나 이러한 관점은 현재 공공정책, 정책결정 그리고 국가와 사회의 관계 등의 주요 영역에서 국가의 역할을 새로이 강조하게 됨에 따라 수정되고 있다.

3) 연구방법의 확장

1960년대에 발전된 **새로운** 비교정치론은 조사연구, 통계자료분석이나 내용분석, 체계분석, 그리고 많은 다른 접근방법 등을 포괄한 일련의 방법론을 구체화시켰다. 비교정치학분야에서 이런 연구경향의 성장은 보다 일반적으로는 정치학내의 행태주의혁명과 동시에 일어났는데, 양자는 상호보완관계를 유지했다. 중요한 하위분야인 비교정치론의 발전은 한편으로 정치학에서의 체계이론의 성장과 밀접히 연관되었으며, 그것은 연구되고 있는 보다 새로운 정치체계들의 상호연관된 측면에 관심의 초점을 맞추는 데 도움을 주었다. 이러한 방법과 접근법은 통계자료의 상당한 집적으로 이어졌고, 많은 새로운 개념과 관계들을 제시했다.

혹자는 방법론을 비교정치론이 그 속에서 많은 이점을 경험할 수 있었던

---

22) S. L. Seaton & H. J. M. Claessen(eds.), *Political Anthropology: The State of the Art*, The Hague, Netherlands: Mouton, 1979.

23) 이 개념은 이스튼(D. Easton)의 영향력 있는 저작인 *A Framework for Political Analysis*(Englewood Cliffs, N.J.: Prentice-Hall, 1965)에서 유래했다.

하나의 영역으로 지적할 수 있을 것이다. 국가들을 교차(across nations) 하여 양적 비교를 시도했던 초기연구를 아주 복잡한 기교와 계량통계학에 바탕을 둔 최근의 대부분의 연구들과 대조해보면 그 차이점은 쉽게 명확해 진다.24) 과거 10년 동안의 연구로 인해 보다 초기의 많은 저작들이 미숙한 것으로 간주되었으나, 이것들 역시 그러한 초기의 연구들이 도입했던 주요한 혁신적인 측면을 토대로 한 것이었다.

비교정치론의 방법론은 보다 정교해지고 더욱 융통성을 갖추어왔다. 많은 연구들이 여론조사나 통계분석과 같은 계량적 방법을 사용하고 있으며, 시계열(time-series) 자료의 사용도 역시 증가되어왔다. 비교정치론은 질적 및 양적인 자료를 결합하는 데서 오는 유용성에 대한 인식을 증가시켜 왔다. 학자들은 미국정치체의 해외분야 상황의 연구에 사용된 바 있으나 그 유용성이 모호했던, 특별하고 복잡한 기술들을 더 이상 되풀이해야 할 의무감을 느끼지 않는다. 특별한 사례에서 폭넓은 기능적 연구와 심층적 연구의 상대적 가치를 둘러싼 논쟁은 더 많은 학자들이 양자의 유용성을 인식하게 됨에 따라 강화되어왔다.

4) 일반화에 대한 관심

우선, 비교정치학은 순수하게 비교적인 것으로 되어왔다. 셰보르스키와 튜니(A. Przeworski & H. Teune)25)는 이 과정을 비교정치론에서의 고유명칭의 제거(elimination of proper names)라 불렀는데, 이들은 일련의 사회적·정치적 단위들에 걸친 일반화를 위해서는 일반적이고 비교적인

---

24) 예를 들어, D. R. Cameron, "The Expansion of the Public Economy: A Comparative Analysis," *American Political Science Review* 72, 1978 (Dec.), pp.1243-1261과 D. A. Hibbs, Jr., "Political Parties and Macro-economic Policy," *American Political Science Review* 71, 1977(Dec.), pp.1467-1487을 참조.

25) A. Przeworski & H. Teune, *The Logic of Comparative Social Inquiry*, New York: Wiley, 1970.

지식이 요구된다는 점을 인식하였던 것이다. 목표는 특정국가에 관한 특수한 정보가 아니다.

이러한 논쟁은 종종 인식의 개체기술(idiographic)양식과 법칙정립적(nomothetic)양식 간의, 그리고 심층적인 사례연구와 보다 일반적이고 비교통계적인 연구간의 방법론적인 것으로 생각된다. 이 차이점은 점점 더 심화되어 가장 바람직한 형태의 지식과 인식을 구성하는 것은 무엇인가라는 문제에까지 이르렀다. 우리는 정치가 어떻게 움직여나가는지에 대한 일반화나, 특별한 지역에 대한 구체적 정보나 이해를 원하고 있는가? 그 대답은 연구가 지향하는 목적에 달려 있다. 왜냐하면 거기에는 두 가지 종류의 연구를 위한 분명한 영역이 있기 때문이다. 왜 하나의 문화적 환경에만 적합한 일단의 연구범주를, 그것이 기껏해야 부적합하게 적용되는 다른 사회에 적용하려 하는가? 일반적으로 우리의 연구는 이런 난점을 극복해왔으며 일반화 및 순수한 비교면에서의 성장은 부인될 수 없는 것이다.

5) 이론의 풍요

지난 20여 년 동안 비교정치론은 이론적으로 보다 풍부해졌다. 2차대전 이후 비교정치론의 초기연구는 매크리디스가 강조했듯이 비이론적(atheoretical)인 것이었으며,26) 비교적인 개념이나 접근방법의 개발은 주요 관심사가 아니었다. 그 이후 비교정치론분야는 상당히 변화하였다. 새로운 비교정치론에서 많은 초기 저작들은 기능주의와 연관되어 있었다. 기능주의적 접근법은 인류학과 사회학, 특히 파슨즈(T. Parsons)의 저작에서 유래한 것으로서 1950년대에는 적절한 것으로 여겨졌는데, 왜냐하면 이 접근법은 학자들로 하여금 주로 서구에서 유래된 전통적 접근방법으로는 불가능했던 방법으로 신생국을 검토할 수 있도록 했기 때문이다. 따라서 기능주의적 접근법이 알먼드와 코울먼이 편집한 저작과 『개발도상지역의 정

---

26) Macridis, *Study of Comparative Government.*

치학』27)의 기고자들의 저작에서 강력하게 대표됐던 것은 우연이 아니다.

기능주의 접근법의 적실성에 대한 논쟁과 관련하여 나는 다만 기능주의가 결코 포괄적·폐쇄적인 이론이 아니라, 일련의 느슨한 지침이었다는 점만을 제기하고자 한다. 이것은 그에 대한 비판가들의 견해만큼이나 잘못된 것은 아니다. 알먼드가 자신의 초기 저작집의 부제를 「계발적(啓發的) 이론에 대한 소고」28)라고 달 때에 그는 이 점을 인식하고 있었다. 이렇듯 개방적이고 시험적인 성격은 기능주의의 장점이자 약점이었다.

1970년대와 80년대에 들어 접근방법들이 격증했고, 이 분야의 전문종사자와 대학원생들은 간혹 무정부상태와 같은 다양성을 경험했다. 대두된 많은 대안적인 이론적 접근법에는 네오맑스주의에 대한 다양한 해석과 함께,29) 거시경제학으로부터 채용된 정치경제학30)이 포함되었다. 위아다와 슈미터는 조합주의(corporation)에 대한 최근의 다양한 모델을 제시했다.31) 또한 이 중에는 투표행태, 정치참여, 관료행태, 가치변동, 국가의 역할과 국가–사회의 관계, 그리고 공공정책 분석 등의 특정의 주제영역을 다루고 있는, 소위 본 세미나에서 이론의 섬이라 불린 것들도 포함된다.

비교정치론은 경제학이 아니다. 그런 경향으로부터 나온 몇 가지 지배적인 구상이 있기는 하지만 아직은 아니다. 비교정치론은 경제학처럼 대

---

27) Almond & Coleman, op. cit.

28) G. A. Almond, *Political Development: Essays in Heuristic Theory*, Boston: Little, Brown, 1970.

29) 예를 들어, B. Moore, *Social Origins of Dictatorship and Democracy: Lord and Peasant in the Making of the Modern World*, Boston: Beacon Press, 1966; I. Wallerstein, *The Modern World System*, New York: Academic Press, 1976; T. Skocpol, *States and Social Revolutions: A Comparative Analysis of France, Russia, and China*, Cambridge: Cambridge University Press, 1979 등을 참조.

30) Cameron, op. cit.; Hibbs, op. cit.

31) H. J. Wiarda, *Corporatism and National Development in Latin America*, Boulder, Col.: Westview Press, 1981; P. C. Schmitter & G. Lehmbruch(eds.), *Trends Toward Corporatist Intermediation*, Beverly Hills, Ca.: Sage Publication, 1979.

부분 분석자의 연구를 지도해줄 수 있는 중심 패러다임을 갖고 있지 못하다. 이런 결핍은 분명 과학적 정확성이나 합의된 개념 및 이해, 그리고 이 분야의 발견의 축적 등에 대한 소망에 비추어볼 때 약점임이 분명하다. 하나로 통합된 모델과 가설체계를 결하고 있다는 점은 실망스러운 것이다. 그러나 다양성은 또한 장점으로도 볼 수 있다. 즉 이 점은 비교정치론분야가 다양한 접근법과 새롭고 흔히 비정통적인 이념에 개방적이라는 사실을 말하고 있다. 다양성은 혼란을 가져오긴 하지만, 정치현상의 복잡성과 포함된 주제의 다양성에 비추어볼 때, 모두 부적당한 것은 아니다. 물론 비교정치론분야의 지식의 현황이 여전히 한정되어 있다는 사실은 말할 것도 없다. 상이한 접근법의 증대는 건전함의 징표로 볼 수 있다. 그것은 비교정치론이 경화되어 있지 않다는 것을 보여준다. 그리고 나는 사용할 접근방법의 선택은 이데올로기적인 것보다는 실용적인 것이 되어야 한다는 점에서 캐플란(A. Kaplan)의 견해[32]에 동의한다.

6) 정교한 설명

초기의 저작에 비해 상당한 진전을 보인 또 다른 영역은 우리가 설명하고자 하는 것에 있어서의 정교화라 할 수 있다. 지적인 분야는 언제나 어떤 문제에 의해 규정된다. 즉 연구자들이 설명하고자 하는 어떤 것에 의해 규정되는 것이다. 비교정치론에서의 초기 이론화의 대부분은 너무 일반적인 것이어서 어떠한 현상도 설명할 수 없었다. 예를 들면 1950년대나 60년대에 이론으로 인정됐던 기능주의나 여러 가지 유형론들은 실제로 아무 것도 설명하지 못했다.

비교정치론의 포괄적 이론은 너무 일반적인 것이어서, 실제에 적용이 불가능한 것이었다. 다시 말해 어느 때 어느 곳에 있건 모든 국가들이나

---

32) A. Kaplan, "Systems Theory and Political Science," *Social Research* 35, 1968(July), pp.30-47.

이들 국가내에서의 모든 정치현상을 포함시킬 수는 없는 것이었다. 결국 설명되어야 할 현상이 구체적인 것일 때조차도 그 이론들이 대개 너무 일 반적이기 때문에 설명력이 매우 낮다. 이론가들은 흔히 이러한 단일의, 그 러나 크게 단순화된 개념을 근거로 해서 경제발전과 민주주의간의 상관관계나 정치발전을 설명하려고 한다. 그러나 그 설명들은 너무 포괄적이어서 정확하고 만족스런 경험적 연구는 수행될 수 없었다. 비교정치학분야의 최근의 연구경향은 훨씬 더 정확해지고 있다.

7) 비교분석의 논리

수년에 걸쳐 비교분석의 논리에 대한 더욱 커다란 자기인식이 전개되어 왔다. 새로운 비교정치론에서 초기의 연구들은 정치체계의 분석을 위한 일반적인 틀은 제공했지만, 국가교차적 맥락에서 학자들이 가설과 이론을 검증할 수 있게 하는 비교의 논리에 대한 관심은 거의 없었다. 이러한 초기의 연구들은 그후, 연구계획과 방법의 문제에 특별한 관심을 기울인 두 번째의 연구경향과 결합되었다. 이미 논의된 방법론적 사고의 증가추세와는 달리, 이것은 일반적인 연구전략, 영역, 접근방법 그리고 논리에 대한 고려에 해당되는 것이다.[33] 다른 부분에서와 같이 이러한 영역에서 비교정치학은 먼 길을 걸어온 것이다.

3. 요약

비교정치론의 현황에 대한 이상의 나의 견해는 지나치게 낙관적인 것으로 보일지도 모르겠다. 그러나 이미 많은 일들이 이루어졌지만, 아직 많은

---

33) Przeworski & Teune, op. cit.; R. T. Holt & J. E. Turner(eds.), *The Methodology of Comparative Research*, New York: Free Press, 1970.

일들이 남아 있다. 위에서 밝힌 긍정적인 논평들은 사실 상당한 전제조건을 필요로 한다. 새롭고 혁신적인 연구들이 방대했음에도 불구하고, 이 중 아주 적은 연구만이 지식의 축적으로 이어졌던 것이다. 이것은 그토록 분주하고 다채롭던 비교정치론분야의 한 가지 결점이라고 볼 수 있다.

나는 문제가 그토록 많은 노력의 다양성에 있다고 생각하지는 않는다. 그러한 다양성은 환영할 만한 것이다. 방법론과 심지어 이론까지도 다양할 수는 없다. 지금의 복잡한 세계에서는 새로운 접근법이나 통찰력의 확대는 장려할 만한 것이다. 어려운 점은 탐구 및 연구의 대상 또는 문제에 대한 정의나 명료화가 연구자에 따라, 그리고 학파에 따라 너무도 크게 다르다는 점이다. 만약 학자들이 똑같은 문제─설명될 하나의 현상─를 두고 상이한 방법 또는 이론으로 접근하게 되면, 그로 인해 대안적인 접근방법들간에 생산적인 충돌이 있을 것이다. 그러나 제기된 질문들이 너무 현저하게 다를 경우엔 연구노력들이 비교를 위한 진실한 대안을 제시하기보다는 각각 별개의 경로로 흐르게 될 것이다.

여기서 언급된 새로운 접근방법, 시각, 그리고 업적들은 비교정치론의 일반적인 경향과 특성으로 생각될 수 있는 것이다. 이것들은 단일한 구체적인 연구계획을 의미하는 것이 아니라 변화와 성장을 위해 상당한 정도의 융통성을 남겨 놓고 있다. 이러한 면에서 이것들은 초기의 새로운 비교정치론의 일부 연구노력들과는 다른 것이다. 후자는 1980년대의 시각으로 볼 때 이론적으로나 방법론적으로 너무 욕심이 컸던 것으로 느껴지며 다양한 모든 주제에 대한 단일의 포괄적 방법론의 주장은 간혹 순진했던 것으로 느껴진다. 이러한 점은 새로이 개발되어 급속하게 전개되고 있는 분야에서도 예상되는 것이지만, 지금 과거의 초기 저작들은 실제보다도 더 소박하고 일차원적인 것으로 보여지고 있다. 이들 초기의 개척적인 노력들에 대한 현재의 비판─즉 전통과 근대성을 구분짓는 그릇된 이분법을 도입했다는 점, 발전이 민주주의를 향한 필연적이고 단선적인 행진을 가져다줄 것이라고 기대하고 있다는 점, 국가제도의 역할을 과소평가하고 있다는 점, 국제경제를 무시하고 있다는 점 등─은 대부분 이들 노력의 미묘함이나 제약조건을 언제나 반영하고 있는 것은 아니다.

또 다른 문제는 비교정치론내의 적절한 분업문제이다. 효과적인 문제정의가 없이는 학자들이 그들의 관심이 어디에서 시작되고 끝나는지, 부적절한 쟁점들을 선별해내기 위해서는 어떻게 하나의 분야나 그 하위분야의 한계를 설정해야 하는가를 알기란 어려운 일이다. 정치사회학과 정치경제학으로의 비교정치론의 확장에는 분업의 문제가 포함되는 것이다.

비교정치론은 여전히 포괄적인 이론이나 보다 정확한 문제정의가 없는 상태에서 연구된 특정체계에 대해서 깊은 지식에 의존하고 있다. 이것은 비교연구자들에게 문제를 제기한다. 특별한 지역과 사례에 대한 대부분의 연구들은 결국 과학적이고 비교적인 감각을 많이 추가하지 못했으며, 일관성 있는 일반화계획에도 적절한 것이 못되었다. 그러나 많은 국가들 사이에 교차되는 자료를 다루고 있는, 보다 일반적인 노력들은 종종 개별국가나 행위자들을 피상적이고 부적당하게 취급하고 있는 것 같다. 또 때로는 부적당한 것을 넘어 명백히 왜곡되어 있는 경우도 있다. 여러 정치체계를 취급하고자 하는 연구자들은 어쩔 수 없이 진정한 전문가와 비교해볼 때 불리한 상태에 놓여 있다. 분명한 것은 이론적으로 흥미있는 사례연구와 폭넓은 비교분석의 더 훌륭한 융합 및 중복이 요청된다는 사실이다.

앞으로 비교정치론분야에서 그러한 현상이 보다 많이 볼 수 있을 것으로 기대된다. 그것은 여전히 분열되어 있고 혼란스러워 보일 것이다. 몇 가지 주요한 돌파구나 새롭고 포괄적인 이론이나 패러다임의 필요성에 대한 많은 논의에 접하게 될 것이다. 그렇지만 새로이 비교정치론의 뉴튼, 아인슈타인, 케인즈가 지평선 저 너머에 기다리고 있을 것 같지는 않다. 물론 새로운 종합을 이룩해낼 잠재적인 후보자가 있기는 하다. 가장 유력한 것으로는 국가에 대한 경제적 이론화작업과 네오맑스주의다. 그렇지만 나는 이 학문이 형태와 이론의 이질성을 유지할 것이며, 대부분의 관계자들은 계속해서 그러한 것을 건강한 것으로 여길 것이라고 생각한다.

제9장
현대비교정치연구의 재성찰*

리 시겔먼·조지 갯보이스

현재 비교정치론으로 알려진 분야에 대해서 매크리디스가 신랄한 비판을 제기한[1] 1950년대에는 비교정치론분야가 거의 사라지고 있으며, 따라서 근본적인 방향전환이 이루어져야 한다는 학자들간의 공통된 인식이 점증하고 있었다. 더불어 매크리디스가 제기한 비교정치론의 여러 문제점, 즉 "근본적으로 비(非)비교적, 서술적, 지역편중적이자 정태적이며, 단편적(斷片的)"이라는 진단에 대해서도 광범위한 합의가 나타났다.[2] 매크리디스의 비판에 대체로 동의는 하지만, 새로운 비교정치론이 어떠해야 하는가에 대한 합의는 이루지 못한 채 기존 연구의 현황을 평가하는 노작(勞作)들이 잇따라 출간되었다.[3]

---

* L. Sigelman & G. H. Gadbois, Jr., "Contemporary Comparative Politics, An Inventory and Assessment," *Comparative Political Studies* 16 : 3, 1983, pp.275-305(박찬욱 역).
1) R. C. Macridis, *The Study of Comparative Government*, New York: Random House, 1955.
2) Macridis, Ibid., pp.7-12.
3) G. A. Almond & G. B. Powell, Jr., *Comparative Politics: A Developmental Approach*, Boston: Little, Brown, 1966; H. Eckstein, "A Per-

이처럼 비교정치론이 흔들리게 되자 곧 이에 관련된 문제들에 대한 연구가 진행되기 시작했다. 미국정치학회 회원들을 대상으로 한 조미트(A. Somit)와 타넨하우스(J. Tannenhaus)의 설문조사에 따르면, 1961년에는 비교정치론이 가장 중요한 연구가 행해지는 분야로 간주되었다.4) 1960년대에는 다른 어느 분야보다도 비교정치론에서 더 많은 박사학위논문들이 준비되고 있었다.5) 그리하여 1966년 알먼드와 파웰(G. B. Powell)은 그들의 저서에서 "지난 10년 동안 비교정부론분야에서 지적인 혁명이 진행되어왔다"라는 첫 문장으로 시작했고,6) 다시 1년 후 버바는 "비교정치론에서 혁명이 진행되었다"라고 과거시제로 선언하였다.7)

비교정치론에 대한 매크리디스의 비판적인 평가와 1960년대 들어 고조되기 시작한 낙관론이 어떻게 조화를 이루었는가? 알먼드와 파웰은 이러한 비교정치론의 변화를 다음과 같이, 이미 완결되었거나 아니면 거의 완성되어가고 있는 일련의 노력으로 파악했다.8) 즉 첫째, 더 포괄적인 범위의 모색인데, 이는 지역편중주의와 자민족중심주의를 극복하려는 노력이며, 둘째, 현실주의의 추구로서, 형식주의에서 탈피하여 정치와 정책결정에 관계있는 모든 구조와 과정을 살펴보려는 노력이고, 셋째, 정확성을 추구하는 것으로서, 여기에는 정량적인 자료와 정밀한 방법을 사용하려는 결의를 포

spective on Comparative Politics, Past and Present," in H. Eckstein & D. Apter(eds.), *Comparative Politics: A Reader*, New York: Free Press, 1963, pp.3-32; G. Hecksher, *The Study of Comparative Government and Politics*, New York: Macmillan, 1957; S. Neumann, "Comparative Politics: A Half-Century Appraisal," *Journal of Politics* 19, 1957(Aug.), pp.369-390; S. Verba, "Some Dilemmas in Comparative Research," *World Politics* 20, 1967(Oct.), pp.111-127.

4) A. Somit & J. Tanenhaus, *American Political Science: A Profile of a Discipline*, New York: Atherton, 1964, pp.26-27.

5) R. Braibanti, "Comparative Political Analytics Reconsidered," *Journal of Politics* 30, 1968(Feb.), pp.26-27.

6) Almond & Powell, op.cit., 1966, p.1.

7) S. Verba, op.cit., 1967, p.111.

8) Almond & Powell, op.cit., 1966, pp.6-8.

함하고 있다. 마지막으로 넷째, 지적인 질서의 추구로서 단순한 서술보다는 개념을 구축하고 이론을 형성하며, 이를 체계적으로 검증하려는 노력이다. 따라서 과거의 서술적·분류적이며, 때로는 규범적인 연구들이 이제는 설명적·예측적인 연구로 변화되는 중이었다.[9]

1968년에는 비교정치분야에서 매우 중요한 ≪비교정치론(*Comparative Politics*)≫과 ≪비교정치연구(*Comparative Political Studies*)≫, 두 개의 정기학술지가 발간되었는데, 이 학술지들이 출간된지도 12년 이상이나 지났기 때문에 그동안 게재되었던 논문들을 토대로 비교정치론의 윤곽을 그리는 것이 가능해졌다. 두 정기학술지는 그러한 시도를 가능케 할 수 있는 적절한 자료들을 제공해준다. 무엇보다도 이 정기학술지는 비교정치론의 일반 독자들을 대상으로 연구결과를 발표할 수 있는 주요한 출구이다. 또한 이 간행물들 자체가 1950년대와 60년대에 걸쳐 종종 나타났던 비교정치론분야의 변화에 대한 의욕의 구체적인 표현물이다. 이 간행물들의 초기편집진은 비교정치연구의 혁명을 이끈 진정한 지도자였다. 사실 ≪비교정치론≫ 창간호는 이런 몇몇 개인들이 연구현황의 검토와 연구방향의 설정에 관한 일련의 논문들을 게재했다.[10] 따라서 현대비교정치연구의 흐름을 파악하기 위한 본 문헌조사가 이 두 정기간행물을 경험적인 기초자료로 사용하는 것은 적절하다고 할 것이다.[11]

---

9) A. J. Gregor, "Theory, Metatheory, and Comparative Politics," *Comparative Politics* 3, 1971(July), p.575.

10) J. LaPalombara, "Macrotheories and Microapplications in Comparative Politics: A Widening Chasm," *Comparative Politics* 1, 1968(Oct.); R. C. Macridis, "Comparative Politics and the Study of Government: the Search for Focus," *Comparative Politics* 1, 1968(Oct.); D. A. Rustow, "Modernization and Comparative Politics: Prospects in Research and Theory," *Comparative Politics* 1, 1968(Oct.) 참조.

11) 비교정치론 교과서 및 교과과정에 관한 최근 연구로서는 L. C. Mayer, "Are We Practicing What We Preach? Comparative Politics in the 1980s," Prepared for delivery at the annual meeting of Southwestern Political Science Association(1982) 참조.

이 논문은 1950년대, 60년대에 씨앗을 뿌린 비교정치론의 혁명이 1970 년대와 80년대에 이어지면서 어떻게 뿌리내리고 번성했는지를 확인하는 것을 주목적으로 하고 있다. 특히 1960년대 말 이후 미국에서 전개된 비교정치연구의 주요한 추세를 서술하려 한다.12) 본 연구는 1950년대와 60 년대의 비교정치론분야의 지도자들에 의해 명확하게 표출된 가치들을 주요한 길잡이로 사용하여 이러한 추세를 평가하고자 한다.

1. 자료와 방법

본 조사결과를 분석하기 전에 먼저 사용된 자료와 절차에 대해서 살펴보자. 본 조사에서는 《비교정치론》의 창간호부터 51번째 간행본(1968. 10~ 1981. 4)과 《비교정치연구》의 창간호부터 54번째 간행본(1968. 4~1981. 7)에 발표된 모든 논문들과 연구노트(서평, 서신교환, 문헌목록은 제외)의 내용을 분석했다. 각 권마다 평균 5편 이상인데 《비교정치론》에서 291편과 《비교정치연구》에서 274편 등 총 565편의 논문이 분석되었고, 이 중 492 편은 완결된 논문이며 73편은 연구노트였다.13) 뒤에서 언급되겠지만 《비교정치론》과 《비교정치연구》 두 간행물간의 몇 가지 흥미있는 차이점에도 불구하고, 대체로 논문을 종합하여 결과를 제시하기에 충분할 정도의 유사성이 있다. 또 두 학술지가 출간된 이래, 뒤에서 살펴보는 바와 같은 몇 가지 변화도 있었다. 그러나 그 변화는 그렇게 두드러지지는 않기 때문에 565편의

---

12) 《비교정치론》과 《비교정치연구》는 미국 정치학자들에 의해서 편집방향이 좌우되고 있다. 두 학술지에 게재된 미국 정치학자들의 논문은 전체의 84%, 그리고 정치학자들 전체의 글은 92%에 해당된다.

13) 각 필자는 대상의 절반을 무작위로 할당받아 코딩했다. 코딩작업은 기계적인 경우가 대부분이었으며 판단의 여지가 거의 허용되지 않았다. 그러나 최종 코딩 작업을 하기에 앞서 여러 가지 대안을 시험해보았으며 판단범주의 신뢰도를 높이기 위한 상호점검을 수행했다. 이런 예비조사를 통해 코딩범주의 신뢰성이 받아들일 만한 수준에 이르렀을 때 최종 코딩작업을 시작했다.

논문을 시기별로 나누어 분석하기보다는 문헌 전체를 일괄적으로 분석했다.

코딩범주(coding categories) 중 몇 가지는 큰 관심을 끌지 않지만 코딩범주 전체를 간략히 개괄해봄으로써 분석된 논문들과 더 나아가 현대비교정치론을 이해하는 데 도움을 얻을 수 있다. 우리는 각 논문이 수행하려는 하나 이상의 일반적 기능에 대해 코딩하였다. 즉 각 논문의 명시적이거나 묵시적인 목적과 경향을 코딩했다. 그런 연구의 경향과 기능은 비교정치론분야의 현황에 대한 평가, 이론의 형성과 개념의 설명, 기존의 이론적·개념적 작업에 대한 비판 또는 방법론적인 쟁점에 대한 논의, 그리고 경험적 연구의 결과를 제시하거나, 여전히 규범적 이론의 영역내에서 연구하는 것 등이다. 이러한 다양한 범주들은 상호배타적인 것이 아니기 때문에 주어진 논문에 대해 적절하다고 생각되는 가능한 많은 범주를 코딩했다. 이들 범주 중에 가장 빈도가 적게 나타나는 분야는 규범이론(단 4편의 논문으로 전체의 0.7%)과 분야의 현황평가(10편의 논문으로 1.8%)였다. 대부분의 경험적 연구에서 측정과 관련된 문제를 제기하였지만 565편의 논문 중 56편만이(9.9%) 방법론적 분석에 관한 것이었다. 좀 더 일반적인 것은 기존의 이론적 혹은 개념적 분석에 대한 비판(31.5%), 독자적인 이론적·개념적 분석(37.5%), 그리고 경험적 분석(81.8%) 등 세 가지 중 어느 한 기능과 관련된 것이었다.

자료의 유형과 자료분석의 방법에 따라 경험적 연구의 범주에 포함되는 논문들을 더 세분화시켰는데, 자료 유형별로 보면 정치학 전반에서와 마찬가지로[14] 여론조사 자료가 다른 자료들보다 더욱 많이 이용되었고 (37.1%) 그 다음으로 많이 사용된 자료는 센서스나 선거자료와 같은 공식문서자료이며(25.2%), 두 가지 이상의 유형이 혼합된 자료(19.7%), 국

14) K. W. Deutsch, "Recent Trends in Research Methods in Political Science," in J. Charlesworth(ed.), *A Design for Political Science: Scope, Objectives, and Methods*, Philadelphia: American Academy of Political and Social Science, 1966; D. Pfotenhauer, "Conception of Political Science in Western Germany and the United States, 1960~1969," *Journal of Politics* 34, 1972(May).

가 간 교차비교를 위한 기존의 자료세트로부터 얻은 자료(10.8%), 인명전기자료(3.9%), 사건자료(2.2%), 그리고 내용분석자료(1.1%) 순이었다. 경험적 연구의 33.3%는 연구자들이 직접 자료를 수집했지만 그 중 36.8%는 그 자료를 토대로 처음 발표된 것이 아니었다. 따라서 어떤 기준을 적용하더라도 2차분석이 차지하는 비율이 상당히 높았다. 자료분석의 성격에 따라서 세분하면, 경험적 연구의 23.8%는 비정량적인 것이었으며, 그 대부분은 고전적인 사례연구로 명명될 수 있는 것이었다. 또한 29.8%는 낮은 수준의 정량적 기법(백분율 분할, 집중경향치, 분산도)에 전적으로 의존한 것이었고, 15.4%는 다소 복잡한 통계분석(양변인 맥락내에서 상관관계와 유의도 검정)을 수행했고, 나머지 31.0%는 다중회귀분석, 부분상관계수, 요인분석 등과 같은 다변인 기법을 채택했다. 이 비율은 정치학 전반의 분포와 매우 비슷하다.[15)]

조금 다른 측면에서 자료분석의 성격을 보면, 횡단분석(cross-sectional analyses, 53.2%)과 종단분석(longitudinal analyses, 46.8%)이 거의 비슷하게 나누어져 있다. 종단분석의 비율이 이처럼 높은 것은 놀랄 만한 것일 수도 있다. 그러나 다음의 사실을 알게 되면 그렇게 놀라운 일도 아니다. 즉 과거 비교정치론분야를 지배하였던 고전적 사례연구는 본질적으로 사건을 연대기적으로 서술하는 종단분석이 보통이었기 때문이다. 본 조사에서 종단분석으로 코딩된 연구들은 대개 비정량적이고 단일국가분석이었다.

조사된 논문들의 특징은 그 자체로 흥미로울 뿐 아니라 비교정치연구의 과학적 위상에 관해 뭔가를 말해준다는 점에서도 흥미롭다. 연구자들간에서 공동연구는 때때로 "과학자들이 용이하게 의사소통할 수 있는 이론적 구조의 공통된 인식으로 인한 협동과 과학적 진보의 표시"로 간주된다.[16)]

---

15) Pfotenhauer, op. cit., 1972, p.581.
16) W. C. Baum, G. N. Griffiths, R. Matthews, & D. Scherruble, "American Political Science before the Mirror: What Our Journals Reveal about the Profession," *Journal of Politics* 38, 1976(Nov.), p.899; G. DeMaio & H. W. Kushner, "Quantification and Multiple Authorship in Political Science," *Journal of Politics* 43, 1981(Feb.).

정밀과학(*hard science*)에서 공동집필이 70% 이상인 반면, 인문과학(*humanities*)에서는 5% 이하이다. 정치학 전체적으로는 공동집필은 20% 정도인데,[17] 이와 유사하게 조사대상 565편의 논문 중 21.2%가 두 사람 이상의 공동집필이었다.

그리고 과학적 탐구는 기존 명제의 검증과 재검증으로 이루어지는 정상적 과학활동으로 축적된다는[18] 점에서, 경험적 분석 462편 중 41.8%를 가설이나 모델을 검증하기 위한 것으로 코딩하였고 나머지 58.2%는 서술적인 것으로 코딩했다. 또한 이전의 다른 연구에서 사용된 기법, 가설, 혹은 측정방법을 의식적으로 계승하여 연구한 것인지, 즉 반복적인지 그렇지 않은지에 따라 코딩하면 462편의 경험적 연구 중에 26.4%가 반복적인 것이었다. 불행히도 비교정치론 외의 다른 분야에서 가설검증과 반복연구의 비율에 관련된 통계를 발견하지 못했지만, 이런 비율은 자연과학이나 심지어 심리학과 같은 보다 정밀한 사회과학분야에 비해 비교정치연구에서는 상당히 낮을 것으로 생각된다. 한편으로 비교정치론에서의 비율이 정치학 전반과 매우 다르다고는 생각하지 않는다.

공동연구의 빈도를 알려주는 자료와 연관시켜 추측해보면 비교정치분야가 분명히 50년대 이래 어느 정도 과학적 진보를 이루었다는 것을 알 수 있다. 이에 대한 체계적인 증거는 없지만 50년대 말까지 가설의 검증이나 기존 분석의 반복을 위한 비교정치연구의 비율이 거의 0에 가까웠다는 점이 이를 뒷받침한다. 그럼에도 불구하고 현재의 비교정치론은 정치학 전반보다 더 과학적이지도, 덜 과학적이지도 않다. 이런 결론은 제한된 자료로 인해 잠정적이며 또한 그리 주목할 만한 것은 아니더라도 어느 정도의 역사적인 시각을 제공한다. 그동안 일어났던 변화는 하룻밤새에 발생한 것도 아니지만, 그렇다고 해서 비교정치분야의 연구를 전체적으로 변화시킬 만한 것도 아니었다.

---

17) Baum et al., op. cit.; DeMaio & Kushner, op. cit.
18) T. E. Kuhn, *The Structure of Scientific Revolution*, Chicago: University of Chicago Press, 1970, p.10.

2. 발견된 사실

이제 본 연구의 주요한 부분과 비교정치론분야에 대한 평가에 들어가보자. 본 연구는 비교의 범위, 지역적 편중성, 실제 다루고 있는 주제 등의 세 가지 쟁점에 초점을 맞추었는데 이 쟁점들은 전통적인 비교정치연구에 불만을 가지게 한 핵심적인 것들이다. 따라서 세 가지에 대한 분석을 통해 새로운 비교정치론이 나타난 이래 비교정치연구가 얼마나 변화했는가를 알 수 있다.

1) 비교범위의 문제

많은 경우에 분석의 초점이 되는 가장 중요한 문제는 비교정치론이 진실로 얼마나 비교분석적인가를 증명하는 것과 관련된다. 불행히도 연구의 한 분야로서의 비교정치론이 어떤 것인지 혹은 어떠해야 하는지에 대한 합의가 없다. 그리고 이런 합의의 결여는 비교의 범위에 관한 논의를 어렵게 만든다. 비교정치론을 연구방법의 하나로 정의한다면 《비교정치론》과 《비교정치연구》에 발표된 거의 모든 것이 비교분석적인 것으로 나타날 것이고 다른 정의를 채택한다면, 비교정치론은 훨씬 덜 비교분석적이 될 것이다.

비교정치론(전에는 비교정부론)은 마치 비교해부학이 인간 이외의 해부를 지칭했던 것처럼 자기 나라의 정치와 정부보다는 다른 나라의 정부와 정치를 연구하는 것으로 이해되어왔다. 미국에서도 마찬가지로 비교정치론은 미국 외의 국가에 대한 정치를 연구하는 것을 의미했다. 이 정의는 전적으로 과거의 것만이 아니다. 왜냐하면 오늘날까지 대학원 교과과정, 학술회의 프로그램, 학술지에 그대로 남아 있기 때문이다. 두 학술지를 내용분석한 결과, 미국의 정치만을 다룬 논문은 하나 이상의 국가를 분석한 총 444편의 1%도 안되는 4편뿐이었다.[19] 이는 비교정치론이 미국이라는

---

19) C. Clark & S. Welch, "National Conditions as a Basemark for Supra-

지리적 경계를 벗어난 문제를 다루는 것이라는 전통적인 관점에 따른다면, 연구의 99% 이상이 비교분석적이었다는 것을 의미한다. 즉 이런 전통적 기준에 따르면 ≪비교정치론≫과 ≪비교정치연구≫에 발표된 거의 모든 논문이 비교분석적이라고 할 수 있다.

미국정치론과 비교정치론 사이의 이런 전통적인 구분은 자민족중심적이고 혼란을 일으키며 지적으로 뒷받침될 수 없는 것이다. 우리는 "정치문제에 대한 연구분야의 관심사가 연구자의 국적에 따라 지속적으로 규정되고 있음을 지적으로 정당화할 수 없다"라는 스캐로우(H. A. Scarrow)의 신념에 공감한다.[20] 예를 들어 이탈리아의 정당에 대한 연구를 비교분석적인 것으로 분류하고, 미국 정당연구를 비교분석적이지 않은 것으로 분류하는 것은 터무니없다. 그러나 두 연구가 반드시 동등하게 비교분석적이라는 것은 아니다. 실제로 두 연구는 동등하게 비교분석적이지 않을 수도 있다. 일상생활의 언어로 이해되는 비교(comparison)는 둘 혹은 셋 이상의 단위에서 유사성과 차별성을 밝히는 것과 관련된 개념이다. 따라서 비교는 다수의 분석대상을 전제로 한다. 단순히 어떤 것 자체를 비교하는 것이 아니라, 그 어떤 것을 다른 어떤 것과 비교하는 것이다. 이는 비교정치론의 전통적인 접근에 대한 비판에서 빼어놓을 수 없는 점이었다. 매크리디스가 비교정치론을 비교분석적이 아니고 단편적이라고 비판했을 때[21] 그것이 의미하는 것은 전통적 비교정치연구가 "유일한 실체로 취급되는 특정 정치체계의 분석"[22]에 너무 집중하여 너무나 형상적(configurative)이며 여러 국

national Integration: The Case of Trade Patterns," *Comparative Political Studies* 8, 1975(Oct.), pp.345-359; K. R. Cox, "On the Utility and Definition of Regions in Comparative Political Sociology," *Comparative Political Studies* 2, 1969(April), pp.68-98; I. Katznelson, "Considerations on Social Democracy in the United States," *Comparative Politics* 11, 1978(Oct.), pp.77-99; K. S. Sherrill, "The Attitudes of Modernity," *Comparative Politics* 1, 1969(Jan.), pp.184-210.

20) H. A. Scarrow, *Comparative Political Analysis*, New York: Harper & Row, 1969, p.3.
21) Macridis, op. cit., 1955.

가에 걸쳐 통용될 수 있는 일반명제를 검증하는 데는 관심을 거의 보이지 않았다는 사실이다. 마이어(L. C. Mayer)는 교차국가적으로 비교범위를 확장하는 것이 비교정치론의 필수불가결한 조건이라고 논했다.

그것은 한 민족국가의 경계를 넘어서 확장된 영역을 연구하는 것을 말한다. …비교정치론은 둘 혹은 그 이상의 국가간에 일어나는, 정치적으로 적실성 있는 현상에 대해 유사성과 차별성을 일반화하려는 모든 연구들을 포괄한다.[23]

교차국가분석의 관점에서 비교정치연구는 어느 정도까지 비교분석적인 가? <표 1>은 하나 이상의 국가가 분석단위로 선정된 ≪비교정치론≫과 ≪비교정치연구≫의 444편의 논문 중 61.7%인 274편이 하나의 국가를 분석의 초점으로 하고 있음을 보여준다. 따라서 마이어의 기준에 따르면 10편의 논문 중 6편 이상이 비교분석적이지 않은 것으로 간주할 수 있다. 이렇게 비교정치분야에서 교차국가비교에 대한 새로운 강조가 나타남에도 불구하고 단일국가에 대한 연구가 계속 압도적인 부분을 차지하고 있었다.

1950년대와 60년대의 다국가간 연구사례에 대한 자료가 없어서 쉽게 단정하지는 못하지만 60년대 이전의 연구들 중 국가의 경계를 초월한 연구는 매우 적었으며, 그 연구의 대부분도 몇몇 국가간의 제도를 병렬적으로 서술하는 정도였다고 생각된다. 이런 점에서 보면, <표 1>에서 나타난 가장 중요한 발견은 최근에는 40% 정도가 다국가연구라는 것이다. 즉 단일국가연구가 지배적이라고 하더라도 과거보다는 수가 줄어들고 있으며, 이 점에서 비교정치연구가 아직 높은 수준까지 비교분석적이지는 않지만, 비교의 범위가 더 확장되는 방향으로 바뀌어가는 것으로 보인다.

<표 1>에 나타난 다른 중요한 측면은 다국가 분석의 범위와 연관된 것이다. 1960년대에 들어 새로운 유형의 연구가 비교정치론 관계문헌에 나타

22) Eckstein, op. cit., 1963, p.11.
23) L. C. Mayer, *Comparative Political Inquiry: A Methodological Survey*, Homewood, Illinois: Dorsey, 1972, p.3, 94.

<표 1> ≪비교정치론≫과 ≪비교정치연구≫에 발표된 논문들의 비교범위

국가의 수	총논문에 대한 백분율(빈도: %)
1	61.7 (274)
2	11.9 (53)
3	4.3 (19)
4	2.3 (10)
5	2.3 (10)
6	0.5 (2)
7	1.4 (6)
8	0.0 (0)
9	1.4 (6)
10~19	3.8 (17)
20~29	1.8 (8)
30~39	1.8 (8)
40~49	0.0 (0)
50~59	1.1 (5)
60~69	0.9 (4)
70~79	0.9 (4)
80~89	2.1 (9)
90~99	0.4 (2)
100+	1.6 (7)

나기 시작했다. 이런 대다수국가간(holonational) 분석의 특징은 많은 국가에 걸쳐 얻어진 국가 수준의 자료를 분석하기 위해 통계적 기법을 적용한다는 것이다.[24] 이런 연구의 등장이 항상 환영할 만한 발전으로 간주되지는 않았는데 왜냐하면 이 연구를 통해 분석된 자료의 질이 의심스러웠으며 분석 자체가 때때로 맹목적 경험주의에 머물렀기 때문이라고 말할 수 있다.[25] <표 1>은 두 학술지에 나타난 대다수국가간 연구의 질의 척도를 제공하지는 않지만 연구의 양에 대해서는 시사하는 바가 있다. 몇몇 사람이 느끼기에는 너무 많은 대다수국가간 연구가 있었는지도 모르지만, 많이 고려해도 1968년부터 1981년까지 발표된 논문들 중 10% 정도만이 대다수

---

24) L. Sigelman, "A Holonational Bibliography," *Behavior Science Research* 15, 1980, pp.89-158.
25) H. Richardson, "Competing Paradigms in Comparative Politics," R. T. Holt & J. E. Turner(eds.), *The Methodology of Comparative Research*, New York: Free Press, 1970, pp.21-72.

국가간 연구의 성격을 띠고 있다. 최근에 단일 국가연구로부터 벗어나려는 움직임이 있었지만, 그런 노력은 매우 제한된 정도까지만 대다수국가간 연구의 방향으로 나아갔다. 실제 연구에서는 대부분 인식하지 못한 방향, 즉 상대적으로 적은 수(보통 2개)의 국가를 분석하는 방향으로 나아갔다.

이 시점에서 비교범위의 문제에 대한 논의를 마치기보다는, 우리가 지금까지 고려했던 비교정치론보다 더 광범위한 의미로 비교정치론을 이해할 필요가 있다. 먼저 단일민족국가가 정치학자들이 비교의 방법으로 다루었던 유일한 분석단위는 결코 아니며, 교차국가분석(도시나 주 등 국가 내부의 단위를 비교하는 것과 반대되는)만을 비교정치론의 한정된 성격으로 규정할 이유도 없다.

단지 하나의 국가에 초점을 두었다는 점에서 비(非)비교분석적인 연구가 되는 것은 아니며, 국가내 하부단위들간의 비교를 행하거나 단위 내부의 시계열적인 비교를 행한다는 관점에서 보면 여전히 비교분석적일 수 있다. 불행히도 우리의 코딩체계에서는 후자의 가능성을 고려하지 않았다. 그러나 전자의 경우, 274개의 단일국가연구 중 21.4%인 58개가 지리적 또는 행정구역에 따른 경계로 정의된 국가하부단위(지역, 주, 도, 시와 같은)의 비교라는 요소를 포함하고 있다. 따라서 우리가 비교정치론의 정의를 국가간 교차분석으로 제한할 때 조사대상의 38.3%에 해당하는 논문만이 비교분석적인 것으로 간주되지만, 우리의 정의를 국가하부단위의 비교를 행한 단일국가연구도 포함하는 것으로 확장하면 비교분석적인 것은 51.4%로 증가된다.

비교정치론의 정의를 더욱 확장하기 위해 특정 연구를 비교분석적이게 만드는 것이 분석단위간의 명시적 비교가 아닌 비교를 수행하기 위해 제공할 수 있는 잠재력으로 가정해보자. 이런 관점에서 보면 실제연구를 통해 나타난 결과가 비교분석적이지 않다 하더라도 그 연구가 잠재적으로 비교가능성을 가지고 있다면 그것은 결정적인 문제가 아니다. **훈련된 형상적 접근**(disciplined configurative approach)이라는 시드니 버바의 개념을 빌면26) 비교가능성의 핵심적 요소란 명시적인 가설을 형성하고 특정단위에만 적용이 제한되는 것이 아니라 일반명제를 고려하는 것이라고 주장할 수 있다.27) 따라서 비교가능성을 내포한 연구는 단순히 형상적인 연구에 결여되어 있는 추상화의 요소를 포함하는 것이 된다.

얼마나 많은 단일국가연구가 비교가능한가를 정확히 결정하는 것은 어려운 일이지만 여기서는 두 가지 판단기준을 제시한다. 첫째, 만약 단일국가연구가 중요한 이론적·개념적 구성요소를 포함하고 있다면 비교분석적인 것으로 분류하는 것이 합리적일 것이다. 내용분석을 통해 단일국가연구의 24.8%인 68개가 그러한 구성요소를 가진 것으로 확인되었다. 따라서 이론적이거나 개념적인 정향을 갖는 단일국가연구를 포함할 때는 비교연구의 수가 눈에 띄게 증가한다. 이 기준에 따르면, 조사대상 444편의 논문 중 238편(53.6%)이 비교분석적인 연구가 된다. 이는 분석국가의 수에 따른 기준에 의해 비교분석적이라고 판단된 170개의 연구보다 훨씬 많다.

비교적인 분석을 판단하기 위한 두번째 방식은 단지 서술적인 연구와 구별하여, 특정한 가설을 검증하는 연구를 비교분석적인 것으로 취급하는 것이다. 이로써 비교에 대한 정의의 확장을 통하여 그동안의 연구 중의 많은 수를 비교분석적인 것으로 판단할 수 있다. 274편의 단일국가연구 중 98편(35.8%)이 적어도 하나의 가설을 검증하기 위한 것이었으며, 이것을 국가간 교차비교의 의미에서 비교분석적이라고 할 수 있는 170개의 연구와 합하면 비교분석적인 연구는 60.4%로 측정된다.

결국 교차국가연구가 비교정치론의 정의를 가장 적절히 만족시키지만, 단일국가연구도 국가하부단위의 비교를 행하거나 이론적·개념적 시각에 의해 분석하거나 혹은 어떤 가설을 명백하게 검증한다면 논란은 있지만 비교분석적이라고 간주할 수 있다. 따라서 이 기준 중에 어느 하나라도

---

26) Verba, op. cit., 1967, p.114.
27) J. Rasmussen, "Once You've Made a Revolution, Everything's the Same: Comparative Politics," in G. Graham & G. Carey(eds.), *The Post-Behavioral Era: Perspective on Political Science*, New York: David Mckay, 1972, pp.71-87.

만족시키는 연구가 있다면 넓은 의미로서의 비교정치론으로 정의할 수 있을 것이다. 이 기준에 따르면 444편의 연구 중 281편(63.3%)이 비교분석적 연구로 간주되며 163편(36.7%)은 제외된다. 여러 기준을 폭넓게 결합하여 적용하더라도 비교정치연구를 위한 두 간행물의 전체논문 중 10편 중에 4편은 비교분석적 연구에 해당되지 않는다. 지난 수십년의 체계적인 자료가 부족하다고 하더라도 우리는 시간이 지남에 따라 비교의 정의를 만족시키는 분석의 방향으로 변화해왔다고 확신한다. 그럼에도 불구하고 비교분석적이 아닌 연구는 눈에 많이 띄고 있다.

비교정치론분야에 대한 우리의 평가는 비교연구에 관련된 두 학술지의 분석에 토대를 두고 있다는 점을 기억할 필요가 있다. 특히 지역연구적 정향을 띤 전문학술지를 포함한 다른 학술지들은 과학적이고 비교적인 분석에 훨씬 충실하지 않은 것 같다. 이 점에서 최근 *Asian Survey, Journal of Asian Studies, China Quarterly* 등 세 학술지를 통해 나타난 내용분석의 결과는 많은 것을 시사하고 있다. 즉 이 세 학술지에 발표된 전체논문 중 87.7%가 단일국가에 초점을 맞추었으며(이와 대조적으로 ≪비교정치론≫과 ≪비교정치연구≫ 두 간행물의 조사결과는 61.7%였다), 이 중 약 10%만이 국가하부단위의 의미있는 비교나 중요한 이론적·개념적 요소를 포함하고 있었다.28) 따라서 적어도 비교범위에 관한 한, ≪비교정치론≫과 ≪비교정치연구≫를 토대로 한 분석이 새로운 비교정치론을 가장 잘 대변하고 있다고 할 수 있다. 그러나 거기서도 비교분석적이지 않은 연구가 매우 중요한 역할을 지속적으로 수행하고 있다.

2) 지역적 편중성의 문제

근본적으로 비(非)비교적인 것 외에도, 전통적인 비교정치연구는 **지역편**

---

28) W. Koh, "Contemporary Comparative Politics on Asia: An Inventory and Assessment," University of Kentuky, 1983, 미출간.

중적이었다. 이는 서구정치체계, 특히 영국, 프랑스, 독일 등의 서유럽 주요
국가에 관심이 너무 많이 집중되었음을 의미한다. 교차국가적인 일반화가
시도되었다 하더라도, 그것은 거의 모두 서구정치체계에 적용할 수 있는 것
이었다. 왜냐하면 서구식 민주주의는 궁극적으로 전세계에 전파될 정상적
형태로 간주되기 때문이다. 매크리디스에 의하면 많은 학자들은 비서구적인
정치형태가 자연스럽지 않고 오래 지속되지도 않을 것이기 때문에 서구지
역 외에 있는 정치현상을 연구하는 것은 시간낭비라고 느꼈던 것이다.[29]

비교정치연구의 지역편중성에 대한 불만은 서유럽 강국의 식민제국이
허물어지면서 제기되기 시작했다. 아시아, 아프리카와 중동의 신생국들은
과거 비교정치론을 특징지었던 시야의 편협성에서 벗어나 비교분석에 기
반을 둔 정치과학을 발전시키고자 한 새로운 세대의 학자들에게는 매력있
는 연구대상이었다. 결과적으로 비교정치연구의 지리적 범위는 유럽을 넘
어 비서구적 민주주의로 확장되기 시작했는데 그것도 서구국가의 정치학
연구로부터 시계추가 너무 멀리 진동했다고 느낀 일단의 학자들의 경우에
는 급속히 확장되었다. 이 진동으로 인해서 유럽정치는 비교정치론에서
부자가 거지로 전락한 셈이 되었다. 시드니 버바에 따르면,[30]

  …이제 지역적 편중성의 문제는 거의 남아 있지 않다. 비교정치론 연구자들은
  한 때 분석의 기준이 되었던 유럽국가들을 넘어 멀리 나아갔다(그리하여 유럽정
  치연구는 정치학에서 뒤떨어진 분야의 하나가 될 위험에 처할 지경이 되었다).

조사대상인 총 444편의 논문들이 연구대상으로 상정한 국가를 코딩해
보면 지역적 편중성의 문제는 곧바로 나타난다.[31] 총 519개의 국가가 코

---

29) Macridis, op. cit., 1955, pp.10-11.
30) Verba, op. cit., 1967, pp.111-112.
31) 각 논문마다 5개 국가까지 코딩되었고 5개 이상의 국가를 다루는 연구는 분석
   대상에서 제외했다. 이는 두 가지 목적을 달성하기 위해 의도된 것이다. 첫째,
   분석과정을 보다 용이하게 하기 위한 것이다. 하나의 연구에서 128개에 달하는
   국가들의 목록을 만든다는 것은 현실적으로 불가능하기 때문이다. 둘째, 의미있

딩되었는데, 그 결과가 <표 2>에 나와 있다. <표 2>를 보면, 가장 많이 연구된 국가는 전통적인 비교정치연구와 마찬가지로 독일, 영국, 프랑스이다. 좀 더 일반적으로 말하면, 현대비교정치연구의 지리적인 초점은 아직도 명백하게 서구지향적이다(519개 국가 중 219개로 42.2%). 대조적으로 동구의 공산주의국가에 대한 분석은 8.7%인 45개의 사례뿐이었고 전통적 비교정치연구를 지배해온 주요 유럽국가의 하나였던 소련만이 동구국가 중에서 상당한 주목을 받았다. 또한 미국(7.5%)과 캐나다(3.1%)도 두드러진 반면 서구적 성격을 띤 호주와 뉴질랜드는 거의 주목을 끌지 못했다. 즉 호주는 단지 네 개의 연구에서만 초점이 되었고, 뉴질랜드는 전혀 연구초점이 되지 못했다.

집단별로 보면 소비에트 블록의 국가에 대한 관심이 희미해진 반면 미국, 캐나다, 그리고 서구국가가 대다수를 차지했는데, 명백하게도 이런 불균형은 공산주의체계를 연구하는 사람들 사이에 두드러진 경향, 곧 지역전문적 학술지를 통해 발표하려는 경향을 반영한다. 또한 공산주의체계에 대한 경험적 연구가 어렵다는 점도 말해준다. 어쨌든 비교정치론의 주요한 두 학술지에 관한 한, 서구와 북미의 국가들은 동구국가들보다 훨씬 광범위하게 연구되었다.

는 비교분석을 수행하기 위해서이다. 어떤 국가에 대한 연구는 우연히 혹은 자료에 대한 접근가능성 때문에 연구대상으로 포함된 여러 나라의 연구와는 다르기 때문이다. 따라서 이들을 구분하기 위해 단절점이 필요했다. 물론 다섯 개라는 수를 선택한 것은 다소 자의적이라 할 수 있으나 알먼드와 버바가 『시민문화』(1963)에서 수행한 5개국 분석에서 특히 큰 영향을 받았음을 밝혀둔다. 또한 알먼드와 버바가 모은 자료에 대한 제2차적 분석이 여러 번 수행되었기 때문에 우리가 살펴본 문헌들 가운데 5개국 분석이 자주 나타났다고 생각된다. 알먼드와 버바는 특정국가의 정치에 대한 심층적 고찰을 5개국의 맥락 안에서 했기 때문에 연구를 제대로 할 수 있었음을 분명히 밝혔다. 그런데 이런 심층분석은 15개 혹은 20여 개 국을 다루는 경우(128개 국은 물론)라면 불가능한 것이다. 이런 요인들 때문에 우리는 국가의 코딩수를 5개 이하로 제한했다. 결국 <표 1>에서도 나타나듯이 이 선택은 우연히도 잘된 것임이 판명되었다. 왜냐하면 ≪비교정치론≫과 ≪비교정치연구≫에 게재된 논문 가운데 5개를 넘어서는 국가들을 연구한 사례의 수가 급격히 감소되었기 때문이다.

<표 2> ≪비교정치론≫과 ≪비교정치연구≫에 있어서 국가들의 분포

국가	코딩횟수	백분율	국가	코딩횟수	백분율
〈서유럽〉 서독	52	10.0	영국	49	9.5
프랑스	41	7.9	이탈리아	21	4.1
스웨덴	11	2.1	네덜란드	9	1.7
스위스	8	1.5	오스트리아	5	1.0
벨기에	5	1.0	스페인	4	0.8
노르웨이	3	0.6	포르투갈	3	0.6
덴마크	2	0.4	핀란드	2	0.4
아일랜드	2	0.4	그리스	1	0.2
룩셈부르크	1	0.2	합계	219	42.0
〈동유럽〉 소련	21	4.1	유고슬라비아	8	1.5
체코	5	1.0	헝가리	4	0.8
폴란드	4	0.8	동독	2	0.4
불가리아	1	0.2	합계	45	8.7
〈북미〉 미국	39	7.5	합계	55	10.6
캐나다	16	3.1			
〈남미〉 멕시코	13	2.5	아르헨티나	10	1.9
칠레	10	1.9	콜롬비아	5	1.0
쿠바	4	0.8	페루	4	0.8
베네주엘라	4	0.8	브라질	3	0.6
코스타리카	2	0.4	에콰도르	2	0.4
과테말라	2	0.4	우루과이	2	0.4
볼리비아	1	0.2	자메이카	1	0.2
니카라과	1	0.2	파라과이	1	0.2
수리남	1	0.2	합계	66	12.7
〈중동〉 이스라엘	10	1.9	터어키	4	0.8
이집트	3	0.6	이란	2	0.4
요르단	2	0.4	레바논	2	0.4
키프러스	1	0.2	이라크	1	0.2
쿠웨이트	1	0.2	시리아	1	0.2
			합계	27	5.2
〈아프리카〉 가나	6	1.2	케냐	6	1.2
탄자니아	6	1.2	우간다	4	0.8
나이지리아	3	0.6	남아프리카	2	0.4
튀니지	2	0.4	알제리아	1	0.2
보츠와나	1	0.2	이디오피아	1	0.2
리베리아	1	0.2	말리	1	0.2
포르투갈령아프리카	1	0.2	모잠비크	1	0.2
잠비아	1	0.2	합계	37	7.1
〈아시아〉 인도	21	4.1	일본	14	2.7
중화인민공화국	9	1.7	한국	6	1.2
필리핀	5	1.0	말레이지아	4	0.8
태국	4	0.8	인도네시아	1	0.2
파키스탄	1	0.2	남베트남	1	0.2
			합계	66	12.7
〈오세아니아〉 호주	4	0.8	합계	4	0.8
총합계		519		100.0	

인구와 국가 수에서 대부분을 차지하고 있는 나머지 국가들은 전체 연구의 38.5%를 차지한다. 그리고 이 중에 2/3는 라틴아메리카와 아시아로 거의 비슷하게 나누어지는데 라틴아메리카에서는 멕시코, 아르헨티나, 칠레가 다른 국가들보다 훨씬 큰 주목을 받았으며, 아시아에서는 인도, 일본, 그리고 중국과 같은 거대한 국가들이 비교정치론의 문헌에서 압도적인 비중을 차지했다. 이들 다음으로 한국과 필리핀, 말레이지아, 태국만이 한 논문 이상에서 초점의 대상이 되었다. 인도네시아, 파키스탄 그리고 베트남이 각각 한 편의 논문에서 다루어졌고 방글라데시, 버마, 캄보디아, 라오스, 네팔, 북한, 싱가포르, 스리랑카, 그리고 대만 등, 아시아의 나머지 국가들은 연구 자체에서 제외되었다. 비슷한 유형이 중동지역과 아프리카에서도 나타나는데, 그 지역의 많은 국가들이 단지 전체의 12.3%인 64회만 등장한다. 중동의 경우는 가장 비전형적인 이스라엘을 제외하더라도 거의 찾아볼 수 없고, 아프리카의 대다수 국가들은 두 학술지에서 한 번도 연구주제로 채택되지 못했다. 아프리카, 아시아, 중동지역의 연구에서는 영국의 식민지에서 독립한 국가가 압도적이라는 점이 흥미롭다. 이는 아마도 미국 연구자들에게 언어의 유사성이 어떤 국가를 연구할 것인가를 결정하는 데에 중요한 기준이 된다는 점을 시사하는 것이라고 하겠다.

지역연구에서 나타나는 다양성은 연구되는 국가들의 빈도의 차이뿐만 아니라 연구방식에서도 차이점이 있다. 즉 다른 나라와 비교되어 분석되는 국가가 있는 반면 대개의 경우 고립적으로 연구되는 국가들도 있다는 것이다. 이런 차이들을 정확히 밝히기 위하여, 각 국가와 각 지역에 대한 고립수치(isolation score)를 측정했다. 고립수치는 어떤 국가가 논문에서 단독으로 코딩된 횟수를 그 국가가 연구된 전체 코딩횟수로 나눈 것이다. 예를 들어 서독은 코딩된 전체 52편의 논문에서 29번 단독코딩되었다. 따라서 서독의 고립수치는 0.558(29/52)이다. 지역 고립수치는 지역의 모든 국가의 고립수치에 가중을 둔 평균치이다.

서구의 고립수치(0.479)는 전세계의 평균(0.528)에 근접하고 있다. 그러나 만약 ≪비교정치론≫에 프랑스정치와 1969년 서독선거에 관한 특집이 없었다면 고립수치는 아주 낮았을 것이다. 이 특집의 영향으로 서독의 고립수치(0.558)와 프랑스의 고립수치(0.537)는 영국(0.449)과 이탈리아(0.476)보다 높게 나타났다. 동구의 고립수치는 0.533으로 세계의 평균과 거의 비슷하지만, 이 지역수치로 동구의 지역적 차별성을 규명하지는 못한다. 즉 소련이 언급되는 대부분의 연구에서는 소련이 단독으로 연구되지만, 동구의 경우에는 여러 국가들이 함께 연구되기 때문이다. 그러므로 동구의 고립수치(0.533)는 소련(0.762)과 그외 나머지 국가(0.333)가 거의 비슷한 비중으로 혼합된 것이다.

유럽 외의 지역에서는 아시아, 그리고 중동과 라틴아메리카의 일부 지역이 유난히 높은 고립수치를 나타내는 경향이 있음을 지적할 수 있다. 일반적으로 특정국가에 대한 경험적 조사연구의 난이도와 한 국가를 다른 국가로부터 고립시켜 고려해야 할 가능성 사이에는 상관관계가 존재한다. 경험적인 조사연구를 실시하는 데 장애가 되는 것은 정치적 요인이거나 (예를 들어 고립수치가 0.800인 칠레), 서구의 학자들이 겪는 문화적 혹은 언어적 장벽이다. 서구학자들은 연구계획에 착수하기 전에 수년간의 노력을 경주해야 한다(예를 들어 고립수치가 0.857인 인도와 0.714인 일본). 그러나 대부분의 측면에서 비교분석연구를 위한 이상적인 목표로 간주되는 이스라엘(0.900)과 같은 예외도 있다.

고립수치분포의 또 다른 극단에는 고립수치가 0.106인 미국이 있다. 앞서 언급했듯이, 미국은 39편의 논문에서 초점이 되었지만 이 중 단지 4편만이 미국을 단독으로 취급하고 있다. 이는 미국이 비교정치의 분석에서 특별한 역할을 했다는 것을 의미한다. 미국정치에 대한 초점이 비교정치론 문헌에 특히 통합되어 나타난다는 것은 미국 이외 지역의 정치에 대해 분석의 출발점을 제공하려는 의도가 내포된 것이라 여겨진다.

그러면 현대비교정치연구의 지리적 범위에 대한 본 연구의 결론은 무엇인가? 먼저 다시 한 번, 비교정치론의 일반분야를 위해 논문을 수록하는 두 학술지를 다루었다는 것과 특정지역에 관해 발표된 많은 연구들이 지역연구 학술지에도 게재되었다는 것을 강조하고자 한다. ≪비교정치론≫

과 ≪비교정치연구≫에 발표된 대부분의 논문은 서구의 선진민주주의에 초점을 두면서 서구와 북미 이외의 지역은 간헐적으로만 다루었는데, 그것도 소련, 아시아의 대국들, 이스라엘, 라틴아메리카의 몇몇 큰 나라에 집중되었다. 그러나 그외의 지역에 대한 연구는 거의 없으며 이 상황은 가까운 장래에 바뀌지 않을 것 같다. 비서구적 배경에서 대학원생을 교육시키고 대규모의 연구조사계획을 수행하기 위해 1960년대에 이용가능했던 자원들은 이제 고갈되었다. 새로운 비교정치론자들이 원했으며 다른 한편에서는 새로운 비교정치론의 비판자들이 두려워하였던 바와 같이 비교정치론의 지리적 범위가 확대될 가능성은 없다고 하겠다.

3) 내용의 문제

현대비교정치론이 무엇에 관한 것인지를 알아보기 위해 비교분석의 내용상의 초점을 살펴보자. 이것은 사실 매우 대답하기 어려운 질문이다. 만약 어떤 분야에 단일한 패러다임이 지배하고 있다면, 패러다임이 연구분야의 중심적인 개념들을 규정하기 때문에 내용에 따라 연구성과들을 분류하는 것은 상대적으로 간단할 것이다. 그러나 분명 비교정치론은 하나의 패러다임에 의해 지배되지도 않으며, 몇 개의 명확한 패러다임이 경쟁하고 있는 분야도 아니다.32) 만약 특정분야가 비(非)패러다임적이거나 전(前)패러다임적인 성격을 갖는다면 어떠한 내용을 기준으로 하는 범주화 계획도 의미있는 연구대상에 대한 합의가 부재함을 반영하는 성격을 잠정적으로 띠게 될 것이다. 이러한 상황에 직면하여 본 연구에서는 단순히 비교정치연구자들 사이에 가장 중요하거나, 중요해질 것으로 간주되는 관심대상에 대한 주제의 목록을 작성했다. 거의 100여 편에 달하는 논문에 관한 이와 같은 목록을 검증한 후, 그것을 첨삭하거나 결합하여 코딩을 여러 번 다시 시도하였다. 그 결과, 내용이 29개 범주로 분류되었다. 사실

---

32) R. T. Holt & J. M. Richardson, Jr., op. cit., 1970.

이것은 내용분석에서 가장 불만족스러운 부분이었고 그 약점도 분명히 드러났다. 그러나 우리가 생각하기에 이것은 수년에 걸쳐 드러났던 주제의 범위와 관련된 어떤 일반적인 추세를 잘 제시하고 있는 것이다.

여기서 각 논문마다 두 개의 주제를 코딩하려 노력했는데 이것은 대부분의 논문이 적어도 두 개로 쉽게 분류할 수 있는 주제를 취급하였기 때문에 상대적으로 쉬운 작업이었다. 예를 들어 종족문제가 단독으로 연구된 것은 거의 없었고 대개 불안정, 엘리트, 정당, 국가통합, 혹은 19개 범주에 포함되는 다른 주제와 함께 분석되었다. 결국 주제와 관련되어서는 총 565편의 논문 중 451편이 두 번씩 코딩되어 전체 1,016개가 코딩되었다.

<표 3> ≪비교정치학≫과 ≪비교정치연구≫에 발표된 논문들의 주제별 분류

주제분류	백분율(%)	주제분류	백분율(%)
발전	12.4	국가통합	2.4
정당	10.2	군부	2.2
정책	7.5	입법부	2.0
투표 및 선거	7.4	이익집단	1.8
안정과 불안정	5.1	행정부	1.6
연구방법	5.0	외교	1.5
엘리트	4.8	국제적 영향	0.9
이데올로기	4.6	종교	0.7
비선거적 참여	4.4	정보-통신	0.6
국가하부단위에서의 정치	3.7	분리주의	0.6
지지와 효율성	3.6	식민주의	0.5
종족적인 다원성	3.4	법원	0.3
일반적인 정치행태	3.4	헌법	0.3
사회화	2.7	기타	3.9
행정	2.6		
		합계	100.0

이 결과가 <표 3>에 요약되어 있다. 이런 코딩결과는 비교정치론에 어떠한 지배적인 패러다임도 없다는 것을 확인시켜준다. 어떠한 단일한 주제나 관련성 있는 일련의 주제들도 비교정치연구에서 지배적인 위치를 점하지 않았다. 발전에 관한 연구가 1위를 기록하였지만, 여기에는 근대화, 변동, 경제성장, 제도화, 그리고 정치발전에 관한 분석이 포함되므로 매우

분별력 있는 범주라고 할 수는 없다. 발전에 대한 강조는 다섯번째로 주목받은 안정-불안정에 대한 초점을 자주 수반하고 있다. 여기에서 역사적 근거가 될 자료를 제시할 수는 없지만 발전과 안정의 주제에 대한 강조는 초기 비교정치연구에서의 강조점과는 뚜렷하게 단절된 모습을 보이고 있다. 그럼에도 이 두 범주를 합한 비율이 17.5%에 그치고 있어 지배적 범주를 이루고 있다고 할 수는 없다. 유사하게, 정당과 **투표·선거**가 각각 2위와 4위에 기록되었는데, 이 두 주제를 합한 것도 17.6%에 지나지 않았으며 이것은 미국 정치학계 전체에서 정당, 투표, 선거에 관한 학문적인 연구가 차지하는 비율과 거의 같은 수준이다.[33]

결국 논문 중 가장 큰 두 개의 단위인 발전 및 안정-불안정의 집단과 정당 및 **투표**와 선거 집단은 전체의 1/3을 약간 상회한다. 이 두 집단을 제외하면 어떤 양식으로 코딩하더라도 그 빈도에서 크게 떨어진다. 정책도 자주 등장하는 개념이지만 발전과 같이 너무 보편적인 개념이므로, 그 빈도가 3위라는 사실을 해석하는 것은 어려운 문제이다. 이 범주에 속하는 논문들은 대부분 국내정책을 다루고 있지만, 정책결정과정에 관한 연구뿐만 아니라 외교와 국방정책의 분석 또한 포함된다. 돌이켜보건대, 처음에는 많은 연구들이 정책적 취지를 보여준 것을 발견하고 놀랐지만, 정책범주의 광범위성에 비해 이에 속하는 연구들이 매우 적다는 점은 우리를 더욱 놀라게 한다.

다음으로는 연구방법(다소 어색하게 내용상의 초점으로 다루었는데), 엘리트(또 다른 매우 광범위한 범주), 이데올로기-민주주의·권위주의·급진주의·민족주의·파시즘·기타 주의(主義)연구 포함, 비선거적 참여(non-electoral participation), 국가하부단위에서의 정치(subnational politics), 지지, 효율성, 그리고 관련된 태도(support, efficacy and related attitudes), 종족성/다원주의(ethnicity-pluralism), 기타 정치행태(political behavior

---

33) D. C. Schwartz, "Toward a More Relevant and Rigorous Political Science," *Journal of Politics* 36, 1974(Feb.), pp.103-137; J. Walker, "Brother Can You Paradigm?," *PS* 5, 1972(Fall), pp.419-422.

not otherwise classified), 사회화, 행정 등에 관한 연구가 빈번하게 나타 난다. 나머지 14개의 주제에서는 오로지 기타항만이 (정의상 매우 이질적인 범주이지만) 약간의 빈도를 나타냈다.34)

<표 3>에서 흥미로운 결과들 중의 일부는 현대비교정치연구에서 그리 주목을 받지 못하는 주제들에 관한 것이다. <표 3>을 보면 정부의 기본 적인 구조의 측면에서는 연구가 거의 없었다. 헌법과 법원에 관한 연구는 29개 범주 중 마지막에 나란히 기록되었다. 입법부와 행정부는 다소 나았 지만, 정부의 다른 어떠한 부분보다 더 자주 연구되었던 입법부조차도 1,016개의 총 코딩 중에 20회(2.0%)에 그쳤다. 공식적·법률적 제도에 집 착하는 형식주의-법률주의가 한 때 비교정치론을 풍미했지만 오래 가지는 못했다. 이것은 전혀 놀라운 사실이 아니다. 왜냐하면 1950년대와 60년대 의 비교정치연구에 대한 거의 모든 평가들은 형식주의-법률주의를 과거 비교정치론의 가장 나쁜 고질병으로 여겼으며, 비교정치론자들이 그것을 회피하도록 권고하였기 때문이다.

그러나 공식적인 정부제도가 지속적으로 무시된다는 사실은 비교정치론 에서 연구방향을 설정하게 하는 적절한 기준이 무엇이냐라는 곤란한 문제 를 제기한다. 우리는 형식적-법률적 서술에 대한 강조가 전통적 비교정치 연구에서 과도했다는 것을 인정하지만, 또한 정부제도에 대한 현재의 무 관심도 마찬가지라고 생각한다. 헌법과 법원, 입법부, 행정부가 실제로 정 치적으로 중요하지 않아서 주목받지 못하는가? 정치의 구조적 측면에 대 해 너무 완벽한 이해를 얻었기 때문에 정부제도에 관한 비교연구가 이제 는 필요하지 않은가? 어떤 진지한 비교정치연구자도 이 질문에 긍정적으 로 대답할 수 없을 것이다. 그러나 현재 공식적인 정부제도에 대한 관심

---

34) 이 '기타'범주에 속하는 논문은 분석의 핵심이 도대체 무엇인지 파악할 수 없는 것들로서 일치먼(W. Ilchman)이 비교공공행정분야 연구 분류에서 사용한 아랍 말로 된 범주, 즉 "그것은 신만이 안다(*Allahu aalam*)"는 범주에 넣고 싶은 유 혹마저 든다. W. F. Ilchman, *Comparative Public Administration and 'Conventional Wisdom'*, Beverly Hills, Ca.: Sage, 1971, p.43.

이 되살아나는 징후를 찾아보기란 어렵다. 우리의 견해로는 과거 비교정치론의 몰락과 새로운 비교정치론의 융성이 초래한 가장 불행한 유산은 정부제도에 대한 관심이 거의 사라지게 되었다는 것이다.

4) 그 밖의 다른 문제들

위에서 살펴본 비교의 범위, 지역적 편중성, 그리고 주제 외에도 아래 세 가지 부가적인 문제를 검토해보자.

(1) 비교분석에서 세 개의 세계

각 논문들은 제1세계(서양의 선진민주주의국가), 제2세계(공산주의 블록의 국가), 제3세계(저발전국가)라는 세 개의 범주로 분류되었다. 565편의 논문 중 80.4%가 적어도 하나의 세계를 다루었지만, 8.7%만이 2개 이상의 세계를 다루었다. 따라서 논문들은 비교국가론적 시각뿐만 아니라 비교문화론적 시각에서도 비(非)비교적 성향을 띠었다. 즉 교차국가적 비교분석의 경우 논문들은 최대상이체계 분석디자인(most different systems design)과 반대되는, 셰보르스키(A. Przeworski)와 튜니(H. Tenue)에 의해 최대유사체계 분석디자인(most similar systems design)으로 명명된 것을 빈번히 이용하였다.

각기 별도로 독립적으로 취급된 세 개의 세계에 대한 연구빈도를 살펴봄에 있어서 각 세계간에 주요한 유사성과 가장 두드러진 상이성이 무엇인지를 주의깊게 관찰했다. <표 4>는 하나의 세계를 배타적으로 연구한 논문들을 비교분류한 것이다. <표 4>에서 보이듯이, 제1세계, 제2세계, 제3세계에 대한 연구 대부분이 상이한 것보다는 유사한 면이 더 많다. 제1세계에 대한 연구는 대부분 하나의 국가 이상에 초점을 맞추고 있으며, 여론조사로부터 얻은 자료를 토대로 하고 있다. 제2세계에 대한 연구는 특히 한 번에 하나의 국가만이 분석되고, 비교적 단순한 자료분석 방법에 의존했다. 제3세계에 대한 연구는 대부분의 측면에서 제1세계와 제2세계 연구의 중

<표 4> 세 개의 세계에 대한 연구의 비교

	제1세계(%)	제2세계(%)	제3세계(%)
단일국가	69.4	85.7	75.5
2~5개 국가	23.0	14.3	13.3
5개 이상의 국가	7.7	0.0	10.5
비계량적 분석	18.3	39.3	27.5
낮은 수준의 계량분석	35.6	28.6	23.4
중간 수준의 계량분석	13.5	17.9	15.2
높은 수준의 계량분석	26.9	10.7	24.0
공식문서 자료	26.9	31.3	27.0
설문조사 자료	45.6	18.8	36.9
기타 자료	27.5	48.9	36.1
발전문제에 초점	8.6	13.7	15.9
정당에 초점	18.4	3.9	4.1
정책에 초점	6.8	11.8	7.6
투표와 정책에 초점	11.4	3.9	6.3
불안정에 초점	2.9	3.9	5.4
엘리트에 초점	3.9	11.8	6.4
군부에 초점	0.0	2.0	4.2
종족적 다원성에 초점	2.6	3.9	5.1

간쯤 되는 특징을 띠고 있다. 이 차이들은 제1, 2, 3세계 연구의 내용적인 초점을 조사하면 더 명백해진다. 발전에 대한 연구들이 주로 제1세계 외부에서 발견되는 것은 놀라운 일이 아니다. 제2세계에 대한 비교정치연구에서는 발전의 문제와 함께 정치엘리트와 공공정책이 가장 공통된 주제인 반면 제1세계 연구는 정치체계의 투입의 측면, 특히 정당, 투표, 선거가 강조되고 있다. 투표와 선거분석이 거의 제1세계 국가에 집중되어 있다는 사실은 제1세계가 연구할 만한 가치가 있는 선거가 대부분 발생하는 곳이기 때문이다. 그러나 다른 부분에 대한 강조나 경시는 이해하기 어려운 측면이 있다. 예를 들어 제2세계의 국가에서 정치생활의 중심적인 부분은 공산당이지만, 제2세계 연구는 공산당에 대한 연구에 거의 주의를 기울이지 않고 있다.

제3세계 연구에서도 동일한 유형이 나타난다. 제3세계 국가에서 정당의 역할이 매우 중요함에도 불구하고 거의 관심밖의 주제가 되어왔다. 한편

군부와 종족의 다원성(복합적인 종족구성)에 대한 연구는 제1세계적 환경
보다는 제2, 3세계 연구에서 더욱 보편적인 주제였다. 이런 현상은 제1세
계에서 이 주제와 관련하여 다루어야 할 필요가 있는 중요한 정치적 질문
이 없었기 때문만은 아니다. 이 주제가 제1세계 국가에서 간과되고 제2, 3
세계 국가에서 강조되는 경향이 있다는 것은 보다 일반적인 차이점을 강력
하게 시사한다. 즉 제1세계 연구가 정당, 투표, 선거 등 좀 더 안정적인 제
도와 과정에 보다 많은 관심을 집중시킨 반면, 제2, 3세계 연구는 더 특징
적이게 발전, 불안정, 종족적 문제, 군부 등의 문제를 다루었다는 사실이다.
    따라서 각 세계의 정치를 연구하는 학자들은 우선순위가 다소 상이한
연구과제를 수행하고 있는 것으로 보인다. 이러한 연구과제의 우선순위는
어느 정도 각 세계의 정치현실에 맞게 수정된 것이다. 그러나 이러한 고
려의 정도는 명백히 현실에 기반을 둔 것이라기보다는 특정한 형태의 사
고방식에서 기인한 것이다. 군부정치와 종족문제와 같은 주제는 제2, 3세
계 문제로 분류되는 경향이 강하기 때문에 아마 제1세계에서의 연구가 상
대적으로 적었을 것이다. 따라서 연구의 전통이 뿌리를 내리게 되면, 각
세계에서 수행된 연구과제들은 점점 상이해지고, 문화간 교차비교를 통한
일반화의 가능성이 점점 희박해지는 것이다.

(2) 두 정기학술지의 비교

    이제 ≪비교정치론≫과 ≪비교정치연구≫가 취급하는 영역이 얼마나 상
이한지 살펴보기 위하여 논문이 발표된 학술지에 따라 총 565편의 논문을
세분해보자. 두 학술지의 몇 가지 중요한 유사성과 상이성이 <표 5>에
부각되어 있다.
    ≪비교정치론≫은 ≪비교정치연구≫보다 단일국가분석에서 더 많은 비
율을 보이며 대다수국가간 분석에는 낮은 비율이 나타내고 있다. 또한 ≪비
교정치론≫은 서구의 정치에 더 많은 관심을 기울이지만 ≪비교정치연구≫
는 캐나다, 미국과 나머지 제1세계 국가에 강조점을 두어, 이 경향은 상쇄

<표 5> ≪비교정치론≫과 ≪비교정치연구≫의 비교

	≪비교정치론≫(%)	≪비교정치연구≫(%)
단일국가연구	75.6	46.2
5개 이상의 국가연구	5.1	31.4
서유럽 연구	43.0	33.5
캐나다와 미국연구	8.6	13.7
이론적-개념적 분석	31.3	43.8
가설의 검증	33.2	51.6
비계량적 분석	44.7	30.3
낮은 수준의 계량분석	28.9	19.7
중간 수준의 계량분석	8.2	17.2
높은 수준의 계량분석	18.2	32.8
제1세계 연구	51.5	48.9
제2세계 연구	9.9	8.2
제3세계 연구	38.6	42.9
발전문제 연구	11.1	13.7
정당 연구	11.7	8.8
정책 연구	8.5	6.4
투표 및 선거연구	7.6	7.2
안정/불안정 연구	4.5	5.8
연구방법에 대한 논의	1.8	8.4

된다. 결국 두 학술지 사이에는 제1, 2, 3세계와 같이 일반적인 형태의 정치체계를 포함한다는 점에서 본질적인 차이는 없고, 단지 그 테두리 안에서 특정지역에 편중하는 정도가 다를 뿐이다. 두 학술지 모두 다른 어떤 주제보다도 발전, 공공정책, 정당, 투표 및 선거에 초점을 맞춘다. 이 점에서 볼 때 유일한 그리고 실제적인 차이는 연구방법론에 관한 논문들이 ≪비교정치론≫보다는 ≪비교정치연구≫에서 나타날 가능성이 높다는 사실이다. 또한 이런 방법론에 대한 높은 관심은 다변인 통계분석을 수행하는 경험적 논문들이 ≪비교정치연구≫에 발표된 경향을 반영한다. 반면 ≪비교정치론≫의 경험적 연구들은 보다 초보적 통계기법을 사용하는 것 같다. 결국 ≪비교정치연구≫의 논문들이 전체적으로 ≪비교정치론≫ 논문들보다 이론, 개념화, 가설검증에 보다 많은 관심을 가지고 있음이 입증되었다.

그러므로 두 학술지의 상이성이 연구대상이 된 국가의 수, 사용된 방법, 이론적 관심에서 드러나듯이, ≪비교정치론≫을 ≪비교정치연구≫에 비해 다소 전통적인 것으로 규정하는 것이 전적으로 부적절하지는 않다. 하지만 이러한 상이성은 정도의 차이임이 강조될 필요가 있다. 비교정치론에 대한 ≪비교정치론≫적 접근이나 ≪비교정치연구≫적 접근이라는 것은 분명 존재하지 않으며, 두 학술지간의 차이가 기본적인 유사성을 모호하게 한다고 볼 수 없다. 사실상 두 학술지에 발표된 논문들은 동일한 내용의 주제들을 언급하고 있으며, 이 주제들을 다루기 위해 동일한 유형의 체계로부터 얻은 자료를 활용하고 있다. 그러므로 ≪비교정치론≫과 ≪비교정치연구≫가 전혀 다른 분야를 논의하고 있다고 말하는 것은 옳지 않다. 서로의 상이성은 비교정치연구에 관한 묘사의 내용(연구주제, 분석된 국가 등)보다는 비교정치연구가 묘사되는 관점에 있는 것이다.

(3) 조사기간 동안의 변화

두 학술지가 출간된 후 14년이라는 기간 동안 비교정치연구의 내용과 형식에서 어떠한 변화를 발견할 수 있는가? 이 질문에 답하기 위해 발표된 논문들을 1975년 이전과 이후의 두 집단으로 나누었지만, 두 학술지간의 다른 추세를 발견하지 못했으므로, 두 학술지의 차이를 무시하고 기간 내 추세를 기술하게 되었다.

기본적으로 1970년대 후반과 80년대 초반의 비교정치론이 60년대 후반과 70년대 초반의 그것과 거의 모든 점에서 유사하다는 사실이 판명되었기 때문에 기술할 내용은 거의 없다. 단지 이 기간 동안 언급할 만한 가치가 있는 유일한 변화는 연구문헌의 비교범위에 관한 것이다. 대다수국가간 연구의 빈도에서는 기본적으로 변화가 없었으나 대규모 집합자료 분석이 많이 나타나게 되었다고 널리 알려졌던 것에 비추어보면, 이 점은 놀라운 것으로 느껴진다. 30개 이상의 국가를 표본으로 하는 것을 대다수국가간 연구로 정의할 때 이 연구는 1975년 전에는 9.1%, 그 이후에는 8.4%였음이 발견된다. 시간이 지남에 따라 변화된 것은 단일국가분석을 행하는 경향이었다. 이런 분석이 1968년에서 1974년 사이에는 발표된 논문의 58.0%였는데, 1974년 이후에는 65.3%를 차지한다. 우리가 조사한 14년이라는 제한된 기간에 발생한 변화는 완전히 기대하지 않던 방향으로 일어났다. 즉 전통적 비교정치연구를 지배하였던 단일국가연구로의 퇴보였다.

3. 결론

새로운 비교정치론은 과거의 비교정부론과 다르다. 어떻게 다른가? 지금 우리가 50년대에 쓰여진 6편, 70년대에 쓰여진 6편 등 총 12편의 논문을 받는다면, 감히 12편 모두를 올바르게 분류할 수 있다거나, 거의 그것에 가깝게 할 수 있을 것이라고 말할 것이다. 최근 이루어진 연구일수록 점점 이론적이고 개념적으로 변하고 있고, 자료 수집과 분석에 대한 접근도 더 세련되고 있으며, 그 연구설계에 명시적으로 비교적인 요소가 강화되고 있다. 한 세대 이전에 우세했던 규범적인 것과는 매우 대조적으로 연구대상으로서의 공식적 정부제도 또한 기피되고 있다.

의심의 여지없이 비교정치론은 매우 중요한 변화를 겪었다. 그러나 최근 비교정치연구의 상황에 대한 평가를 매듭짓는 데에서 우리는 이러한 변화가 모두 전적으로 바람직한 것만은 아니라는 견해를 강조하고자 한다. 더욱이 이러한 변화에도 불구하고 어떤 점에서는 거의 변화가 없었다.

전통적인 비교정치론을 회상하면 가장 먼저 형식주의-법률주의를 떠올린다. 왜냐하면 당시 비교정치론은 정부의 운영에 관계된 제도와 규칙, 절차 등의 좁은 영역에 집중되었기 때문이다. 50년대와 60년대 비교정치연구의 동요를 회상하면 무엇보다도 형식주의-법률주의에 대한 불만과 함께 이 한계를 넘어서 비교정치분석의 내용적인 범위를 확장하려는 확고한 결의를 생각하게 되는데, 본 문헌조사를 통해 이런 결의가 성과를 거두었다는 점을 알 수 있었다. 즉 이제 비교정치론자는 전통적으로 규정된 비교정치론의 영역을 훨씬 넘어서는 분야에 대한 광범한 주제들을 고려한다. 대체로 이 변화는 환영할 만한 것이지만, 시야의 협애성으로부터 벗어나는 대신에 연구 초점의 집중성을 희생시켰음을 지적해야 한다. 두 잡지에 게재되었던 565편의 논문들을 조사한 후에 논문들 거의 모두가 미국 외부의 정치에 초점을 맞추었다는 것 이외에 어떠한 공통점을 가지고 있는지를 말하기가 매우 어렵게 되었다. 만약 바로 이러한 좋다고 말할 수 없는 의미에서의 비교적이라는 점이 비교정치론에 의미를 부여하는 모든 것이라면, 새로운 비교정치론에 의하여 초래된 지평선의 확대는 반갑기만 하지 않은 축복이었다. 비교연구가 공식적인 제도와 절차 이상의 것을 연구해야 한다고 주장하는 것과 정치학자들이 비교분석방법으로 연구해야 하는 영역으로부터 헌법, 법원, 의회, 그리고 행정부를 배제해야 한다는 것은 별개의 것이다.

또한 본 조사를 통해 새로운 비교정치론이 어떤 측면에서는 과거의 비교정부론과 놀랄 만하게 비슷하다는 것이 드러났다. 특히 단일국가연구─전통적으로 정의된 비교정치론의 주류였던─가 지속적으로 추구되고 있다는 점이 증명되었는데, 이것은 아직도 비교의 가면을 쓰고 오랫동안 우월한 지위를 확고하게 유지하고 있다. 더욱이 지역편중성의 종말 선언은 성급한 것으로 보인다. 1940년대나 50년대와 마찬가지로 오늘날도 영국, 프랑스, 독일은 비교정치연구에서 가장 선호되는 국가들이다. 사실 이들 세 국가는 아프리카, 아시아, 중동지역을 합친 것보다도 훨씬 더 많은 관심을 받고 있었다. 연구의 지리적 범위에 대한 분석을 통해 아프리카 국가의 과반수 이상과 아시아 국가의 반 정도가 ≪비교정치론≫과 ≪비교정치연구≫에 발표된 단 하나의 연구에서도 초점이 되지 못하였다는 것을 확인했다. 서유럽 국가 중에 아이슬란드, 리히텐슈타인과 모나코에 대해서도 똑같은 말을 할 수 있다. 지역편중성은 과거보다는 덜 명백한 형태이지만 여전히 지속되고 있다.

본 조사는 비교정치론의 성격과 앞으로 나아가야 할 방향에 관한 새로운 논의의 토대가 될 수 있겠지만 비교정치연구의 새로운 연구설계를 제시하는 것은 본 연구의 목적을 벗어난다. 비교정치분야의 현 상황에 대한 불만은 대체로 1950년대와 60년대에 제시되었던 처방들이 70년대와 80년대에 수행된 방식에서 비롯된다. 이러한 처방이 진지하게 받아들여졌기 때문에 70년대와 80년대의 비교정치론은 과거의 비교정부론보다 좀 더 우월한 것으로 생각된다. 그러나 어떠한 측면에서는-특히 분석의 초점으로서 정부를 제외시킨 점에서-처방이 너무 열정적으로 적용되었다. 반면 다른 측면, 즉 서유럽체계에 대한 단일국가 사례연구가 지속적으로 압도적이라는 점에서는 처방이 충분히 진지하게 수용되지 않았다. 이 처방은 그것이 제기되었던 때는 물론, 오늘날에도 여전히 타당해 보인다. 처방들이 어떤 경우에는 지나치게 열성적으로 적용되고, 다른 경우에는 충분히 끈질기게 적용되지 않았다면 이것은 그 처방을 거부해야 할 이유가 아니라, 더욱 만족스럽게 실행하기 위해 분투하는 근거로 받아들여야 한다.

□ 옮긴이들
박흥규 외교안보연구원 교수, 정치학   **임현진** 서울대 교수, 사회학
김창수 한국국방연구원 책임연구위원, 정치학   **김세걸** 서강대 박사과정, 정치학
김웅진 한국외국어대 교수, 정치학   **박찬욱** 서울대 교수, 정치학
김지희 한국외국어대 박사과정, 정치학

□ 엮은이들
김웅진   1982년 University of Cincinnati 정치학 박사
         현재 한국외국어대학교 정치외교학과 교수
         주요논저: 『과학패권과 과학민주주의』(서강대학교출판부, 2009)
              「집단사고로서의 연구방법론: 과학적 지식의 탈과학적 구성경로」,
              ≪21세기 정치학회보≫ 23집 3호(2013) 외 다수
박찬욱   1987년 University of Iowa 정치학 박사
         현재 서울대학교 정치학과 교수
         주요논저: 「내각구성에 관한 이론과 실제: 서구 의회민주주의 국가를 중심으로」,
              ≪국제정치논총≫ 33집 2호(1993)
              "Constituency Representation in Korea," *Legislative Studies Quarterly*,
              13 : 2(1988) 외 다수
신윤환   1989년 Yale University 정치학 박사
         현재 서강대학교 정치외교학과 교수 겸 동아연구소 소장
         주요논저: 『인도네시아의 정치경제: 수하르또 시대의 국가, 자본, 노동』
              (서울대학교출판부, 2001)
              『동남아문화 산책: 신윤환의 동남아 깊게 읽기』(창비, 2008) 외 다수

한울아카데미 132

비교정치론 강의 1(개정판)

ⓒ 김웅진·박찬욱·신윤환, 1995

엮은이 | 김웅진·박찬욱·신윤환
펴낸이 | 김종수
펴낸곳 | 한울엠플러스(주)

초　판　1쇄 발행 | 1992년 3월 10일
개정판 18쇄 발행 | 2021년 11월 22일

주소 | 10881 경기도 파주시 광인사길 153 한울시소빌딩 3층
전화 | 031-955-0655
팩스 | 031-955-0656
홈페이지 | www.hanulmplus.kr
등록번호 | 제406-2015-000143호

Printed in Korea.
ISBN 978-89-460-8133-8 93340

* 책값은 겉표지에 표시되어 있습니다.